파이썬 프로그래밍

Python Programming

이영실 · 김태용 지음

도서출판 한산

서 문

Python 언어는 1991년에 네덜란드 출신의 컴퓨터 프로그래머 귀도 반 로섬(Guido van Rossum)에 의해 개발되어 많은 과학자들에게 사랑받는 언어로 정착하고 있다. 여기서 Python은 비단 구렁이를 뜻하는 말로서 그리스 신화에서 등장하는 대지의 여신 가이아의 아들이며 용의 형상을 하고 있는 캐릭터이기도 하다. Python이라는 프로그래밍 언어의 이름이 유래한 것은 1969년 영국 BBC의 코메디 방송「하늘을 나는 몬티 파이썬」에서 비롯되었다는 설도 있다.

세계 제일의 프로그래밍 검색 사이트인 StackOverflow의 2016년 2월 보고에 따르면 Python 언어는 JavaScript, Java, PHP, C#에 이어 다음으로 많이 사용되고 있는 프로그래밍 언어로서 그 인기를 실감할 수 있다. 또한 많은 컴퓨터 엔지니어들이 참고하고 있는 유명한 서비스 GitHub의 이용 수만을 보더라도 세계 3위(2016년 기준)를 점유하고 있고 공개하고 있는 프로젝트의 수는 앞으로 더 증가할 것으로 보인다.

재미있는 점은 창업 등과 관련한 미국의 유명한 구인 사이트인 AngelList의 2016년 2월 리포팅에 따르면 전체 프로그래밍 언어 중에서 Python 언어가 차지하는 비율은 15.4%로서 JavaScript 30.6%에 이어 두 번째로 높은 선호도를 가지고 있다. 글로벌 대기업 등에서는 JavaScript 언어를 선호하고 있지만 신규로 창업하는 회사들의 주력 개발 언어로서 Python 언어가 적극 활용되고 있다는 것을 의미하고 있다.

Python 언어의 경우, 프로그래밍 언어 그 자체로 보면 기능은 최소한으로 설계되어 있지만 부족한 부분은 라이브러리를 추가하여 원하는 기능을 보강할 수 있도록 하고 있다. 이러한 라이브러리들은 편의성이 높은 대규모 표준 라이브러리 형태로 제공되고 있으며 다양한 전문 분야에 특화된 라이브러리가 공개되어 있으므로 전용 어플리케이션을 용이하게 개발할 수 있다는 점은 매우 매력적인 요소이다.

앞으로 정보적인 사고를 기반으로 소프트웨어를 이해하고 활용하는 사람은 그렇지 못한 사람과 비교하여 산업경제의 큰 우위성을 통해 디지털 경제를 주도할 것으로 전망하고 있어 Python 언어의 역할과 전파력은 급속도로 커질 것으로 예상된다.

본 교재의 구성은 한 학기에 걸쳐 Python 언어를 학습할 수 있도록 구성하였다. 처음에는 프로그래밍 기초사항을 점검하고 정보처리에 필수 요소인 자료구조의 종류에 대해 알아보고 프로그램을 제어하는 기초 개념을 설명하고 있다. 다음 과정으로 함수의 정의와 클래스의 정의에 대한 개념을 설명하고 데이터 처리에 따른 출력제어와 예외처리 방법을 소개한다.

그리고 Python 언어를 활용하기 위해서 꼭 필요한 모듈의 생성 방법과 외부 라이브러리들을 이용하기 위한 절차로서 패키지 관리에 대한 방법도 설명한다. 특히 대규모 표준 라이브러리들을 이용하는 과정에서 빼놓을 수 없는 numpy에 대한 설명도 덧붙였다. 고급 데이터 구조를 표현하는 numpy 패키지 라이브러리는 거의 모든 분야에서 데이터를 보다 효과적으로 처리하고 표현할 수 있는 수단을 제공하므로 관심을 가지고 학습을 하는 것을 권장한다.

마지막으로 응용 프로그램을 작성하는 과정에서 GUI 환경을 이용할 수 있는 기반 환경으로서 wxPython 패키지 라이브러리에 대한 설명도 추가하였다. 그리고 Python 언어에 처음 입문하는 학습자로서 실전 프로그래밍 과정에서 참고할 수 있는 몇 가지 간단한 응용 예제들을 말미에 추가하였다.

세계 경제와 사회 환경이 소프트웨어 중심사회로 재편되고 있는 상황에서 가치 창출의 중심에 있는 Python 언어를 통해 소프트웨어 혁신과 성장을 주도하는 전문 프로그래머로서 거듭나는데 작은 밑거름이 되었으면 한다.

저자 일동

목 차

제1장 Python 언어 개요

1.1 Python 언어 개요

Python 언어는 1991년에 귀도 반 로섬(Guido van Rosusum)이 개발하고 유럽을 중심으로 활발히 사용되어 왔으나, 최근에는 전 세계적으로 각광받고 있는 객체지향 스크립트 언어이다. 또한 다른 컴퓨터 프로그래밍 언어와 비교하여 문법이 비교적 단순하여 프로그래밍 초보자도 사용하기 쉬운 언어라고 할 수 있다. 그럼에도 불구하고 Google, Yahoo, Dropbox 등으로 대표되는 해외 유명 대기업에서도 적극적으로 채용되어 활용되고 있다는 점은 크게 시사하는 바가 크다고 할 수 있다.

The 2017 Top Programming Languages

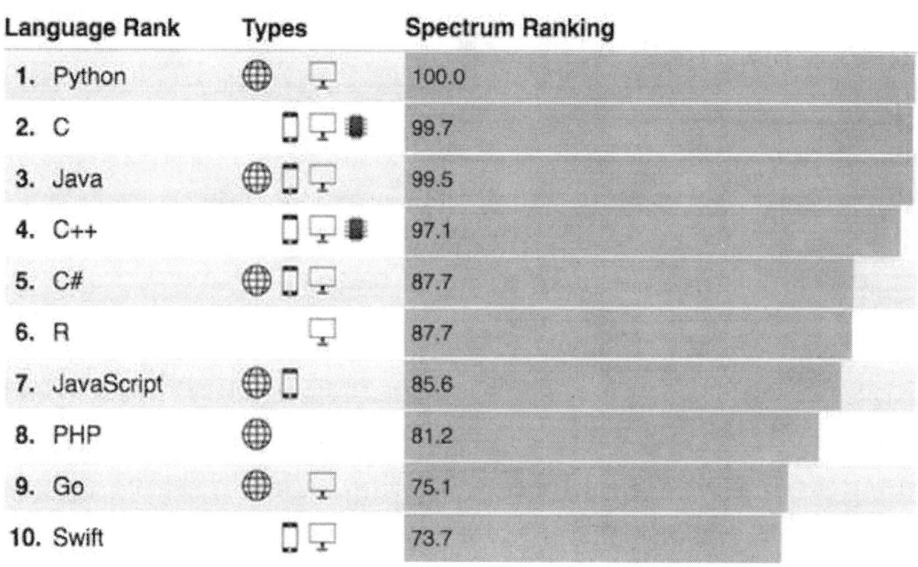

[자료출처: IEEE Spectrum research group, http://spectrum.ieee.org]

라이브러리가 풍부하여 Web 응용 프로그램이나 GUI 응용 프로그램 (데스크톱 응용 프로그램)을 만드는 것도 가능하며, Jython이라는 Java 플랫폼용 인터프리터는 Java 라이브러리를 이용 할 수 있도록 해준다. 그밖에도 .NET Framework에서 실행되는 IronPython 등 다양한 구현 버전 등이 존재한다.

문법의 특징은 C 언어와 Java와 같이 블록 구조에 "{"(중괄호)를 사용하지 않으며 들여 쓰기 블록 구조로 되어 있기 때문에 누가 작성하여도 동일한 소스 코드 형식을 가진다. 이러한 점 때문에 프로그램의 가독성이 매우 높고 컴파일을 필요로 하지 않는 대화형 쉘(shell)에서 프로그램 동작을 바로 확인할 수 있다.

Python 언어는 과학자들이 가장 사랑하는 언어로서 인식되고 있지만 아직 국내에서의 활용도 및 파급력이 뒤떨어지는 것이 현실이다. 그러나 대학 등의 교육 기관에서 Python을 채용하고 있는 곳도 많아지면서 사용자층도 점차 증가하고 있는 추세이다.

1.2 Python 언어의 설치

Python 언어는 여러 버전들이 존재하며 크게 Python 2계열 (2.x 버전)과 3계열 (3.x버전)로 구분할 수 있다. 또한, 이를 중복하여 설치하여 사용하는 것도 가능하고, 윈도우, 유닉스, 리눅스 등 다양한 운영체제 위에서 동작한다는 장점을 가지고 있다.

주의할 점은 버전 2계열과 3계열 사이에는 약간의 호환성 문제가 존재하고 있으며 개발자들 사이에서 공유되고 활용되는 라이브러리들은 대다수 Python 2계열 기반에서 작성되어 배포되고 있으므로 양 버전에 대한 차이점을 인식하고 학습하는 것이 필요하다.

[Note]
현재 기준으로 보면 Python 2.7 버전이 약 60%의 점유율을 가지며 활용되고 있으나 2020년경에는 지원이 중단될 예정이므로, 가급적 Python 3계열의 언어를 사용하는 것이 바람직할 것이다.

이를 위해 본 교재에서는 가능한 범위 내에서 Window 플랫폼에서 Python 버전 2계열과 3계열을 비교하며 설명하도록 한다. 또한 Windows 이외의 플랫폼에서 Python을 사용하는 경우는 pyenv 및 설치방법을 공식 사이트(https://www.python.org)에서 참고하길 바란다.

1.2.1 버전의 특징과 차이

최신 버전인 Python 3계열은 호환성이 거의 없다. 간단히 말하면 지금까지의 2계열에서 작성된 스크립트가 3계열에서는 작동하지 않을 수 있다는 것이다. 반대로 3계열에서 실행되는 스크립트가 2계열의 인터프리터에서 작동하지 않을 수도 있다.

고급 언어를 목표로 설계를 변경하는 과정에서 상당한 사양 변경이 시도되었으며 이 때문에 Python의 방대한 외부 라이브러리(예를 들면 데이터베이스 연결 등의 타사 라이브러리 등)가 3계열에 미처 대응하지 못한 경우도 있다. 이러한 이유로 최근 3계열의 파이썬 언어를 기본적으로 사용하려는 의도가 있더라도 결국 두 시스템을 사용하지 않으면 개발에 따른 불편함을 감수해야 하는 경우도 발생할 것이다.

1.2.2 Python 언어의 다운로드

Python 언어는 무상으로 사용 가능하며 아래의 공식 사이트에서 필요한 설치 프로그램을 다운로드하여 설치할 수 있다. 여기서 주의할 점은 사용하는 PC 환경(32비트 운영체제 또는 64비트 운영체제)에 따라 선택하는 설치 파일이 다르다는 점이다. 본 교재에서는 Windows 10 환경에서 64비트 운영체제를 기준으로 설치 파일을 이용할 것이다.

```
https://www.python.org/downloads/
```

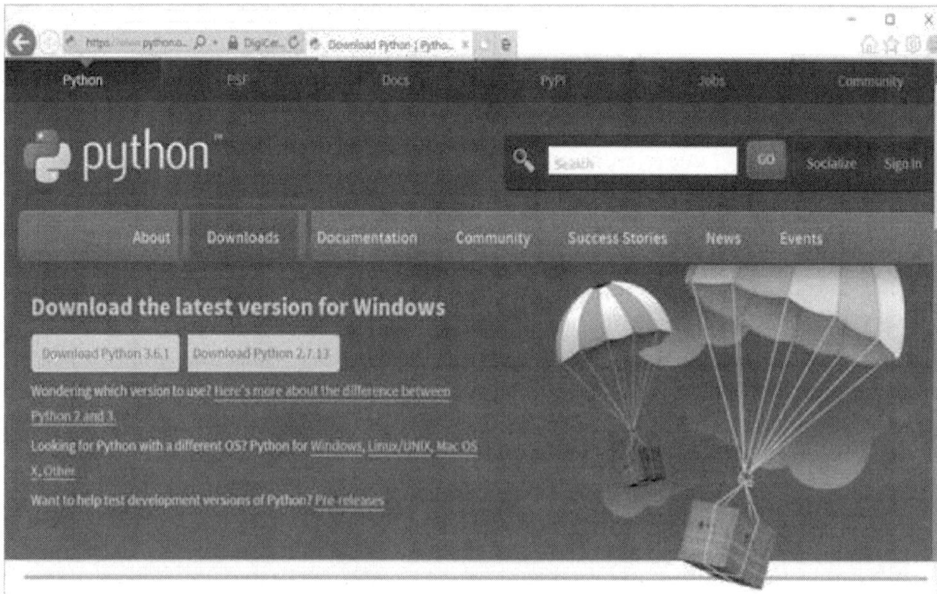

사이트 내에서 적절한 버전의 링크를 클릭하여 링크된 페이지에서 "Windows xx MSI Installer"등을 선택한 후 다운로드한 파일은 적당한 폴더 위치에 저장하고 다운로드가 완료되면 설치 프로그램을 클릭하여 설치과정을 진행하면 된다.

> **[Note]**
> Python의 버전은 계속하여 업그레이드되고 있으며, 본 교재를 집필할 때는 Python 3.6.1이 최신 버전으로 제공되고 있다. 그러나 여러분이 교재를 사용할 때 버전이 업그레이드될 수 있으므로, 3. 다음에 붙는 숫자는 크게 신경 쓰지 않아도 좋다.
> 또한, 앞서 설명한 바와 같이 Python 2계열도 필요한 경우가 많으므로 설치 파일을 다운로드하여 함께 설치하는 것을 권장한다. 2계열의 경우, 2.7.13이 최신 버전으로 제공되고 있다.

1.2.3 인스톨 과정

설치 과정은 매우 간단하면 기본적으로 모두 기본 설정으로 두고 설치를 진행해도 무방하다. 설치 작업은 버전에 따라 그다지 큰 차이는 없으므로 자신이 없는 경우에는 모두 기본 설정으로 두고 설치하도록 한다.

우선 어떤 사용자에게 설치할지를 선택한다. 먼저 "Install launcher for all users"(기본 값) 선택이 체크되어 있는지를 확인한다. 그리고 화면 하단부에 있는 "Add Python 3.6 to Path" 부분도 선택하도록 한다. 이렇게 하면 설치 작업이 완료된 시점에 Python 언어를 이용하는데 필요한 환경변수가 자동으로 등록될 것이다. 확인이 되었으면 화면 중앙에 있는 **[Install Now]** 부분을 클릭하여 설치를 진행한다.

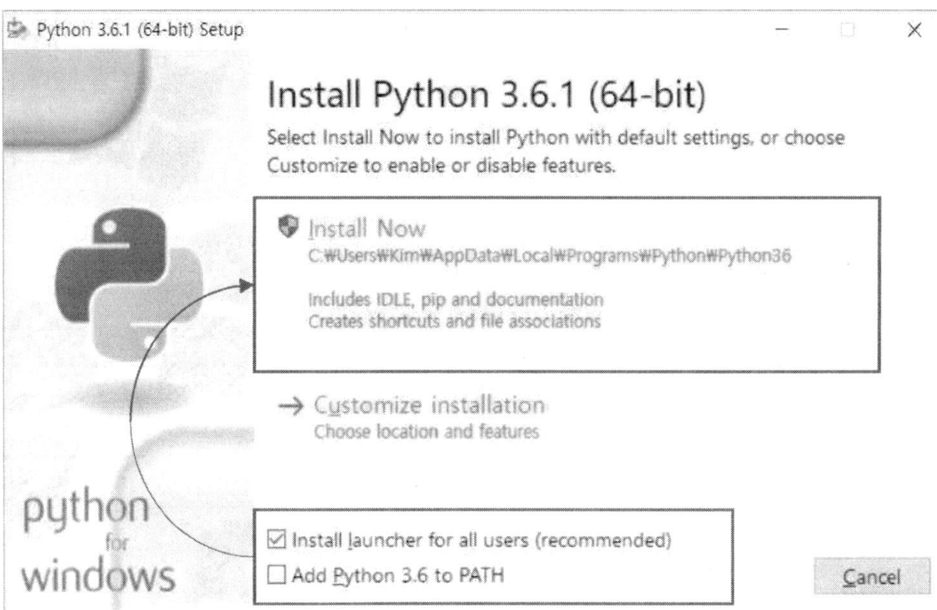

참고로 기본 설치 위치는 Windows 10의 경우에는 다음과 같이 각 사용자 계정 폴더 아래에 위치하게 되므로 꼭 확인해두길 바란다.

사용하는 PC 환경에 따라 설치 시간에 차이가 있겠지만 잠시 기다리면 설치가 완료되어 다음과 같은 화면이 뜰 것이다. **[Close]** 버튼을 눌러 설치 작업을 완료한다. Python 2.7.x 버전 설치도 유사하지만 필요하면 공식 사이트의 설치 매뉴얼을 참고하여 설치하도록 한다.

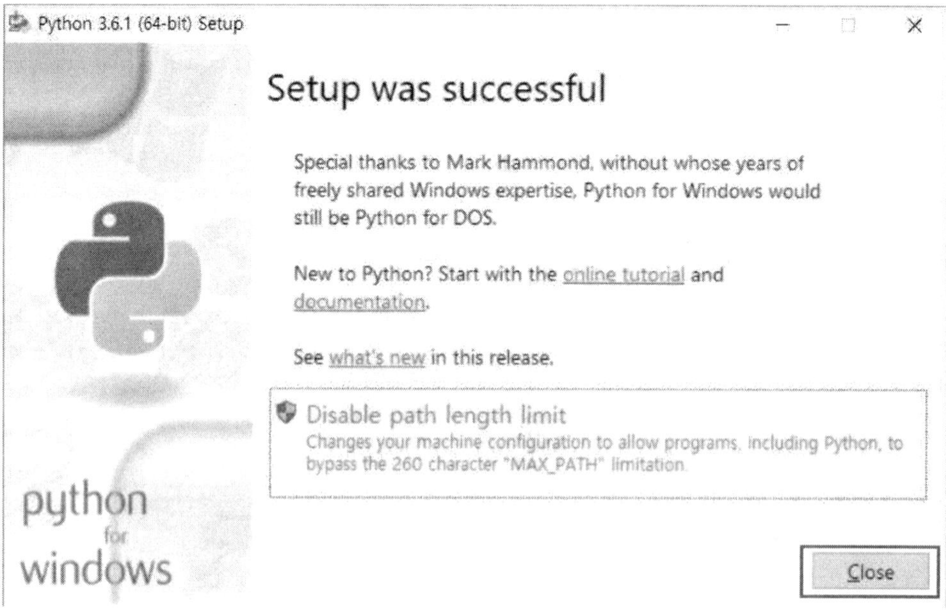

1.2.4 프로그램의 실행 방법

■ 대화형 Python Shell에서 프로그램 테스트

Python 프로그램의 작성은 Windows의 메모장을 이용하는 것도 가능하다. 그러나 Python 3.6.1의 경우, 기본적인 IDE를 제공하므로 다음과 같이 프로그램을 선택하여 실행하도록 한다.

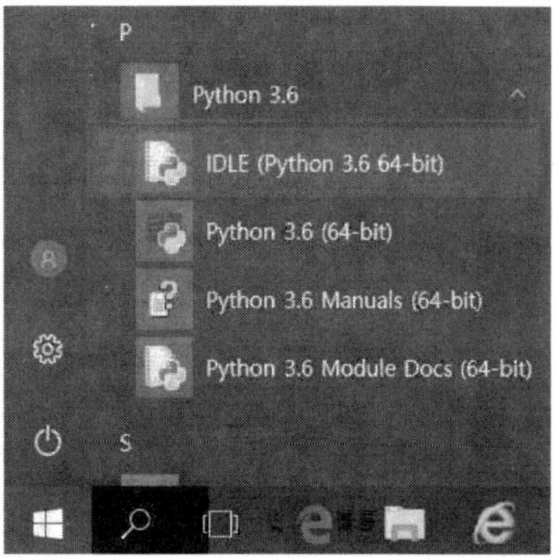

잠시 기다리면 다음과 같이 Python Shell 환경창이 실행될 것이다.

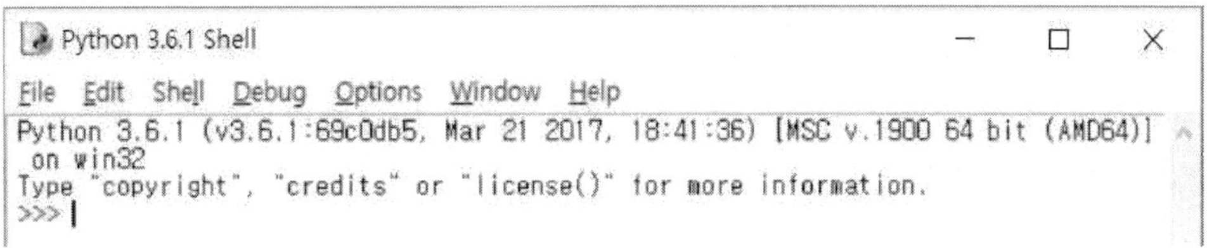

Shell 환경창에서 다음과 같이 입력하고 **[Enter]** 키를 눌러 실행시켜 본다.

```
>>> print 'Hello'
```

실행 결과를 살펴보면 "SyntaxError: Missing parentheses in call to 'print'"라는 오류 메시지가 뜰 것이다. 이 오류가 발생하는 이유는 Python 2계열 문법으로 내용을 기술하였기 때문이며, 오류 메시지의 내용을 살펴보면 print 함수를 호출하는데 괄호가 빠져있다고 지적하고 있다.

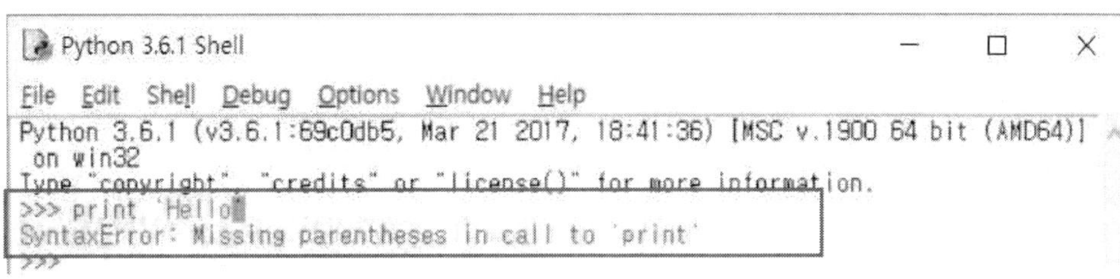

따라서 다음과 같이 출력 내용 'Hello' 부분을 괄호로 묶어 ('Hello')로 수정하여 보자. 이번에는 정상적으로 실행되는 것을 확인할 수 있을 것이다. 이와 같이 Python 2계열과 3계열 사이에는 문법상 호환 문제가 발생할 수 있으므로 개발 과정에 참고하기 바란다.

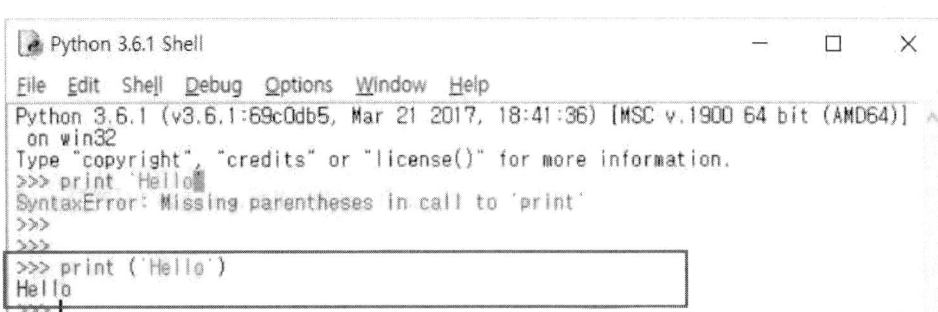

■ Python 프로그램의 작성과 외부 파일의 실행

이번에는 Python 소스코드를 외부 파일로 작성하고 이 파일을 Python 환경에서 실행시키는 방법을 설명하도록 한다. 앞에서 작성한 소스코드를 메모장에서 동일하게 작성하고 다음과 같이 저장한다.

```
print ('Hello')
```

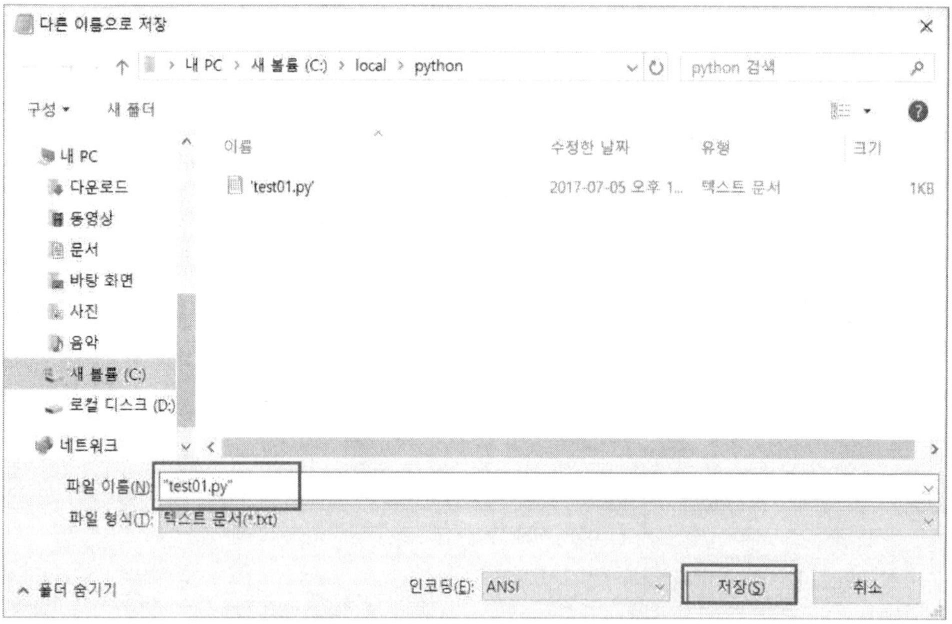

[Note]
소스코드 작성은 Windows의 메모장이나 Note Pad++ 등과 같은 기타 텍스트 편집기를 이용하여도 무방하며, 이때 파일명의 확장자는 ".py"이다. 전체 파일명을 쌍따옴표(" ")로 묶어 저장하는 이유는 강제로 지정된 파일명으로 저장을 하라는 의미일 뿐이다.

그리고 Python 3.6.1 Shell 환경에서 **[File]→[Open]** 또는 단축키 **[Crtl+O]**를 눌러 파일을 불러오도록 한다.

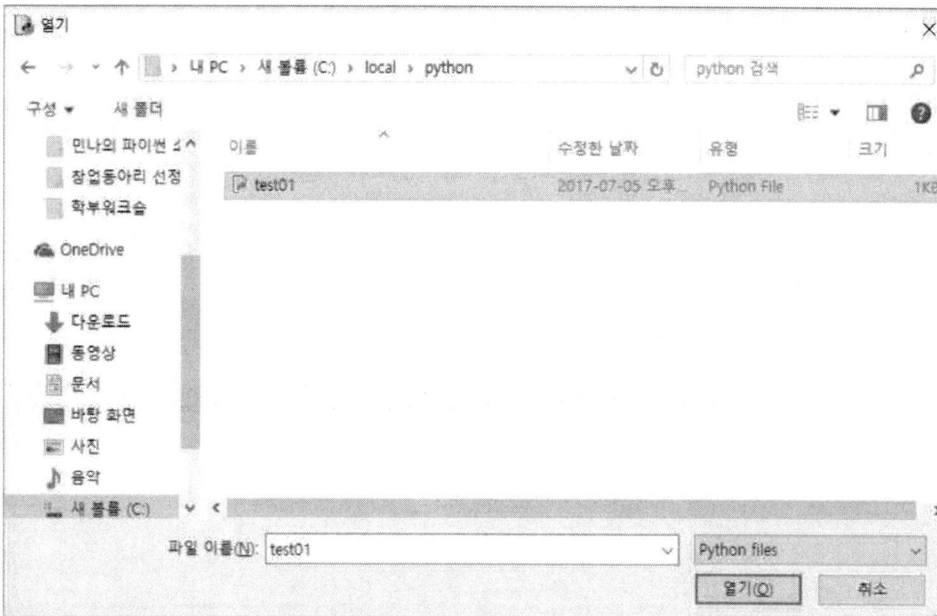

잠시 후 다음과 같은 새로운 창이 실행될 것이다.

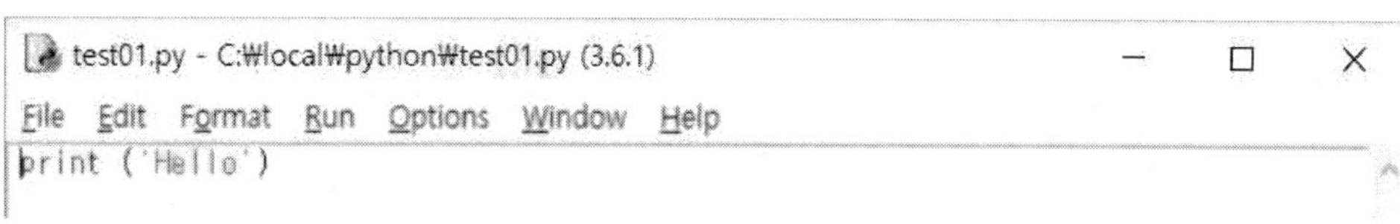

이미 작성된 소스코드에 이어서 새로운 코드를 추가 또는 삭제하는 등 편집도 가능하다. 이 창에서 **[Run]→[Run Module]** 순으로 선택하거나 단축키 **[F5]**를 눌러 파일을 실행시켜 다음과 같이 Python 3.6.1 Shell 창에서 확인할 수 있다.

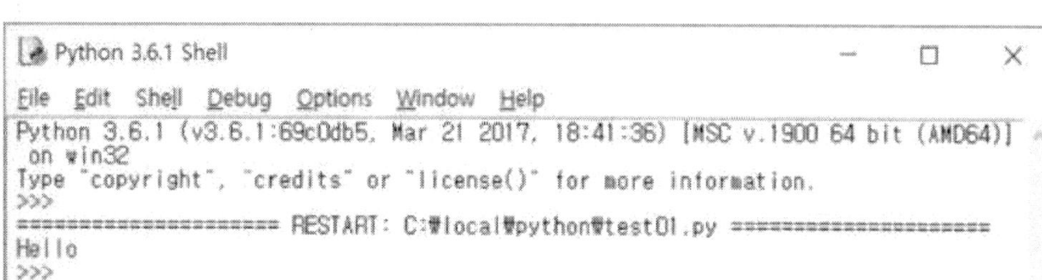

대화 형 쉘을 종료하려면 다음과 같이 입력하거나 창 오른쪽 상단부의 [X] 버튼을 누르면 된다.

```
>>> quit ()
```

■ DOS창에서 외부 파일을 실행시키기

DOS창에서도 Python Shell을 실행시키는 것도 가능하다. 먼저 **[시작]**→**[실행]**→**"cmd"**라고 입력하여 명령 프롬프트를 실행시킨 후 앞에서 작성한 소스코드 파일이 위치한 폴더로 먼저 이동한다.

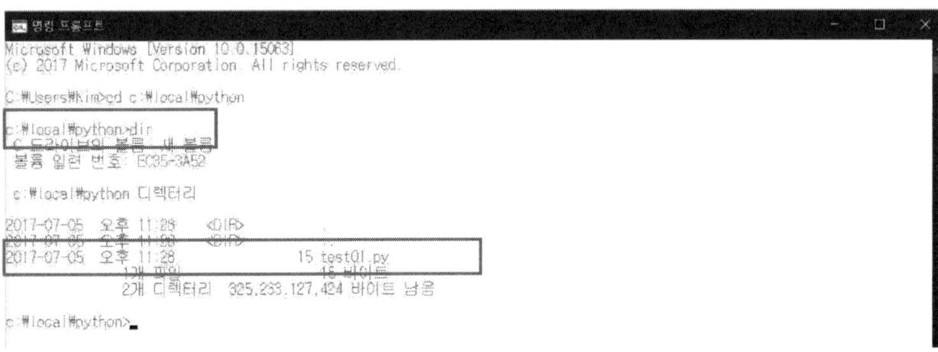

이동한 폴더 위치에서 **"dir"** 명령을 통해 "test01.py"라는 파일이 존재하는 것이 확인한 후 다음과 같이 Python 인터프리터(python.exe)를 실행시키면 소스코드가 실행되는 것을 확인할 수 있을 것이다.

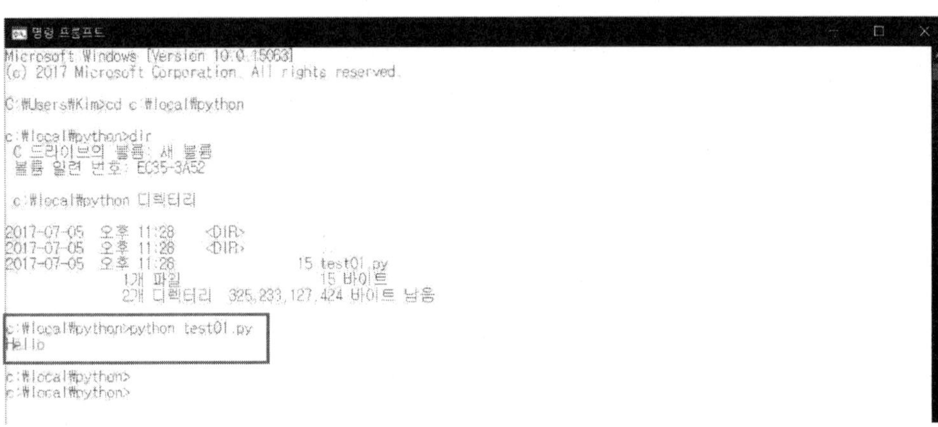

이때 Python 환경 변수가 올바르게 설정되어 있지 않은 경우에는 Python 인터프리터가 정상적으로 기동되지 않을 것이다. Python 설치 과

정에서 해당 옵션을 선택하여 설치한 경우에는 문제가 없겠지만 정상적으로 실행되지 않을 경우에는 환경변수 설정 부분을 살펴보도록 한다.

지금까지 print 함수를 이용하여 지정된 문자열을 출력하는 과정을 살펴보았다. 이는 Python 프로그램이 정상적으로 설치되었는지 또는 간단한 동작 테스트를 할 때 필요한 과정이기도 하다.

1.3 기본 구문 살펴보기

Python의 기본 구문에 대해 살펴보도록 하자. 아직 Python 언어를 이용하기 위한 기초 문법 등을 익힌 상태가 아니다. 기본적인 문법 및 데이터 구조 등에 대한 설명은 뒷장에서 설명할 것이다. 여기서는 프로그램의 기본 골격 구조를 파악한다는 의미에서 단계별 과정으로 이해하고 내용을 살펴보도록 한다.

Python에서는 함수와 클래스, 기타 명령어가 적힌 파일을 모듈이라고 부른다. 함수와 클래스 등에 대해서는 뒤에서 별도로 설명하겠지만 대부분 작성된 파일은 모듈(C 언어의 함수에 해당)로 사용되는 경우가 많으므로 기억해 두도록 하자.

1.3.1 프로그램의 기본 구조

메모장 또는 Python Shell에서 다음과 같은 코드를 작성하여 보도록 하자. 다음 예제는 Python 2계열을 기준으로 작성한 것이다.

Python 2.7.x

```
# -*- coding: utf-8 -*-
print u'모듈의 다운로드'

def test():
    print u'함수 : test를 호출했습니다.'
```

```

if __name__ == '__main__':
    print 'python-programmer'
# print '파이썬 프로그래머'

test()
```

작성이 완료되었으면 파일 이름을 "test02.py"로 작업 폴더에 저장하도록 한다. 만약 Python 2.7.x 버전을 설치한 상태라면 DOS창에서 다음과 같이 바로 실행시켜 볼 수 있을 것이다.

```
C:\local\python> python test02.py
```

〓 실행 결과 〓

```
모듈의 다운로드
python-programmer
함수 : test를 호출했습니다.
```

위와 같이 정상적으로 실행된 것으로 가정하고 코드 구문을 설명하도록 한다.

1.3.2 인코드(encode) 선언

첫 번째 줄은 모듈의 인코딩 선언을 한 것이다.

```
1  # -*- coding: utf-8 -*-
2  print u'모듈의 다운로드'
```

예제의 두 번째 라인에서는 멀티 바이트 문자(한글)가 포함되어 있다. 처음 프로그램 테스트 과정에서와 같이 단순하게 실행시키면 오류가 발생하게 된다. Python 2계열에서는 한글과 같은 멀티 바이트 문자 등이 포함된 경우에는 반드시 기술해 주어야 하는 부분이다.

그러나, Python 3계열의 최신 버전에서는 모듈의 인코딩 선언을 생략하면

"utf-8"이 자동으로 채용되기 때문에 "utf-8"이 아닌 문자 인코딩을 지정하려는 경우가 아니면 일부러 기술할 필요가 없다.

1.3.3 들여쓰기와 주석 처리

다음으로 다음과 같이 기술된 부분이 함수를 선언하는 부분이다. 이 함수가 호출되면 단순하게 "함수 : test를 호출했습니다."라는 출력을 하는 기능 이외에는 특별한 것이 없다.

```
4  def test():
5      print u'함수 : test를 호출했습니다.'
```

Python은 블록 구조(실행 범위를 제한)를 나타내기 위해 C 언어처럼 "{"(중괄호)를 사용하지 않고 들여 쓰기를 이용하고 있다는 점에 주목할 필요가 있다. Python에서는 이와 같이 함수의 실행 범위를 제한 또는 표현하기 위해 들여 쓰기를 이용하며 주로 한 탭만큼의 간격을 이용하게 된다. 외관으로 볼 때 들여 쓰기가 제대로 되어 있어도 탭과 공백이 섞인 것과 같은 상황이라면 들여 쓰기 오류가 발생하므로 주의가 필요하다.

```
7  if __name__ == '__main__':
8      print 'python-programmer'
9  # print '파이썬 프로그래머'
```

그리고 7번째 줄에서는 if문이 등장하고 있지만 따로 4장의 조건문과 반복문 설명에서 별도로 다루도록 하겠다. 다만 함수 test()의 기술과 마찬가지로 if문도 블록 구조로 기술되어 있다는 점을 기억하자.

앞서 출력 결과를 보면 9행의 '파이썬 프로그래머' 부분은 출력되지 않았을 것이다. 그 원인은 9행의 줄 머리의 「#」(해시 마크)로, Python에서 사용되는 주석 기호가 위치해 있기 때문이다. 해시 마크 이후의 기술된 구문은 실행의 대상이 아니라 Python 문법에 관계없이 실행과는 무관하게 무시된다.

1.3.4 "__name__"이란? "__main__"이란?

7번째 줄의 if문은 스크립트로 직접 호출되었을 때만 실행되고 다른 모듈에서 호출되었을 때는 실행되지 않는다. 여기서 다른 모듈에서 호출된다는 의미는 import 구문과 관계가 있지만 8장에서 상세히 설명하게 되므로 참고하기 바란다. 단지 변수 "**__name__**"스크립트로 시작했을 때 "**__main__**"이라는 값이 대입되므로 다른 모듈에서 호출 된 때에는 자신의 모듈 이름이 들어가기 때문에 실행되지 않게 되는 것이다.

1.3.5 인터프리터 기술

첫 번째 줄에 Python 인터프리터의 경로를 다음과 같이 따로 기술하는 경우도 있다. 이러한 기술은 Windows 환경에서 필요 없지만 Linux 등의 환경에서 py 파일을 sh 파일 등과 같은 형태로 실행하는 경우에 참조되는 경로를 의미하므로 기억하여 두자.

```
#! /usr/bin/python
# -*- coding: utf-8 -*-
print u'모듈의 로드'
...
```

1.3.6 콘솔로부터 입력받기

지금까지 Python의 기본 구문과 실행 방법을 간략하게 살펴봤다. 이번에는 조금 방향을 바꾸어 명령 프롬프트(콘솔)에서 입력 값을 프로그램에서 넘겨받아 처리하는 방법을 살펴보자. Python 2계열에서는 **raw_input**을, Python 3계열에서는 **input**을 사용하게 된다.

■ raw-input

이것은 Python 2계열을 위한 소스 코드이다.

Python 2.7.x

```
# -*- coding:utf-8 -*-
print u'당신의 이름을 입력하세요.'
your_name = raw_input('>> ')
print your_name
```

파일 이름을 "test03.py"로 적당한 작업 폴더에 저장한 뒤, 다음과 같이 명령 프롬프트창에서 소스 파일을 지정하여 프로그램을 실행시켜 보자.

```
C:\local\python> python test03.py
```

〓 실행 결과 〓

```
당신의 이름을 입력하세요.
>>
```

위와 같이 프로그램이 실행되었을 것이다. 지금까지의 프로그램은 실행 후 즉시 종료되었겠지만, 이번에는 raw_input 함수가 사용자의 입력을 기다리고 있는 대기 상태를 확인할 수 있을 것이다. 따라서 출력 문자열 “>>” 오른쪽에 “python-programmer”라고 입력하고 **[Enter]** 키를 눌러 보자.

〓 실행 결과 〓

```
당신의 이름을 입력하세요.
>>python-programmer
python-programmer
```

위의 실행 결과와 같이 입력한 값이 그대로 콘솔에 출력된 것을 확인할 수 있다. 이제 좀 더 프로그램다워 졌다고 생각할 것이다. 이러한 형태로 사용자의 입력 값 또는 선택한 값에 따라 적절한 출력을 처리하는 것이 편리할 경우가 많을 것이다.

마지막 예제를 살펴보자. 앞서 작성한 바와 같이 사용자가 입력한 값에 따라 다른 결과를 나타내고 있다. 마지막 라인에서 format 구문이 출현하였으나 이는 print 함수에 대한 설명에서 따로 다루도록 하겠다.

Python 2.7.x

```
# -*- coding: utf-8 -*-
print u'당신의 이름을 입력하세요.'
your_name = raw_input('>> ')
print u'안녕하세요! {}씨!'.format(your_name)
```

〓 실행 결과 〓

```
당신의 이름을 입력하세요.
>>python-programmer
안녕하세요! python-programmer씨
```

■ input

이것은 Python 3계열에서 사용되는 콘솔 입력을 위한 수단이다.

Python 3.6.x

```
print ('당신의 이름을 입력하세요.')
your_name = input('>> ')
print (your_name)
```

이와 같이 Python 3계열에서는 콘솔 입력 처리를 위한 함수가 raw_input에서 input으로 변경되었기 때문에 적절하게 구분하여 사용하면 된다. 이미 앞에서도 언급하였지만 print 함수의 사용에서도 차이가 있으므로 구문 기술에 주의가 필요하다.

1.3.7 도큐먼트 (Documentation)

Python뿐만 아니라 개발을 진행시켜 나가는데 문서의 참조는 꼭 필요할 것이다. 처음에는 애매한 부분도 있을지도 모르지만 사용법을 확인하고자 할 때 매우 유용하며, 문서는 영문으로 되어 있지만 소스 코드 자체는 만국 공통이기 때문에 내용 파악에는 그다지 큰 문제가 되지 않을 것이다. 파이썬 공식 사이트(https://docs.python.org)에서 확인이 가능하며, Python을 정상적으로 설치한 경우에는 프로그램 설치 시 함께 설치되어 있으므로 수시로 참고하기 바란다.

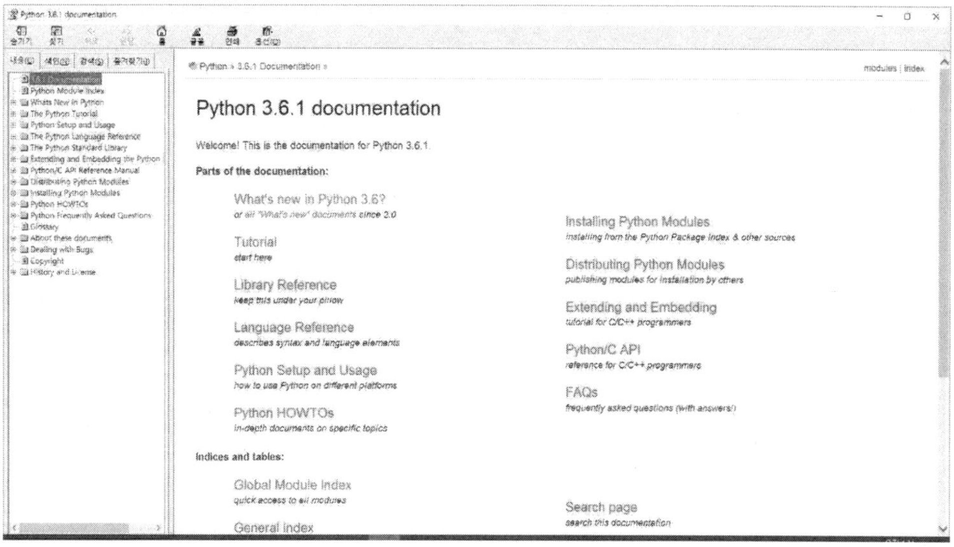

> [Tip]
> Python 3.6.1 Shell 환경에서 **[Help]→[Python Docs]** 또는 단축키 **[F1]**을 통해 실행 가능하며, Python 2.7.x Shell 환경에서도 동일하다.

1.3.8 Python의 주석문 처리

앞에서 구문의 주석 처리에 대해 잠깐 언급이 되었다. Python에서는 "#"(해시 마크)가 주석 기호로 해시 마크 이후에 기술된 내용은 실행 대상이 아니다. 한 줄에 대한 주석은 이것만으로도 충분하다. 그러나 여러 줄에 걸친 주석 처리는 어떻게 하면 될까?

아쉽게도 Python은 여러 줄에 걸친 주석 처리 방법은 제공되지 않고 있다. 향후 새로운 버전에서는 구현 될지도 모르지만 대안책이 없는 것은 아니다.

들여 쓰기에 주의할 필요가 있지만, 다음 예제에서 볼 수 있듯이 '''(작은 따옴표) 또는"""(큰 따옴표) 3개로 주석하고 싶은 부분을 묶어 버리면 마치

코멘트인 것처럼 취급 할 수 있다.

Python 2.7.x Python 3.6.x

```
# -*- coding: utf-8 -*-

# 일반적인 주석문
# print "test 1"
print "test 2"    # 이 서식문도 주석문으로 유효하다

# 여러 행에 걸쳐 주석문을 처리하는 것도 가능하다
'''
print "test 3"
print "test 4"
'''

# 중첩시킨 여러 줄 주석 처리
'''
print "test 5"
“““
print "test 6"
”””
...
```

■ 실행 결과 ■

```
test 2
```

참고로 주석 처리 대상의 부분에 동일한 인용 기호 세 가지가 섞여 있으면, 도중에 분단되어 버린다. 그러나 두 종류의 따옴표 사용이 허용되는 것을 이용하여 중첩시킬 수 있다.

또한, 들여 쓰기가 제대로 되어 있지 않으면 오류가 발생하므로 이와 같은 주석 처리를 시도할 때는 주의해야 한다. 보통의 해시 마크를 이용한 주석 처리는 들여 쓰기에 관계없이 사용되나, 이것은 프로그램의 문자열로 인식되므로 들여 쓰기와 일치하지 않으면 오류가 발생하게 될 것이다.

제2장 프로그래밍 기초

2.1 print문 사용과 문자열

Python에서 초보자뿐만 아니라 상급자도 이용할 기회가 가장 많은 것이 print문이다. 지정된 문자열을 출력할 때, Python 2계열에서는 print문을 사용하고 Python 3 계열에서는 print문 대신에 print 함수로 변경되었으므로 개발환경에 따라 선택적으로 이용하면 된다.

print문의 가장 기본적인 사용 방법은 print문 다음에 출력 할 문자열을 지정하는 것이다. 표준 출력을 의미하는 sys.stdout이 기본 대상으로 지정된 경우, 명령 프롬프트에서 실행하면 명령 프롬프트 콘솔에 출력된다. 또한 print문 뒤에 지정된 문자열 정보는 한 줄 단위로 출력처리가 일어나며, 지정하는 문자열은 모두 '문자열'과 같은 형식으로 기술하고 있다.

Python 2.7.x

```
# -*- coding: utf-8 -*-

print 'python'
print '-'
print 'programming'
print 'language'
```

■ 실행 결과 ■

```
Python 2.7.13 Shell
File Edit Shell Debug Options Window Help
Python 2.7.13 (v2.7.13:a06454b1afa1, Dec 17 2016, 20:42:59) [MSC v.1500 32 bit (
Intel)] on win32
Type "copyright", "credits" or "license()" for more information.
>>>
=============== RESTART: C:\local\python\chap02\example_01.py ===============
python
-
programming
language
>>>
```

Python 3계열에서 print문을 사용할 때는 다음과 같이 함수문 형태로 지정하여 사용하여야 한다. 아직도 Python 2계열에서 개발되어 제공하는 상당수의 라이브러리 및 모듈 등을 고려하여 Python 2계열을 중심으로 설명하도록 하겠다.

Python 3.6.x

```
print ('python')
print ('-')
print ('programming')
print ('language')
```

만약 print문 뒤에 지정된 문자열 정보 끝에 ","(쉼표)를 추가한 경우에는 문자열 정보를 화면에 출력하고 다음 라인으로 개행을 하지 않도록 출력을 제어할 수 있다.

Python 2.7.x

```
1 # -*- coding: utf-8 -*-
2 print 'python',
3 print '-',
4 print 'programming',
5 print 'language',
```

〓 실행 결과 〓

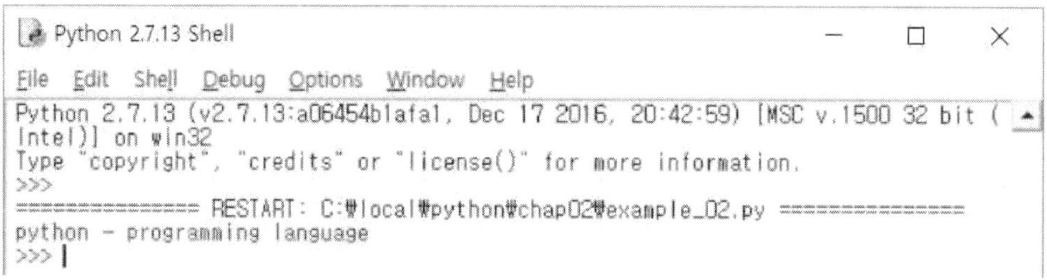

[Tip]
예제 첫 번째 줄에 기술된 인코딩 지정 내용은 한글과 같이 멀티 바이트 문자로 구성되는 문자열 출력을 원할 경우에 반드시 기술해야 하나 영문 문자열 등을 대상으로 할 때는 생략해도 무방하다.

이번에는 다음과 출력 문자열 내용을 한글로 수정하여 출력하여 보자. 앞의 예제와 달리 첫 라인에 기술된 인코딩 지정문을 생략되었다.

Python 2.7.x

```
print '파이썬'
print '-'
print '프로그래밍'
print '언어'
```

▬ 실행 결과 ▬

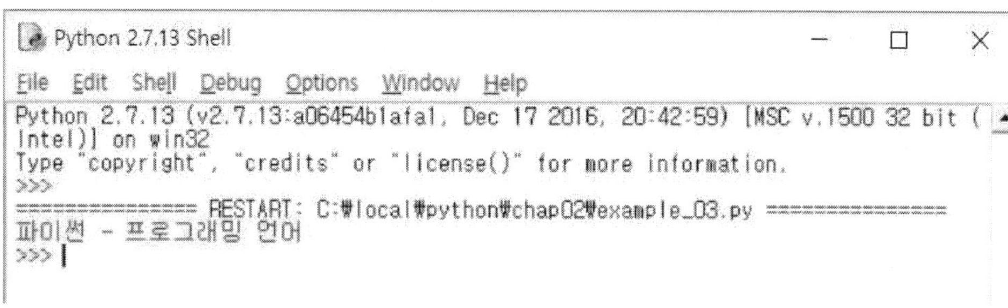

2.2 print문의 포맷 출력

print문에 포맷을 지정하여 출력 제어를 할 수도 있다. 다음 예제에서 문자열 또는 숫자 등을 섞어 출력 처리를 하는 방법을 나타내고 있다.

Python 2.7.x

```
print 'Python의 가상사이트 : %s' % 'python-utopia.com'
print 'Python의 가상사이트 : %s-%s.%s' % ('python', 'utopia', 'com')

test_int = 100 + 200
test_str = 'python-utopia.com'
print '사이트 개설 %d 일째! %s' % (test_int, test_str)
```

〓 실행 결과 〓

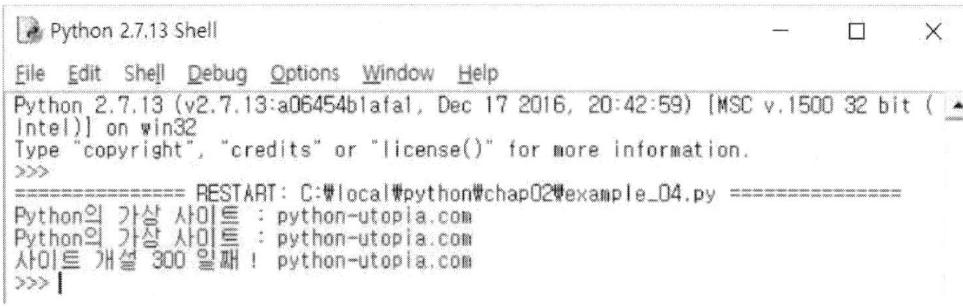

'% s'는 문자열, '% d'는 숫자로 인식되며, 이와 같이 혼용하여 출력을 제어하는 것이 가능하다. 포맷 식별자를 포함한 기본 문자열 뒤에 '%'를 접속어로 포맷 출력할 값을 전달하면 된다. 또 다른 방법으로 'format'을 이용하여 동일한 처리를 할 수 있다.

Python 2.7.x

```
print 'Python의 가상사이트 : {}'.format('python-utopia.com')
print 'Python의 가상사이트 : {0}-{1}.{2}'.format('python', 'utopia', 'com')

test_int = 100 + 200
test_str = ‘python-utopia.com’
print ‘사이트 개설 {1} 일째! {0}’.format(test_str, test_int)
```

〓 실행 결과 〓

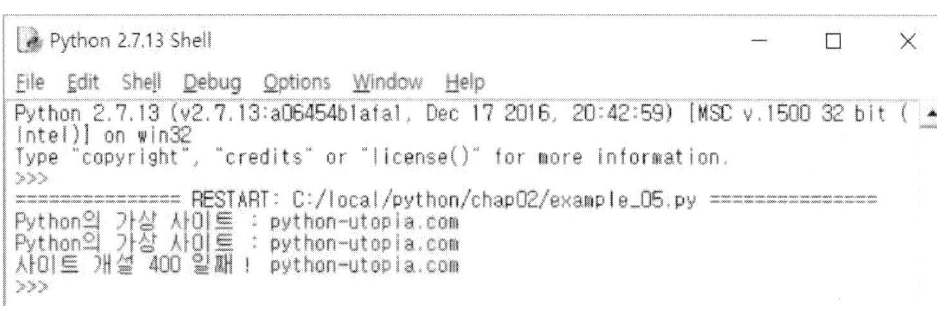

format을 이용하는 쪽이 더 새로운 포맷 출력 방식으로, 문자열 내의 "{}"에 지정된 값을 포함시키는 방식이다. 그리고 "{}"에 정수를 지정했을 경우는 "format" 인수의 순서에 따라 출력이 결정된다.

2.3 문자열의 선언

Python에서는 문자열을 작은따옴표(' ')와 큰 따옴표(" ") 모두 어느 쪽을 사용하더라도 선언 가능하다. 다음 예제의 출력 결과는 동일하다.

Python 2.7.x

```
print 'python-programmer'
print "python-programmer"
```

■ 실행 결과 ■

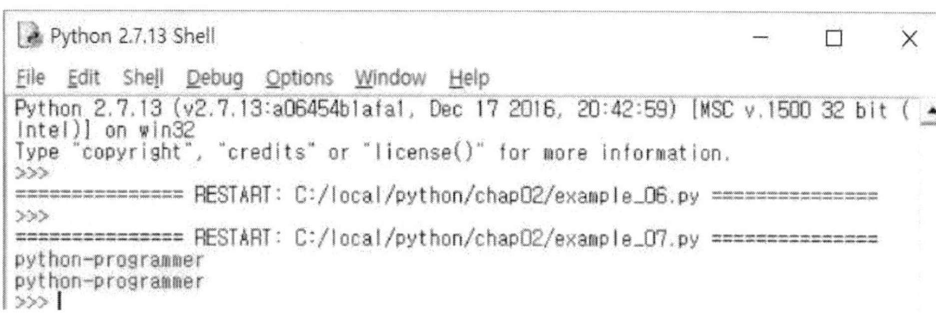

또한, 인용 기호 3개를 연이어 사용하여 여러 줄에 걸쳐 작성할 수 있다.

Python 2.7.x

```
test_str = """
test_1
test_2
"""
print test_str
```

■ 실행 결과 ■

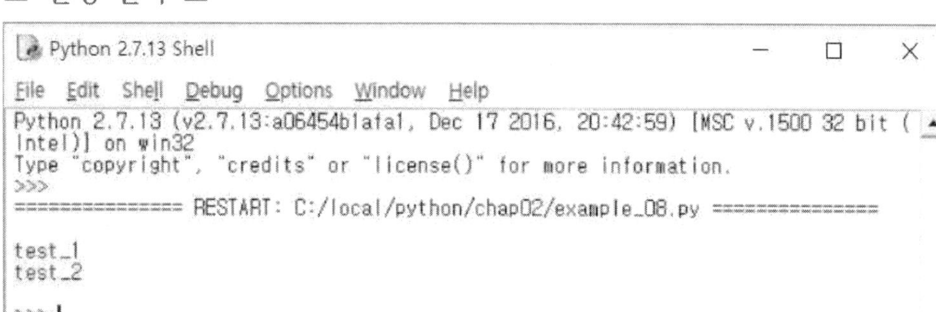

2.4 문자열의 연결

Java 언어와 마찬가지로 Python에서도 문자열 연결을 위해 다음 예와 같이 "+"를 사용할 수 있다.

Python 2.7.x

```
test_str = 'python'
test_str = test_str + '-'
test_str = test_str + 'programmer'

print test_str
```

〓 실행 결과 〓

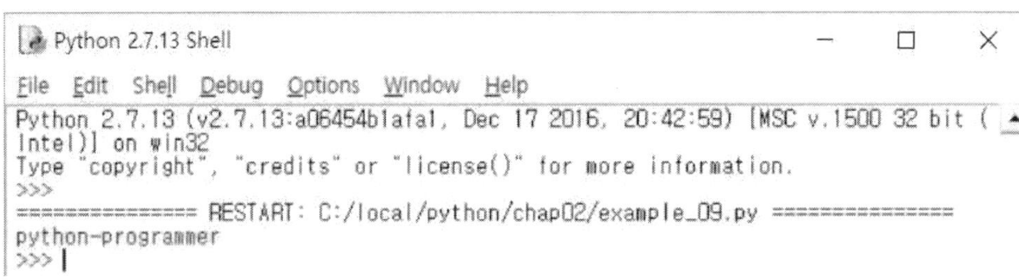

앞에 있는 문자열에 추가 문자열을 상호 연결하는 용도로도 사용 가능하며, 축약 연산자(+=)를 이용하여 원하는 만큼 문자열을 동적으로 연결시킬 수 있다.

Python 2.7.x

```
test_str = '012'
test_str += '345'
test_str += '678'
test_str += '9'

print test_str
```

■ 실행 결과 ■

```
Python 2.7.13 Shell
File Edit Shell Debug Options Window Help
Python 2.7.13 (v2.7.13:a06454b1afa1, Dec 17 2016, 20:42:59) [MSC v.1500 32 bit (
Intel)] on win32
Type "copyright", "credits" or "license()" for more information.
>>>
=============== RESTART: C:/local/python/chap02/example_10.py ===============
0123456789
>>>
```

특이한 사용 방법으로써 "*"를 이용하여 앞에 지정된 문자열을 지정 횟수만큼 반복하여 출력을 제어하는 것도 가능하다.

Python 2.7.x

```
test_str = '012345' * 3

print test_str
```

■ 실행 결과 ■

```
Python 2.7.13 Shell
File Edit Shell Debug Options Window Help
Python 2.7.13 (v2.7.13:a06454b1afa1, Dec 17 2016, 20:42:59) [MSC v.1500 32 bit (
Intel)] on win32
Type "copyright", "credits" or "license()" for more information.
>>>
=============== RESTART: C:/local/python/chap02/example_11.py ===============
012345012345012345
>>> |
```

2.5 문자열 변환

숫자에 해당되는 정보를 문자열로 변환하여 처리하고자 할 때는 "**str**" 함수를 사용하면 된다. 예제에서는 정수에 해당되는 test_integer 값을 str 함수로 문자열로 변환한 다음에 뒤에 문자열과 연결시켜 출력을 제어하고 있다.

Python 2.7.x

```
test_integer = 1000

print str(test_integer) + '원'
```

■ 실행 결과 ■

```
Python 2.7.13 Shell
File Edit Shell Debug Options Window Help
Python 2.7.13 (v2.7.13:a06454b1afa1, Dec 17 2016, 20:42:59) [MSC v.1500 32 bit (
Intel)] on win32
Type "copyright", "credits" or "license()" for more information.
>>>
=============== RESTART: C:/local/python/chap02/example_12.py ===============
1000원
>>> |
```

2.6 문자열 치환

경우에 따라서는 특정 문자열 패턴에 일치하는 정보를 찾아 원하는 문자열로 치환시켜야 하는 경우도 많다. 이와 같은 경우에는 문자열 치환을 위해 "**replace**" 함수를 제공하고 있다. 사용법은 매우 간단하다.

Python 2.7.x

```
test_str = 'python-programmer'
print test_str.replace('programmer', 'scientist')
```

■ 실행 결과 ■

```
Python 2.7.13 Shell
File Edit Shell Debug Options Window Help
Python 2.7.13 (v2.7.13:a06454b1afa1, Dec 17 2016, 20:42:59) [MSC v.1500 32 bit (
Intel)] on win32
Type "copyright", "credits" or "license()" for more information.
>>>
=============== RESTART: C:/local/python/chap02/example_13.py ===============
python-scientist
>>>
```

2.7 문자열 분할

Python에서는 정보 문자열을 대상으로 특정 패턴을 이용하여 개별 문자열로 분할시킬 수 있는 수단을 제공한다. 이를 위해 "**split**" 함수를 사용하게 되는데 처리된 결과는 목록. 즉 list 형태로 반환하게 된다. list에 대한 설명은 다음 장에서 따로 설명하게 된다.

Python 2.7.x

```
test_str = 'python-programmer'
print test_str.split('-')
```

〓 실행 결과 〓

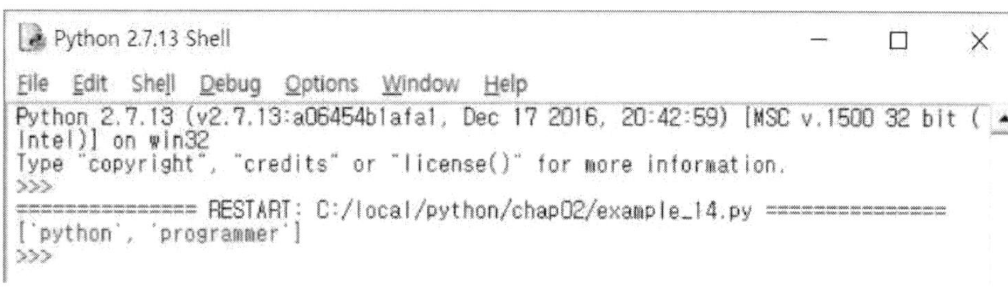

참고로 함수 등이 처리된 값을 다양한 형태로 반환하기도 하며 아예 반환하지 않는 경우도 있다. 실행 결과를 보면 '-' 문자를 토큰으로 사용하여 두 개의 문자열로 분할시켰고 전체 결과는 "["과 "]" 기호로 둘러싸인 형태로 출력되고 있는 것을 알 수 있다. 바로 이와 같은 형태로 데이터를 표현하는 구조를 list라고 부른다. 이러한 list는 Python에서 일반적으로 데이터를 처리하거나 표현하는 대표적인 방법이기도 하다.

2.8 문자열 정렬

문자열의 왼쪽에 특정 값을 채우는 경우에는 "**rjust**"를 사용하면 된다. 첫 번째 인수는 전체 자리 수, 두 번째 인수는 문자열을 채우고 남는 빈자리를 채우는 문자열을 의미한다. 이와 유사하게 "**ljust**"도 이용할 수 있으며 실행 결과로부터 기본적인 사용법을 직감적으로 파악할 수 있을 것이다.

Python 2.7.x

```
test_str = '12345'

print test_str.rjust(10, '0')
print test_str.rjust(10, '*')
```

〓 실행 결과 〓

```
Python 2.7.13 Shell
File Edit Shell Debug Options Window Help
Python 2.7.13 (v2.7.13:a06454b1afa1, Dec 17 2016, 20:42:59) [MSC v.1500 32 bit (
Intel)] on win32
Type "copyright", "credits" or "license()" for more information.
>>>
=============== RESTART: C:/local/python/chap02/example_15.py ===============
0000012345
*****12345
>>> |
```

또한, "zfill"을 사용하여 특정 문자열을 따로 지정하지 않고 단지 0으로만 채울 수 있다.

Python 2.7.x

```
test_str = '12345'

print test_str.zfill(10)
print test_str.zfill(3)
```

〓 실행 결과 〓

```
Python 2.7.13 Shell
File Edit Shell Debug Options Window Help
Python 2.7.13 (v2.7.13:a06454b1afa1, Dec 17 2016, 20:42:59) [MSC v.1500 32 bit (
Intel)] on win32
Type "copyright", "credits" or "license()" for more information.
>>>
=============== RESTART: C:/local/python/chap02/example_16.py ===============
0000012345
12345
>>>
```

실행 결과를 보면 첫 번째 출력 결과는 10자리를 기준으로 우측에 정보 문자열을 정렬시키고 남는 다섯 자리에 대해서는 0으로 채워진 것을 알 수 있다. 두 번째 출력문의 경우는 정렬 자릿수를 3으로 지정한 경우로서 정보 문자열은 5자리가 필요한 상황이지만 그대로 출력되고 0으로 채워지지 않은 것을 알 수 있다.

2.9 문자열 검색

사실 문자열 검색 방법은 다양하다고 볼 수 있다. 우선 문자열의 선두가 어떤 문자인지를 확인할 경우에는 "**startswith**" 함수를 사용한다. 이 함수의 반환 결과는 True 또는 False중 어느 하나이다. 여기서 True와 False는 논리 값을 나타내는 용도로서 참이면 True, 거짓이면 False가 된다. 예제에서는 검사 문자열을 대상으로 python으로 시작하는지 또는 programmer로 시작하는지를 검사하고 있다.

Python 2.7.x

```
test_str = 'python-programmer'

print test_str.startswith('python')
print test_str.startswith('programmer')
```

〓 실행 결과 〓

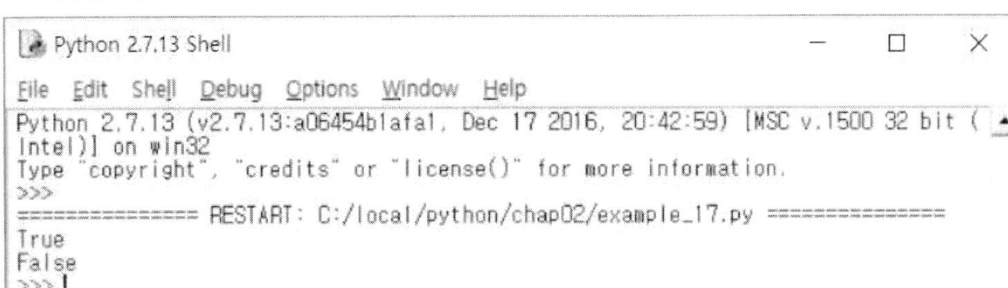

다음은 검사할 문자열에서 임의의 문자가 포함되어 있는지를 확인하는 방법이다. 마찬가지로 검사 결과의 반환 값은 True(참) 또는 False(거짓)가 된다.

Python 2.7.x

```
test_str = 'python-programmer'

print 'h' in test_str
print 's' in test_str
```

〓 실행 결과 〓

```
Python 2.7.13 Shell
File Edit Shell Debug Options Window Help
Python 2.7.13 (v2.7.13:a06454b1afa1, Dec 17 2016, 20:42:59) [MSC v.1500 32 bit (
Intel)] on win32
Type "copyright", "credits" or "license()" for more information.
>>>
=============== RESTART: C:/local/python/chap02/example_18.py ===============
True
False
>>> |
```

2.10 대소문자 변환

지정된 문자열을 대문자 또는 소문자로 변환하려면 다음 예와 같이 "upper" 또는 "lower" 함수를 사용하면 된다.

Python 2.7.x

```
test_str = 'Python-Utopia.Com'

print test_str.upper()
print test_str.lower()
```

〓 실행 결과 〓

```
Python 2.7.13 Shell
File Edit Shell Debug Options Window Help
Python 2.7.13 (v2.7.13:a06454b1afa1, Dec 17 2016, 20:42:59) [MSC v.1500 32 bit (
Intel)] on win32
Type "copyright", "credits" or "license()" for more information.
>>>
=============== RESTART: C:/local/python/chap02/example_19.py ===============
PYTHON-UTOPIA.COM
python-utopia.com
>>> |
```

2.11 선두/말미의 삭제

문자열의 시작 또는 끝에 포함된 공백을 제거하는 방법으로 "lstrip"과 "rstrip" 함수를 이용할 수 있다. "lstrip" 함수는 선두(왼쪽)부터, "rstrip" 함수는 끝(오른쪽)에서부터 공백 또는 지정된 문자열을 삭제하게 된다.

다음 예제에서는 "lstrip" 함수와 "rstrip" 함수를 사용하였을 때 출력되는 결과의 차이를 확인할 수 있다.

Python 2.7.x

```
print '----------------------------'

test_str = '     python-utopia.com'
print test_str

test_str = test_str.lstrip()
print test_str

test_str = test_str.lstrip('python')
print test_str

print '----------------------------'

test_str = 'python-utopia.com     '
print test_str + '/'

test_str = test_str.rstrip()
print test_str + '/'

test_str = test_str.rstrip('com')
print test_str
```

■ 실행 결과 ■

```
Python 2.7.13 Shell
File Edit Shell Debug Options Window Help
Python 2.7.13 (v2.7.13:a06454b1afa1, Dec 17 2016, 20:42:59) [MSC v.1500 32 bit (
Intel)] on win32
Type "copyright", "credits" or "license()" for more information.
>>>
=============== RESTART: C:/local/python/chap02/example_20.py ===============
----------------------------------------
     python-utopia.com
python-utopia.com
-utopia.com
----------------------------------------
python-utopia.com     /
python-utopia.com/
python-utopia.
>>> |
```

2.12 사칙연산

Python에서 사칙 연산(덧셈·뺄셈·곱셈·나눗셈)을 수행할 때는 +, -, * 그리고 / 기호를 이용하여 연산을 수행하게 된다. 다음 예제의 경우, 정수 값 100을 대상으로 각 연산자를 이용하여 사칙연산을 수행하는 예이다.

Python 2.7.x

```
test_integer = 100

print test_integer + 10     # 덧셈
print test_integer - 10     # 뺄셈
print test_integer * 10     # 곱셈
print test_integer / 10     # 나눗셈
```

■ 실행 결과 ■

```
Python 2.7.13 Shell
File Edit Shell Debug Options Window Help
Python 2.7.13 (v2.7.13:a06454b1afa1, Dec 17 2016, 20:42:59) [MSC v.1500 32 bit (
Intel)] on win32
Type "copyright", "credits" or "license()" for more information.
>>>
=============== RESTART: C:/local/python/chap02/example_21.py ===============
110
90
1000
10
>>> |
```

2.13 정수와 부동소수점 그리고 수치변환

프로그래밍 언어는 기본적으로 소수점이 없는 숫자를 정수형(int), 소수점이 포함된 숫자를 부동 소수점 숫자(floating-point number) 또는 실수(float)로 구분한다. 따라서 소수점 유무에 따라 자료형이 구분된다.

다음 예제에서는 숫자 모양을 하고 있는 문자열을 정수형으로 변환할 때는 "int" 함수를, 부동 소수점 숫자로 변환할 때는 "float" 함수를 사용하여 각각 정수와 실수로 변환한다. 그 후 정수 값 100과 덧셈 연산을 수행하고 있다. 또한 "0.5"와 같이 가수 부분이 0일 경우에는 이를 생략하고 기술하는 것도 가능하다.

Python 2.7.x

```
test_str = '100'
print int(test_str) + 100

test_str = '100.5'
print float(test_str) + 100

test_float = .5
print test_float
```

실행 결과

```
Python 2.7.13 Shell
File Edit Shell Debug Options Window Help
Python 2.7.13 (v2.7.13:a06454b1afa1, Dec 17 2016, 20:42:59) [MSC v.1500 32 bit (
Intel)] on win32
Type "copyright", "credits" or "license()" for more information.
>>>
=============== RESTART: C:/local/python/chap02/example_22.py ===============
200
200.5
0.5
>>>
```

2.14 복소수

Python에서는 복소수를 표현하기 위해 숫자에 "j" 또는 "J"를 부가하면 된다. 다음 예제 중 실수가 "100", 허수가 "5"에 해당하는 복소수를 선언한 경우가 이에 해당된다. 선언된 변수의 값이 복소수로 인식된 경우에는 출력 값이 자동으로 괄호를 이용하여 출력 처리된 것을 확인할 수 있을 것이다. 당연하지만 복소수의 실수부와 허수부를 추출하고자 할 때는 변수 이름의 뒤에서 **"real"** 또는 **"imag"**를 붙이면 된다.

Python 2.7.x

```
test_complex = 100 + 5j

print test_complex
print test_complex.real
print test_complex.imag
```

〓 실행 결과 〓

```
Python 2.7.13 Shell
File Edit Shell Debug Options Window Help
Python 2.7.13 (v2.7.13:a06454b1afa1, Dec 17 2016, 20:42:59) [MSC v.1500 32 bit (
Intel)] on win32
Type "copyright", "credits" or "license()" for more information.
>>>
=============== RESTART: C:/local/python/chap02/example_23.py ===============
(100+5j)
100.0
5.0
>>> |
```

2.15 증감 연산

Python에서는 C 언어에서와 같이 "i++" 또는 "i--"와 같은 증감 연산자는 존재하지 않는다. 단, 누적 대입은 가능하므로 다음 예제와 같이 처리할 수 있다. 여기서 중요한 점은 주석 처리되어 있는 test_num++ 또는 test_num−과 같은 연산을 시도하면 오류가 발생한다는 것이다.

Python 2.7.x

```
test_num = 100
print test_num

test_num += 1
print test_num
# test_num++

test_num -= 1
print test_num
# test_num--
```

〓 실행 결과 〓

```
Python 2.7.13 Shell
File Edit Shell Debug Options Window Help
Python 2.7.13 (v2.7.13:a06454b1afa1, Dec 17 2016, 20:42:59) [MSC v.1500 32 bit (Intel)] on win32
Type "copyright", "credits" or "license()" for more information.
>>>
=============== RESTART: C:/local/python/chap02/example_24.py ===============
100
101
100
>>>
```

제3장 자료 구조

Python뿐만 아니라 기본적인 컴퓨터 프로그래밍 과정에서 배열의 개념과 활용은 매우 중요하다. 3장에서는 자료 구조를 설계하고 표현하기 위한 배열의 개념에 대하여 설명한다. 또한, 같은 기능의 배열도 이용하는 컴퓨터 언어마다 호칭이 다를 수 있기 때문에 몇 가지 내용을 미리 정리하고 넘어가도록 하자.

3.1 배열의 종류

Python에서 다루는 주요 배열로는 다음과 같은 것들이 있다. 배열의 이름이 서로 다른 것과 같이 동작하는 기능에서도 차이가 있으므로 어떤 배열을 사용할지는 목적에 따라 구분되어 선택할 수 있을 것이다.

- **튜플(tuple)**: 임의의 수의 요소를 가질 수 있는 배열이다. 생성한 후에는 요소의 추가 및 삭제를 할 수 없다.
- **리스트(list)**: 임의의 수의 요소를 가질 수 있는 배열이다. 만든 후에도 요소의 추가 및 삭제가 가능하다.
- **사전(dict)**: 임의의 수의 요소를 가질 수 있는 배열로서 key와 value를 한 쌍으로 묶어 하나의 요소를 처리한다. 만든 후에도 요소를 추가하거나 제거 할 수 있지만, 하나의 사전에서 동일한 key를 가질 수 없다.
- **집합(set)**: 임의의 수의 요소를 가질 수 있는 배열이다. 만든 후에도 요소를 추가하거나 제거 할 수 있지만, 하나의 집합에서 중복 요소를 가질 수 없다.

다른 프로그래밍 언어의 경험이 있는 개발자라면 리스트와 사전이라는 호칭보다 배열 또는 연관 배열이라는 이름에 익숙할지도 모른다. Python의 배열 · 연관 배열에 해당하는 주요 클래스는 다음과 같다.

- 배열(array) 및 리스트(list) → 리스트(list)
- 연상 배열, 맵(map) 및 해시(hash) → 사전(dictionary)

3.2 튜플의 사용

튜플은 Python 프로그래밍의 가장 일반적인 기능이지만 이름 자체만으로 보면 생소할 수도 있다. 배열의 기본 개념과 마찬가지로 여러 요소로 구성되어 있는 것을 하나의 자료로 취급할 수 있는 기능이다. 3.3절에서 설명하는 리스트와의 차이점은 튜플이 생성된 이후에 구성 요소에 해당하는 요소를 추가하거나 삭제가 불가능하지만, 리스트의 경우는 요소의 추가 및 삭제가 가능하다는 점이다. 정리하자면 튜플은 자료 생성 이후에 변경 불가능한 리스트에 해당된다고 볼 수 있다.

앞서 언급 한 바와 같이 튜플은 생성 후 변경이 불가능하다는 특징을 가지고 있다. 이러한 특징 때문에 여러 값을 반환해야 하는 함수의 반환 값 등을 튜플로 처리하면 편리할 것이다. 함수의 선언과 이용 방법을 아직 익힌 상태는 아니지만 간단한 예제를 살펴보자. 다음 예제는 get_today()라는 함수의 처리 결과를 튜플로 반환하고 있는 일반적인 예이다.

Python 2.7.x

```
import datetime

def get_today():
    today = datetime.datetime.today()
    value = (today.year, today.month, today.day)

    return value

test_tuple = get_today()

print test_tuple
print test_tuple[0]
```

```
13  print test_tuple[1]
14  print test_tuple[2]
```

〓 실행 결과 〓

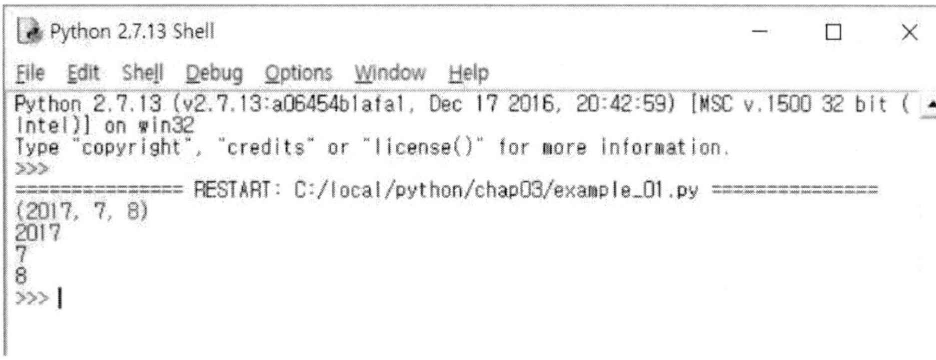

```
Python 2.7.13 Shell
File  Edit  Shell  Debug  Options  Window  Help
Python 2.7.13 (v2.7.13:a06454b1afa1, Dec 17 2016, 20:42:59) [MSC v.1500 32 bit (Intel)] on win32
Type "copyright", "credits" or "license()" for more information.
>>>
============== RESTART: C:/local/python/chap03/example_01.py ==============
(2017, 7, 8)
2017
7
8
>>> |
```

예제의 내용을 정리하여 보자. 먼저 3번째 줄에서 get_today()라는 함수의 정의하고 있다. 4번째 줄에서는 datatime 라이브러리를 참조하여 현재 날짜의 년, 월, 일에 해당하는 값을 today라는 객체로 받아 오고 있다. 그 후 5번째 줄에서 today 객체의 멤버 값으로 year, month, day를 괄호로 묶어 value에 대입하고 있는데, 이것이 튜플로 처리한 것이다. 말하자면 3개의 요소를 가지는 튜플을 선언한 것이다. 일반적으로 함수의 반환 값은 하나이지만, 이와 같이 함수의 반환 값으로 튜플 value를 지정하게 되면 3개의 튜플 요소가 마치 하나인 값처럼 반환처리 시키는 것이 가능해진다.

```
3  def get_today():
4      today = datetime.datetime.today()
5      value = (today.year, today.month, today.day)
6
7      return value
```

문자열과 마찬가지로 튜플 또는 리스트는 시퀀스(sequence) 형식으로 참조 가능하며 대괄호"[]" 기호를 이용하여 각 요소에 액세스 가능하다. 이때 각 요소의 참조 위치(인덱스)는 정수 값 0부터 시작하게 되어 있다.

예제에서 test_tuple 변수는 get_today() 함수의 결과를 넘겨받은 튜플 변수이므로 당연히 3개의 튜플 요소들을 소괄호"()" 기호로 둘러싼 형식으로 출력된 것을 확인할 수 있을 것이다. 튜플의 개별 요소에 접근할 때는 test_tuple[0], test_tuple[1], test_tuple[2]와 같이 인덱스 값을 이용하여 원하는 위치의 튜플 요소 값을 참조할 수 있다.

```
test_tuple = get_today()

print test_tuple
print test_tuple[0]
print test_tuple[1]
print test_tuple[2]
```

3.3 리스트의 이해

튜플과 유사하지만 리스트의 경우 자료를 생성한 뒤에 리스트의 요소를 추가하거나 삭제가 가능하다. 이는 요소의 변경이 필요에 따라 언제든지 가능하므로 튜플보다 범용성이 높다고 볼 수 있다.

다음 예제는 튜플과 그다지 다르지 않지만 선언 방법을 보면 대괄호"[]" 기호를 이용하여 리스트의 요소들을 나열하고 각 요소들의 구분은 쉼표","를 이용한다. 그리고 for 반복문을 이용하여 각 요소에 접근하는 단순한 예제이다. for문에 대한 사용은 4장에서 다시 설명할 것이다.

Python 2.7.x

```
test_list_1 = ['python', '-', 'utopia', '.', 'com']
print test_list_1

print '-----------------------------'
for i in test_list_1:
    print i
```

▬ 실행 결과 ▬

```
Python 2.7.13 Shell
File Edit Shell Debug Options Window Help
Python 2.7.13 (v2.7.13:a06454b1afa1, Dec 17 2016, 20:42:59) [MSC v.1500 32 bit (
Intel)] on win32
Type "copyright", "credits" or "license()" for more information.
>>>
=============== RESTART: C:/local/python/chap03/example_02.py ===============
['python', '-', 'utopia', '.', 'com']
--------------------------------------
python
-
utopia
.
com
>>> |
```

튜플의 작성은 소괄호"()"를 사용하여 작성했지만, 리스트에서는 대괄호"[]"를 이용하여 생성하면 된다. 앞서 설명한 것처럼 리스트의 경우 자료를 생성한 뒤에 리스트의 요소를 추가하거나 삭제하는 것이 가능하므로 요소를 추가 또는 삭제 방법에 대한 살펴보도록 하자.

3.3.1 요소의 추가

아래의 예제는 요소가 하나도 없이 비어있는 리스트를 작성한 후 원하는 요소를 추가하는 과정으로, "**append**" 함수를 이용하여 리스트의 끝에 요소를 추가할 수 있다.

Python 2.7.x

```
test_list_1 = []
print test_list_1

test_list_1.append('python')
test_list_1.append('-')
test_list_1.append('utopia')
test_list_1.append('.')
test_list_1.append('com')

print '-----------------------------'
print test_list_1
```

■ 실행 결과 ■

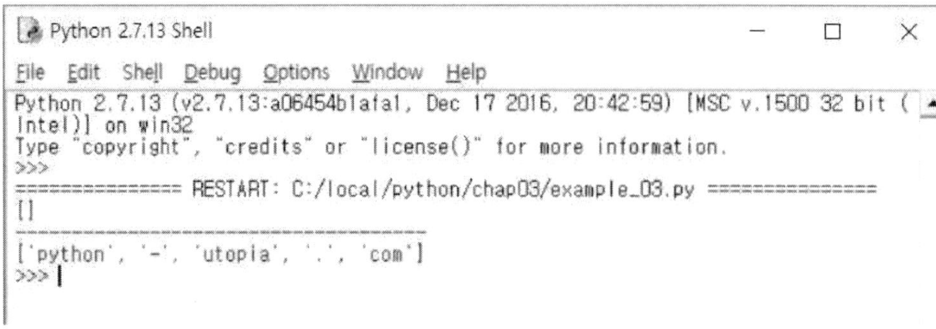

3.3.2 인덱스를 지정하여 요소를 추가하기

"**append**" 함수를 이용하여 요소를 추가할 시 항상 리스트의 마지막에 추가된다. 원하는 위치에 요소를 추가하고자 할 때는 "**insert**" 함수를 이용하며, 인덱스 값을 이용하여 추가되는 위치를 지정할 수 있다.

insert 함수의 첫 번째 인수는 리스트에 추가할 위치를 나타내는 인덱스 값을 지정하고, 다음 인수는 추가하려는 요소의 값이다. 인덱스 값으로 0을 지정하면 리스트의 선두 위치에서 요소 추가가 이루어진다.

Python 2.7.x

```
test_list_1 = ['python', 'utopia', 'com']
print test_list_1

test_list_1.insert(1, '-')
test_list_1.insert(3, '.')

print '------------------------------'
print test_list_1

test_list_1.insert(0, 'http://www.')
print test_list_1
```

실행 결과

```
Python 2.7.13 Shell
File Edit Shell Debug Options Window Help
Python 2.7.13 (v2.7.13:a06454b1afa1, Dec 17 2016, 20:42:59) [MSC v.1500 32 bit (
Intel)] on win32
Type "copyright", "credits" or "license()" for more information.
>>>
============== RESTART: C:/local/python/chap03/example_04.py ==============
['python', 'utopia', 'com']
-------------------------------
['python', '-', 'utopia', '.', 'com']
['http://www.', 'python', '-', 'utopia', '.', 'com']
>>>
```

3.3.3 요소를 삭제하기

"remove" 함수를 이용하면 지정된 인수에 해당하는 요소를 제거할 수 있다. 최초로 발견된 요소만 제거가 이루어지므로 지정된 요소가 리스트에 여러 개 존재하는 경우에는 주의가 필요하다.

Python 2.7.x

```
test_list_1 = ['1', '2', '3', '2', '1']
print test_list_1

print '------------------------------'
print test_list_1

test_list_1.remove('2')
print test_list_1
```

실행 결과

```
Python 2.7.13 Shell
File Edit Shell Debug Options Window Help
Python 2.7.13 (v2.7.13:a06454b1afa1, Dec 17 2016, 20:42:59) [MSC v.1500 32 bit (
Intel)] on win32
Type "copyright", "credits" or "license()" for more information.
>>>
============== RESTART: C:/local/python/chap03/example_05.py ==============
['1', '2', '3', '2', '1']
-------------------------------
['1', '3', '2', '1']
>>>
```

실행 결과를 살펴보면 리스트의 첫 번째 '2'만 삭제가 되고 네 번째 '2'는 삭제되지 않고 그대로 남아있는 것을 알 수 있다.

또 다른 방법으로 "pop" 함수를 이용하여 삭제할 수 있다. "pop" 함수는 지정된 인덱스 값에 존재하는 요소를 삭제하고, 삭제 된 요소를 반환 값으로 처리하는 특징이 있다. 만약 인수를 지정하지 않고 사용하면 마지막 요소가 제거된다.

Python 2.7.x

```
test_list_1 = ['1', '2', '3', '2', '1']
print test_list_1

print '-----------------------------'
print test_list_1.pop(1)
print test_list_1

print '-----------------------------'
print test_list_1.pop()
print test_list_1
```

〓 실행 결과 〓

```
Python 2.7.13 Shell
File Edit Shell Debug Options Window Help
Python 2.7.13 (v2.7.13:a06454b1afa1, Dec 17 2016, 20:42:59) [MSC v.1500 32 bit (Intel)] on win32
Type "copyright", "credits" or "license()" for more information.
>>>
=============== RESTART: C:/local/python/chap03/example_06.py ===============
['1', '2', '3', '2', '1']
-----------------------------
2
['1', '3', '2', '1']
-----------------------------
1
['1', '3', '2']
>>>
```

3.3.4 요소의 인덱스를 취득하기

경우에 따라서는 리스트의 특정 값에 관심이 있어 그 위치를 조사한 뒤 후차적인 처리를 하려는 경우도 있을 것이다. "**index**" 함수를 이용하면 지정된 인수에 해당하는 인덱스 값을 얻을 수 있다. "**remove**" 함수와 마찬가지로 먼저 찾은 요소의 인덱스 값 만 취득 할 수 있다. 다음은 "**index**" 함수를 이용하여 리스트의 구성요소 중 '200'의 인덱스 값을 출력하는 예제이다.

Python 2.7.x

```
test_list_1 = ['100', '200', '300', '200', '100']

print test_list_1.index('200')
```

▬ 실행 결과 ▬

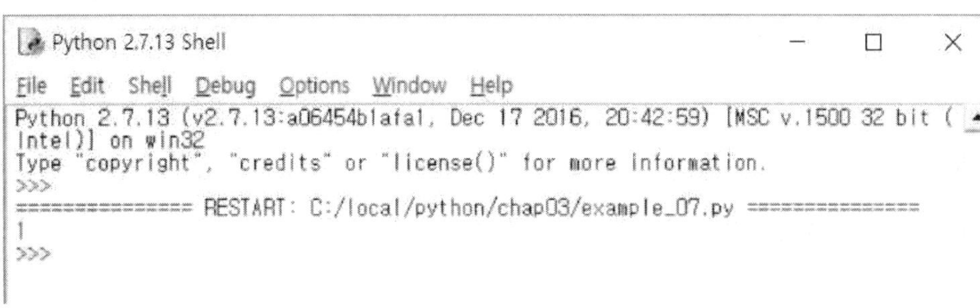

예제의 실행 결과를 보면 최초로 발견된 '200'의 인덱스 값만 반환된 것을 알 수 있다. 실제 리스트의 내용을 보면 네 번째 위치의 값도 '200'이지만 이 위치의 값은 무시된다. 따라서 "**remove**" 함수와 마찬가지로, 리스트의 구성 요소들 중에 동일한 값이 존재하는 경우에는 주의가 필요하다.

3.3.5 리스트의 요소 수를 취득하기

앞 절에서 "**index**" 함수를 이용하여 특정 값이 리스트의 어느 위치에 존재하는지를 확인할 수 있다는 것을 살펴보았다. 그러나 리스트 내의 구성 요소들 중 동일한 값들이 존재할 경우 원하는 결과를 얻지 못할 수 있다. 이때 "count" 함수를 이용하여 지정된 인수가 리스트 내에서 몇 개인지를 조사하여 그 값을 반환받을 수 있다.

Python 2.7.x

```
test_list_1 = ['100', '200', '300', '200', '100']

print test_list_1.count('100')
print test_list_1.count('200')
print test_list_1.count('300')
```

■ 실행 결과 ■

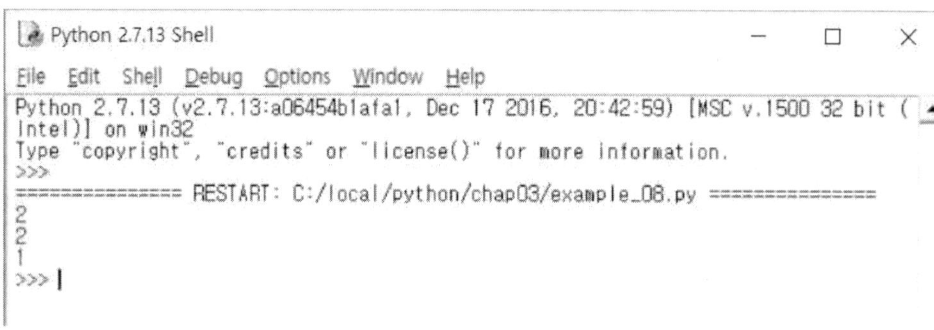

```
Python 2.7.13 Shell
File Edit Shell Debug Options Window Help
Python 2.7.13 (v2.7.13:a06454b1afa1, Dec 17 2016, 20:42:59) [MSC v.1500 32 bit (Intel)] on win32
Type "copyright", "credits" or "license()" for more information.
>>>
=============== RESTART: C:/local/python/chap03/example_08.py ===============
2
2
1
>>> |
```

3.4 사전(Dictionary)의 이해

사전 구조는 리스트와 매우 유사하다. 그러나 각 구성 요소로 지정되는 값은 key와 value를 하나의 쌍으로 가지는 형태로 요소를 구성하는 것이 특징이다. 리스트의 내용에는 동일한 값을 중복하여 존재할 수 있다는 것을 이미 살펴보았다. 이와 같은 경우에는 자료를 취급할 때 불편할 수 있을 것이다.

전화번호부와 같은 경우를 고려하면 동명이인이 존재하더라도 부여받은 전화번호는 서로 다를 것이다. 이럴 경우에 사전적인 자료 구조는 매우 유용할 것이다. 사실 key와 value의 한 쌍으로 자료를 표현하는 수단은 다른 프로그래밍 언어에서도 자주 등장하는 기능이다. 리스트뿐만 아니라 사전 표현도 사용 빈도가 매우 높으므로 그 개념을 잘 파악해 두자.

다음 예제는 사전적인 자료를 어떻게 표현할 수 있는지를 보여주는 단적인 예이다. 선언 방법은 리스트의 구조와 유사하나 각 요소의 내용을 지정할 때는 key:value 형식으로 지정해 주어야 한다. 사전적인 자료 구조는 key 값을 이용하여 value의 값을 탐색하는 가장 기본적인 표현 수단이다.

튜플은 소괄호"()", 리스트는 대괄호"[]"를 이용하여 생성하였지만 사전은 중괄호"{}" 기호를 사용한다. 각 요소의 나열은 하나의 요소를 "key:value"와 같은 형식으로 각 요소 사이에서 쉼표","로 구분을 하면 된다. 예제에서는 사전을 반복하면서 key가 취득되고 이 key의 값을 이용하여 value를 꺼내고 있다. key 값에 의해 value 값을 꺼내는 방법은 배열의 참조 방법과 동일하게 test_dict_1[key] 구조 형식으로 처리하면 된다.

Python 2.7.x

```
test_dict_1 = {'YEAR':'2017', 'MONTH':'7', 'DAY':'17'}
print test_dict_1

print '=================================='
for i in test_dict_1:
    print i
    print test_dict_1[i]
    print '--------------------------------'
```

■ 실행 결과 ■

```
Python 2.7.13 Shell
File Edit Shell Debug Options Window Help
Python 2.7.13 (v2.7.13:a06454b1afa1, Dec 17 2016, 20:42:59) [MSC v.1500 32 bit (
Intel)] on win32
Type "copyright", "credits" or "license()" for more information.
>>>
=============== RESTART: C:/local/python/chap03/example_09.py ===============
{'MONTH': '7', 'DAY': '17', 'YEAR': '2017'}
==================================
MONTH
7
--------------------------------
DAY
17
--------------------------------
YEAR
2017
--------------------------------
>>>
```

3.4.1 value 값 추출하기

이전 예제에서 "dict_obj[key]"와 같은 형식으로 value의 값을 취득했지만, 또 다른 방법으로 "**get**" 함수를 이용하는 것도 가능하다. "**get**" 함수를 사용했을 때의 장점은 사전에 대응하는 key가 존재하지 않아도 오류가 발생하지 않는 것이다.

Python 2.7.x

```
test_dict_1 = {'YEAR':'2017', 'MONTH':'7', 'DAY':'17'}
print test_dict_1

print '================================='
print test_dict_1['YEAR']
#print test_dict_1['YEARS']

print '---------------------------------'
print test_dict_1.get('YEAR')
print test_dict_1.get('YEARS')

print '---------------------------------'
print test_dict_1.get('YEAR','NOT FOUND')
print test_dict_1.get('YEARS','NOT FOUND')
```

〓 실행 결과 〓

```
Python 2.7.13 Shell
File Edit Shell Debug Options Window Help
Python 2.7.13 (v2.7.13:a06454b1afa1, Dec 17 2016, 20:42:59) [MSC v.1500 32 bit (
Intel)] on win32
Type "copyright", "credits" or "license()" for more information.
>>>
=============== RESTART: C:/local/python/chap03/example_10.py ===============
{'MONTH': '7', 'DAY': '17', 'YEAR': '2017'}
=================================
2017
---------------------------------
2017
None
---------------------------------
2017
NOT FOUND
>>>
```

만약 6번째 줄의 주석 처리되어 있는 구문과 같이 "dict_obj [key]"와 같은 형식으로 값을 취득하려고 시도한 경우, key가 존재하지 않는다는 의미의 오류 메시지를 띄우고 프로그램을 종료한다.

앞의 예제에서 6번째 줄의 구문을 아래와 같이 수정하여 저장한 뒤 다시 실행시켜 보자. "KeyError: YEARS"라는 오류 메시지가 뜨면서 프로그램이 종료되어 버릴 것이다.

```
print test_dict_1['YEARS']
```

〓 실행 결과 〓

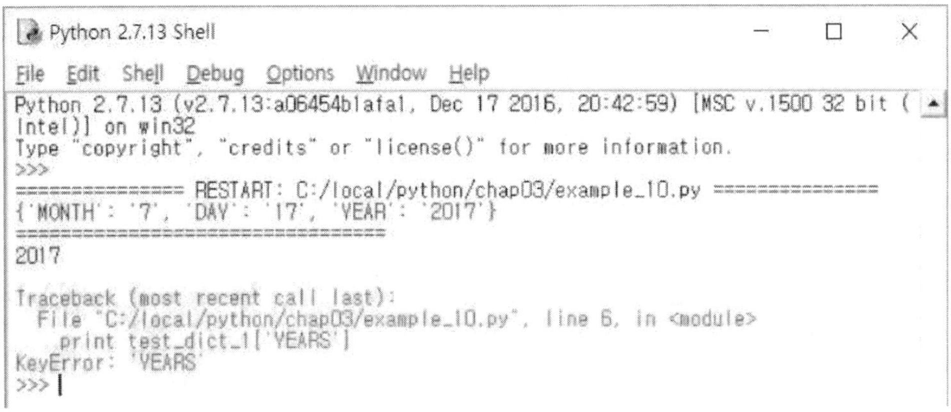

이러한 경우를 대비하여 "**get**" 함수는 key가 존재하지 않는 경우, 기본 값을 설정할 수 있다. 예제에서는 다음과 같이 'NOT FOUND'라는 문자열을 반환하도록 하고 있다.

```
print test_dict_1.get('YEAR','NOT FOUND')
print test_dict_1.get('YEARS','NOT FOUND')
```

3.4.2 요소를 추가하는 방법

사전에 key와 value의 형식으로 요소를 추가하려는 경우에는 다음 예와 같이 기술하면 된다. 지정하는 key 값은 test_dict_1[key]와 같이 기술하고 우측 오퍼런드(operand)에 원하는 value 값을 지정하면 된다.

예제에서는 먼저 빈 사전을 만든 후 3개의 요소를 추가하고 있다. 재미있는 점은 실행결과에서처럼 사전에 추가한 요소의 순서대로 출력되지 않는다는 점이다.

Python 2.7.x

```
test_dict_1 = {}
print test_dict_1

test_dict_1['YEAR']  = '2017'
test_dict_1['MONTH'] = '7'
test_dict_1['DAY']   = '17'

print '=================================='
print test_dict_1
```

▬ 실행 결과 ▬

```
Python 2.7.13 Shell
File Edit Shell Debug Options Window Help
Python 2.7.13 (v2.7.13:a06454b1afa1, Dec 17 2016, 20:42:59) [MSC v.1500 32 bit (Intel)] on win32
Type "copyright", "credits" or "license()" for more information.
>>>
=============== RESTART: C:/local/python/chap03/example_11.py ===============
{}
==================================
{'MONTH': '7', 'DAY': '17', 'YEAR': '2017'}
>>>
```

3.4.3 요소를 삭제하는 방법

이미 존재하는 사전에서 요소를 삭제하려면 다음 예제와 같이 원하는 요소의 key 값을 이용하여 "**del**" 함수에 지정하면 된다. 예제에서는 삭제할 사전 요소의 key 값으로 DAY를 지정한 경우이다.

Python 2.7.x

```
test_dict_1 = {'YEAR':'2017', 'MONTH':'7', 'DAY':'17'}
print test_dict_1

print '=================================='
del test_dict_1['DAY']
print test_dict_1
```

■ 실행 결과 ■

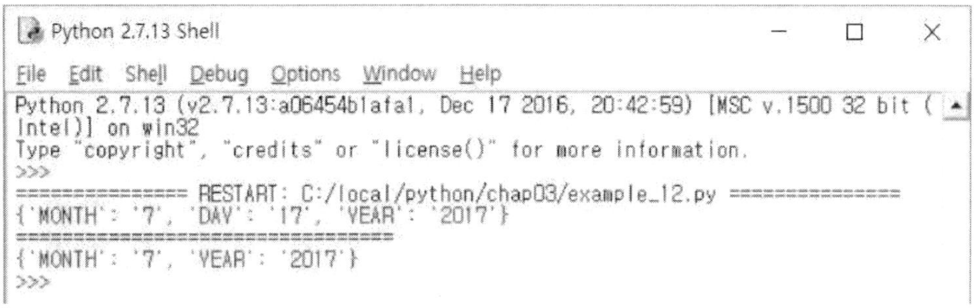

3.4.4 key 또는 value만 얻어내기

이미 존재하는 사전에서 "**keys**" 함수를 사용하면 사전 내의 key만 검색하고 이를 리스트로 작성하여 반환받을 수 있다. 마찬가지로 "**values**" 함수를 이용하면 value만을 리스트로 구성하여 가져오는 것도 가능하다.

Python 2.7.x

```
test_dict_1 = {'YEAR':'2017', 'MONTH':'7', 'DAY':'17'}
print test_dict_1

print '=================================='
print test_dict_1.keys()
print test_dict_1.values()
```

■ 실행 결과 ■

```
Python 2.7.13 Shell
File Edit Shell Debug Options Window Help
Python 2.7.13 (v2.7.13:a06454b1afa1, Dec 17 2016, 20:42:59) [MSC v.1500 32 bit (
Intel)] on win32
Type "copyright", "credits" or "license()" for more information.
>>>
=============== RESTART: C:/local/python/chap03/example_13.py ===============
{'MONTH': '7', 'DAY': '17', 'YEAR': '2017'}
==================================
['MONTH', 'DAY', 'YEAR']
['7', '17', '2017']
>>>
```

예제의 실행결과를 보면 그 차이를 확인할 수 있을 것이다. 어느 함수를 사용하더라도 중요한 점은 그 결과를 앞에서 배운 리스트로 결과들을 구성하여 반환한다는 점을 기억하자.

3.4.5 key와 value를 동시에 얻어내기

상황에 따라서는 사전에 존재하는 각 요소의 key와 value의 값을 모두 알고 싶을 때도 있을 것이다. 이런 경우에는 "**items**" 함수를 사용하여 key와 value를 동시에 취득 할 수 있다.

다음 예제는 for 루프를 이용하여 items() 함수에서 읽을 값들이 있을 때까지 반복하면서 key와 value의 값을 읽어 들여 화면에 출력하는 단순한 예이다.

Python 2.7.x

```
test_dict_1 = {'YEAR':'2017', 'MONTH':'7', 'DAY':'17'}
print test_dict_1

print '=================================='

for key, value in test_dict_1.items():
    print key, value
```

■ 실행 결과 ■

```
Python 2.7.13 Shell
File Edit Shell Debug Options Window Help
Python 2.7.13 (v2.7.13:a06454b1afa1, Dec 17 2016, 20:42:59) [MSC v.1500 32 bit (
Intel)] on win32
Type "copyright", "credits" or "license()" for more information.
>>>
============== RESTART: C:/local/python/chap03/example_14.py ==============
{'MONTH': '7', 'DAY': '17', 'YEAR': '2017'}
==================================
MONTH 7
DAY 17
YEAR 2017
>>>
```

3.4.6 key 값을 가지고 있는지 조사하기

사전이 지정된 key를 보유하고 있는지를 확인하려면 예제와 같이 "in" 구문을 이용하면 된다. key가 존재하는 경우에는 True(참)를 그렇지 않은 경우에는 False(거짓)를 반환한다.

Python 2.7.x

```
test_dict_1 = {'YEAR':'2017', 'MONTH':'7', 'DAY':'17'}
print test_dict_1

print '=================================='

print 'YEAR' in test_dict_1
print 'YEARS' in test_dict_1
```

■ 실행 결과 ■

```
Python 2.7.13 Shell
File Edit Shell Debug Options Window Help
Python 2.7.13 (v2.7.13:a06454b1afa1, Dec 17 2016, 20:42:59) [MSC v.1500 32 bit (
Intel)] on win32
Type "copyright", "credits" or "license()" for more information.
>>>
============== RESTART: C:/local/python/chap03/example_15.py ==============
{'MONTH': '7', 'DAY': '17', 'YEAR': '2017'}
==================================
True
False
>>>
```

3.5 집합(set)의 사용

집합(이하 set이라 표현)의 경우도 리스트처럼 요소의 추가 또는 삭제가 가능하지만 중복된 요소를 가질 수 없는 것이 특징이다. 또한 본 절에서는 일반적인 set와는 달리 업데이트가 불가능한 frozenset에 대해서도 소개한다.

set의 작성 방법은 사전과 동일하게 중괄호"{}" 기호를 이용하여 각 구성 요소를 나열하여 선언한다. 또한 set에 대해서는 상호 비교, 갱신 등이 가능하다. 우선 기본적인 set의 작성 예제를 먼저 살펴보자.

Python 2.7.x

```
test_set_1 = {'python', '-', 'utopia', '.', 'com'}
print test_set_1

print '-------------------------------'
for i in test_set_1:
    print i
```

■ 실행 결과 ■

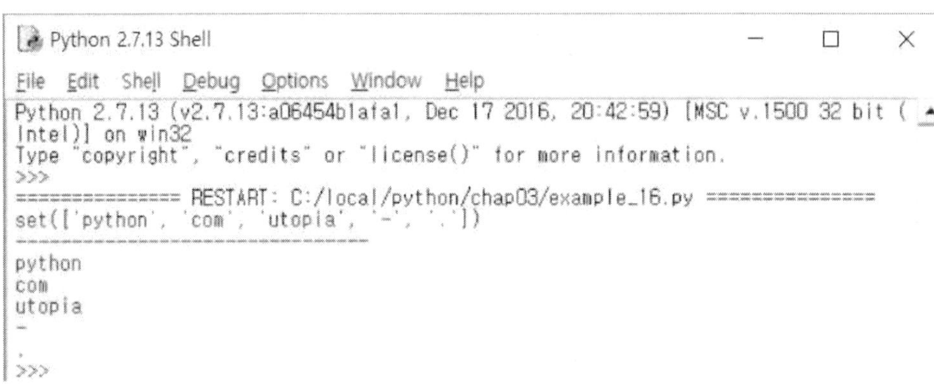

실행결과에서 작성된 test_set_1의 값을 print문으로 출력한 부분을 살펴보면, set(['python', 'com', 'utopia', '-', '.'])와 같이 출력되었으며 출력 형식이 set(...)로 되어 있을 것을 알 수 있다. 그리고 set의 각 요소의 출력 결과도 등록된 요소의 순서와 관계없이 출력된 것을 알 수 있다.

다음은 사전 선언과정에서 중괄호"{}" 기호를 사용한 것과 set의 선언 방법과의 차이를 비교해보자. 예제와 같이 {}으로 단순 선언을 한 경우에는 set이 아니라 사전 선언에 해당한다. 특정 값을 지정하여 {} 기호를 사용하여 선언한 경우에는 set이 되므로 이를 서로 구분하여 요소가 없는 빈 set를 작성할 때는 별도로 "set" 함수를 이용하여 선언하면 된다.

Python 2.7.x

```
# 다음 선언은 사전의 선언
test_dict = {}

# 이 부분의 선언은 set(집합)
test_set = {'python'}

# 텅 빈 set의 선언은 set() 함수를 이용
empty_set = set()
```

또한, set은 중복된 값을 가질 수 없으며, set의 구성요소 중 중복된 값이 있을 경우 이를 제거한다. 다음 예제의 첫 번째 줄에서 'python'과 'utopia'가 중복된 형태로 선언되어 있으나, set의 출력 결과는 하나밖에 존재하지 않는 것을 알 수 있을 것이다.

Python 2.7.x

```
test_set_1 = {'python', '-', 'utopia', '.', 'com', 'python', 'utopia'}
print test_set_1

print '------------------------------'
for i in test_set_1:
    print i
```

〓 실행 결과 〓

```
Python 2.7.13 Shell
File Edit Shell Debug Options Window Help
Python 2.7.13 (v2.7.13:a06454b1afa1, Dec 17 2016, 20:42:59) [MSC v.1500 32 bit (Intel)] on win32
Type "copyright", "credits" or "license()" for more information.
>>>
=============== RESTART: C:/local/python/chap03/example_18.py ===============
set(['python', 'com', 'utopia', '-', '.'])
--------------------------------
python
com
utopia
-
.
>>>
```

3.5.1 요소를 추가하는 방법

단일 요소를 추가하는 경우에는 "**add**" 함수를 사용하고 다른 set와 리스트, 튜플 등의 요소를 추가하는 경우에는 "**update**" 함수를 사용하면 된다.

Python 2.7.x

```
test_set_1 = set()

test_set_1.add('python')
test_set_1.update({'-', 'utopia', '.', 'com'})

print test_set_1
```

〓 실행 결과 〓

```
Python 2.7.13 Shell
File Edit Shell Debug Options Window Help
Python 2.7.13 (v2.7.13:a06454b1afa1, Dec 17 2016, 20:42:59) [MSC v.1500 32 bit (Intel)] on win32
Type "copyright", "credits" or "license()" for more information.
>>>
=============== RESTART: C:/local/python/chap03/example_19.py ===============
set(['python', '-', 'utopia', 'com', '.'])
>>>
```

3.5.2 요소를 삭제하는 방법

"**remove**" 함수 또는 "**discard**" 함수를 사용하여 이미 존재하는 set에서 요소를 삭제할 수 있다. 여기서 "**remove**" 함수의 경우 지정한 요소가 존재하지 않을 시 오류가 발생하게 되므로 주의가 필요하다.

Python 2.7.x

```
test_set_1 = {'python', '-', 'utopia', '.', 'com'}

test_set_1.remove('-')
test_set_1.discard('.')

print test_set_1
```

〓 실행 결과 〓

```
Python 2.7.13 Shell
File Edit Shell Debug Options Window Help
Python 2.7.13 (v2.7.13:a06454b1afa1, Dec 17 2016, 20:42:59) [MSC v.1500 32 bit (
Intel)] on win32
Type "copyright", "credits" or "license()" for more information.
>>>
=============== RESTART: C:/local/python/chap03/example_20.py ===============
set(['python', 'com', 'utopia'])
>>> |
```

3.5.3 frozenset

업데이트가 되지 않는 set을 작성하고자 하는 경우 "**frozenset**" 함수를 사용한다. 그러나 다음 예제에서와 같이 "**remove**" 함수와 "**diccard**" 함수, 요소 추가를 위한 "**add**" 함수 및 "**update**" 함수 등을 함께 사용하면 AttributeError가 발생하게 된다.

Python 2.7.x

```
test_set_1 = frozenset({'python', '-', 'utopia', '.', 'com'})

# test_set_1.remove('-')
# test_set_1.discard('.')

print test_set_1
```

■ 실행 결과 ■

```
Python 2.7.13 Shell
File Edit Shell Debug Options Window Help
Python 2.7.13 (v2.7.13:a06454b1afa1, Dec 17 2016, 20:42:59) [MSC v.1500 32 bit (
Intel)] on win32
Type "copyright", "credits" or "license()" for more information.
>>>
=============== RESTART: C:/local/python/chap03/example_21.py ===============
frozenset(['python', '-', 'utopia', 'com', '.'])
>>> |
```

따라서 선언된 자료를 이용하는 목적에 따라 업데이트가 되지 않는 set을 작성하고자 하는 경우 frozenset 함수를 이용하고, 그렇지 않은 경우에는 일반적인 set으로 자료를 선언해야 할 것이다.

제4장 조건문과 반복문

프로그래밍 과정에서 특정 조건에 따라 분기처리를 하거나 반복 작업을 효율적으로 처리하는 수단이 필요하다. Python에서도 분기처리를 위해 if문과 그 조합을 이용할 수 있으며 반복 처리를 위해 for문을 이용할 수 있다. 다만 C 언어 등에서 이용할 수 있는 for문과는 달리 그 기술방식에서 차이가 있으므로 주의가 필요하다.

4.1 if문의 사용

if문의 사용법은 매우 단순하고 명료하다. "if"를 작성 후 조건식을 기술하고, 그 조건이 True이면 조건 분기가 처리되도록 구성하면 된다. 다음 예제에서와 같이 각 조건식의 마지막에 반드시 콜론 ":" 기호를 붙이는 것을 잊지 않도록 한다.

Python 2.7.x

```
value = 20

if value == 10:
    print 'value의 값은 1이다.'
elif value == 20:
    print 'value의 값은 2이다.'
elif value == 30:
    print 'value의 값은 3이다.'
else:
    print '해당되는 값이 존재하지 않습니다.'
```

조건식을 구성할 때 “==” 기호는 좌변의 오퍼런드 값이 우측의 오퍼런드 값과 같으면 True를 반환하고 그렇지 않을 때는 False를 반환하게 된다. 그리고 위에서 순차적으로 각 조건식을 평가하면서 분기처리가 일어나는 방식이다.

■ 실행 결과 ■

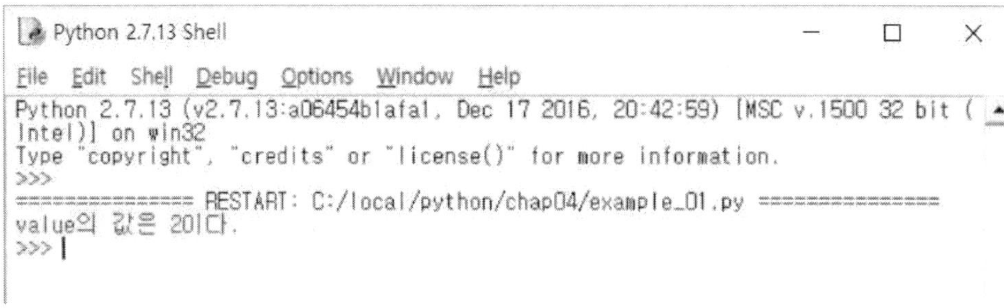

예제에서와 같이 단일 분기처리가 아니라 추가로 다른 조건식을 병행하여 정의 할 때 "elif"를 사용하여 기술하게 된다. 어떤 조건에도 해당하지 않는 경우의 처리를 정의하는 경우에는 "else"를 사용하고 있다.

4.1.1 if문을 조합하여 사용하기

조건의 조합에 "and" 또는 "or" 등을 사용할 수 있다. "and"는 두 조건식의 평가 결과 모두 True인 경우에 True로 평가하며 그 외 경우에는 모두 False로 평가하게 된다. 또한 "or"의 경우는 조건식의 어느 한쪽만이라도 True이면 전체 평가 결과를 True로 평가하며, 조건식 모두 False인 경우에 한하여 전체 평가 결과를 False로 간주하게 된다.

Python 2.7.x

```
value_1 = 'python'
value_2 = 'programmer'

if value_1 == 'Python':
    pass
elif value_1 == 'python' and value_2 == 'programmer':
    print '2번째의 조건식이 True'
elif value_1 == "PROGRAMMER" or value_2 == "PYTHON":
    print '3번째의 조건식이 True'
```

■ 실행 결과 ■

```
Python 2.7.13 Shell
File Edit Shell Debug Options Window Help
Python 2.7.13 (v2.7.13:a06454b1afa1, Dec 17 2016, 20:42:59) [MSC v.1500 32 bit (
Intel)] on win32
Type "copyright", "credits" or "license()" for more information.
>>>
============== RESTART: C:/local/python/chap04/example_02.py ==============
2번째의 조건식이 True
>>>
```

4.1.2 pass의 의미

위 예제의 5번째 줄을 살펴보면 pass 구문이 기술되어 있다. 이는 if문의 조건식이 True이면 "아무 것도 하지 않는다."라는 의미의 명령이 된다.

```
4   if value_1 == 'Python':
5       pass
```

[Note]
Python의 경우 들여 쓰기에 의해 차단 구조를 형성하고 있기 때문에 기본적으로는 빈 블록을 가질 수 없다. Python 인터프리터는 if의 ":" 바로 뒤에 있는 블록에 필요한 지침(들여 쓰기에 의한 어떤 처리내용)이 기술되어 있다고 판단하지만, 그렇지 않으면 문법적으로 잘못된 것으로 판단하기 때문에 오류를 발생시키게 된다. 바로 이러한 문제를 해결하는 것이 "pass"이며, 이것은 뒤에서 설명하는 클래스 등에서도 사용 가능하다.

4.2 switch문의 사용

Python에서는 불행히도 C 또는 Java 언어에서와 같이 switch문은 존재하지 않는다. 그러나 if-else 구문 형식으로 대체 할 수 있기 때문에 앞의 예와 같이 elif문을 적절히 활용하여 기술하면 된다.

4.3 for문의 사용

프로그래밍에서 반복을 처리하는 장면은 자주 등장한다. 그래서 for문의 역할이 매우 중요하다고 볼 수 있다. 다음 예제에서는 3.3절에서 배운 리스트의 요소를 출력하는 간단한 사용 예이다.

Python 2.7.x

```
1   for_sample = []
2   for_sample.append("for")
3   for_sample.append("statement")
4   for_sample.append("sample")
5   for_sample.append("python")
6   for_sample.append("-")
7   for_sample.append("programmer")
8
9   for value in for_sample:
10      print value
```

먼저 비어있는 리스트를 선언한 뒤, 추가할 요소를 순차적으로 등록하고 있다. 이후 9번째 줄에서 "for"문 기술이 사용되고 있다. "for"문 기술 다음에 기술한 "value" 변수는 "in" 구문 뒤에 기술된 반복 처리 대상에 해당하는 객체를 지정하는 형식으로 구문 기술이 이뤄지고 있다.

전체의 의미는 반복 처리 대상의 객체 for_sample로부터 하나의 개별 요소를 읽어 value에 대입하여 반복 처리를 수행하고 더 이상 리스트로부터 읽을 내용이 없으면 False로 평가되어 반복 루프를 종료하게 된다. 이 경우에도 for문 마지막 기술에서 ":" 기술과 블록 처리 부분에서 들여쓰기가 이뤄져야 한다는 점을 기억하기 바란다.

〓 실행 결과 〓

```
Python 2.7.13 Shell
File Edit Shell Debug Options Window Help
Python 2.7.13 (v2.7.13:a06454b1afa1, Dec 17 2016, 20:42:59) [MSC v.1500 32 bit (
Intel)] on win32
Type "copyright", "credits" or "license()" for more information.
>>>
=============== RESTART: C:/local/python/chap04/example_03.py ===============
for
statement
sample
python
-
programmer
>>> |
```

"in" 구문 뒤에 위치하는 객체의 대상은 반복을 지원하는 어떤 객체라도 상관없다. 대표적인 예가 문자열로써 동일하게 아래의 예제와 같이 반복 처리를 통해 문자열로부터 하나의 문자를 읽어 들여 화면에 출력하도록 반복 제어를 수행할 수도 있다.

Python 2.7.x

```python
for value in 'ABCDEF':
    print value
```

〓 실행 결과 〓

```
Python 2.7.13 Shell
File Edit Shell Debug Options Window Help
Python 2.7.13 (v2.7.13:a06454b1afa1, Dec 17 2016, 20:42:59) [MSC v.1500 32 bit (
Intel)] on win32
Type "copyright", "credits" or "license()" for more information.
>>>
=============== RESTART: C:/local/python/chap04/example_04.py ===============
A
B
C
D
E
F
>>> |
```

또한 다음과 같이 여러 개의 리스트가 포함되어 있는 리스트를 대상으로도 반복 처리를 하도록 제어할 수도 있다.

Python 2.7.x

```
1  test_list_1 = [['http', 'www'], ['python-utopia', 'com']]
2
3  for value in test_list_1:
4      print value
5
6  print '------------------------------'
7  for value_1, value_2 in test_list_1:
8      print value_1, value_2
```

선언된 리스트 객체 test_list_1의 경우, 두 개의 리스트를 요소로 가지고 있다. 그리고 3번째 줄의 for 루프에서는 test_list_1을 참조하여 리스트 2개를 읽어서 value에 대입하고 결국 2회 반복 과정을 처리하고 있다.

7번째 줄의 두 번째 for 루프에서는 선언된 리스트 객체 test_list_1로부터 각각 구성 요소인 두 개의 리스트 객체를 value_1, value_2에 대응시켜 가면 내용을 읽어 처리하고 있는 것을 알 수 있을 것이다.

■ 실행 결과 ■

```
Python 2.7.13 Shell
File Edit Shell Debug Options Window Help
Python 2.7.13 (v2.7.13:a06454b1afa1, Dec 17 2016, 20:42:59) [MSC v.1500 32 bit (
Intel)] on win32
Type "copyright", "credits" or "license()" for more information.
>>>
=============== RESTART: C:/local/python/chap04/example_05.py ===============
['http', 'www']
['python-utopia', 'com']
--------------------------------
http www
python-utopia com
>>> |
```

4.4 while문의 사용

일반적인 반복 처리는 for문으로 가능하지만, while문에서는 더 복잡한 조건 아래에서 반복 처리를 수행하게 만들 수 있다.

while문의 사용법을 익히기 위해 간단한 코드를 작성하여 보자. 다음 예제에서는 counter가 10보다 커질 때까지 counter를 증가시키면서 print문을 반복 실행시키는 구조이다. 이 경우에도 마찬가지로 while문의 마지막에서 ":" 기호가 붙어있고 반복 블록처리 부분에서는 들여쓰기가 이뤄졌다는 점을 주의 바란다.

Python 2.7.x

```
counter = 0

while counter < 10:
    counter += 1
    print counter
```

〓 실행 결과 〓

```
Python 2.7.13 Shell
File Edit Shell Debug Options Window Help
Python 2.7.13 (v2.7.13:a06454b1afa1, Dec 17 2016, 20:42:59) [MSC v.1500 32 bit (Intel)] on win32
Type "copyright", "credits" or "license()" for more information.
>>>
============== RESTART: C:/local/python/chap04/example_06.py ==============
1
2
3
4
5
6
7
8
9
10
>>>
```

또한, while문의 반복 조건식을 True로 설정함으로써 무한 루프를 이용하는 것도 가능하다. 그러나 무한 반복은 실효성이 없으므로 특정 조건 아래에서 무한 루프를 종료시킬 수 있는 수단이 필요하게 된다. 이때 필요한 구문이 break문이다.

다음 예제에서는 counter 변수의 값이 10이 되는 시점에 break문이 기동되게끔 처리하고 있으며 이를 통해 무한 루프에서 탈출 가능하게 된다.

Python 2.7.x

```
counter = 0

while True
    counter += 1
    print counter
    if counter == 10:
        break
```

〓 실행 결과 〓

```
Python 2.7.13 Shell
File Edit Shell Debug Options Window Help
Python 2.7.13 (v2.7.13:a06454b1afa1, Dec 17 2016, 20:42:59) [MSC v.1500 32 bit (
Intel)] on win32
Type "copyright", "credits" or "license()" for more information.
>>>
=============== RESTART: C:/local/python/chap04/example_07.py ===============
1
2
3
4
5
6
7
8
9
10
>>>
```

4.5 break문을 사용한 반복 제어

Python에서 반복 루프를 종료하려면 break를 사용하여야 한다. 다음 예제는 임의 처리를 100번 반복하도록 하는 for문의 사용 예이다. 이때 변수 num의 값이 5가 되면 루프를 종료하도록 하였다.

Python 2.7.x

```
for num in range(100):
    print num

    if num == 5:
        break
```

▬ 실행 결과 ▬

```
Python 2.7.13 Shell
File Edit Shell Debug Options Window Help
Python 2.7.13 (v2.7.13:a06454b1afa1, Dec 17 2016, 20:42:59) [MSC v.1500 32 bit (
Intel)] on win32
Type "copyright", "credits" or "license()" for more information.
>>>
============== RESTART: C:/local/python/chap04/example_08.py ==============
0
1
2
3
4
5
>>>
```

실행결과를 살펴보면 for문에 따라 0부터 값을 증가시키며 출력을 반복하다 5를 출력한 후 종료되는 것을 확인할 수 있다. 이처럼 while문에서 break를 사용하여 반복 루프의 탈출 기능을 부여한 것처럼 for문에서도 break를 사용할 수 있다. range의 미는 4.7절에서 따로 설명한다.

4.6 continue문을 사용한 반복 제어

Python에서는 현재의 반복 루프를 중단하고 다음 반복 과정으로 넘기는 처리를 하고자 할 때 continue를 사용할 수 있다. 이 과정을 말로 설명하는 것은 조금 어렵기 때문에 실제로 프로그램을 실행시켜 보는 것이 이해에 도움이 된다.

다음은 for문을 사용하여 0부터 100까지 반복하여 출력하는 간단한 예제이다. 2번째 줄에서 if문을 사용하여 값이 10으로 나뉘어 떨어지지 않는 경우, print를 실행하지 않고 다음 반복 과정으로 넘기고 있다.

Python 2.7.x

```
1  for num in range(100):
2      if num % 10:
3          continue
4  
5      print num
```

실행 결과를 보면 이해가 더 빠를 것이다. 10으로 나누어떨어지는 상황에서만 print 구문이 실행된 것을 확인할 수 있을 것이다.

〓 실행 결과 〓

```
Python 2.7.13 Shell
File Edit Shell Debug Options Window Help
Python 2.7.13 (v2.7.13:a06454b1afa1, Dec 17 2016, 20:42:59) [MSC v.1500 32 bit (
Intel)] on win32
Type "copyright", "credits" or "license()" for more information.
>>>
============== RESTART: C:/local/python/chap04/example_09.py ==============
0
10
20
30
40
50
60
70
80
90
>>>
```

4.7 range와 xrange의 의미

4.7.1 range의 사용

본 절에서는 "for" 구문과 함께 자주 사용되는 range에 대해 소개한다. 일반적으로 for문과 range를 조합하여 기술하게 되면 일정 횟수의 반복을 수행하는데 적합하며, 지정된 인수에 따라 리스트가 반환 처리된다.

다음 예에서와 같이 range의 인수에 "10"을 지정하여 반복 처리를 하게 되면, [0, 1, 2, 3, 4, 5, 6, 7, 8, 9]라는 요소를 가지는 리스트가 반환되고, 결국 10회 반복하는 for문을 실현시키고 있다. range(N)과 같이 기술된 경우, 반복수는 N이 되고 리스트의 요소들은 0부터 시작하여 N-1까지의 값을 가지게 된다는 점에 주의할 필요가 있다.

Python 2.7.x

```
for i in range(10):
    print i
```

〓 실행 결과 〓

```
Python 2.7.13 Shell
File Edit Shell Debug Options Window Help
Python 2.7.13 (v2.7.13:a06454b1afa1, Dec 17 2016, 20:42:59) [MSC v.1500 32 bit (Intel)] on win32
Type "copyright", "credits" or "license()" for more information.
>>>
=============== RESTART: C:/local/python/chap04/example_10.py ===============
0
1
2
3
4
5
6
7
8
9
>>>
```

경우에 따라 range에 두 개의 인수를 전달할 수 있는데, 다음 예제에서처럼 [4, 5, 6]과 같이 "4"로 시작하여 "6"으로 끝나는 리스트를 반환시키는 것도 가능하다. 구문 형식은 range(M,N)과 같으며 [M, M+1, M+2, …, N-1]의 리스트로 구성된다는 것을 알 수 있다.

Python 2.7.x

```
for i in range(4,7):
    print i
```

〓 실행 결과 〓

```
Python 2.7.13 Shell
File Edit Shell Debug Options Window Help
Python 2.7.13 (v2.7.13:a06454b1afa1, Dec 17 2016, 20:42:59) [MSC v.1500 32 bit (Intel)] on win32
Type "copyright", "credits" or "license()" for more information.
>>>
=============== RESTART: C:/local/python/chap04/example_11.py ===============
4
5
6
>>>
```

또한, range의 인수로 음수의 값을 전달하는 것도 가능하다. 실제 Python을 이용한 프로그램 개발 시 자주 사용되는 구문이므로 잘 숙지하여 두도록 하자.

Python 2.7.x

```
for i in range(-2,10):
    print i
```

〓 실행 결과 〓

```
Python 2.7.13 Shell
File Edit Shell Debug Options Window Help
Python 2.7.13 (v2.7.13:a06454b1afa1, Dec 17 2016, 20:42:59) [MSC v.1500 32 bit (
Intel)] on win32
Type "copyright", "credits" or "license()" for more information.
>>>
=============== RESTART: C:/local/python/chap04/example_12.py ===============
-2
-1
0
1
2
3
4
5
6
7
8
9
>>> |
```

4.7.2 xrange의 사용

Python에서는 다음과 같은 xrange도 준비되어 있다. 실행 결과는 range와 크게 다르지 않으나, range와의 다른 점은 큰 수를 지정했을 때의 메모리 효율성이다. range는 인수에 "10"을 지정한 경우, 앞서 언급한 바와 같이 10개의 요소를 가진 리스트가 만들어지는데 이것은 반복하기 전에 확보된다.

이에 반하여 xrange는 "그때 마다" 필요한 값을 생성하게 된다. 작은 요소 수를 가지는 경우는 별로 차이가 나지 않겠지만, 만약 10이 아닌 10000000(천만)인 경우에는 어떻게 될까? 한 번에 천만 개의 요소를 가진 목록이 만들어지는 것과 그때 마다 필요한 만큼 값을 생성하는 것이 어느 쪽이 효율적인지 알 수 있을 것이다.

Python 2.7.x

```
for i in xrange(10):
    print i
```

▬ 실행 결과 ▬

```
Python 2.7.13 Shell
File  Edit  Shell  Debug  Options  Window  Help
Python 2.7.13 (v2.7.13:a06454b1afa1, Dec 17 2016, 20:42:59) [MSC v.1500 32 bit (
Intel)] on win32
Type "copyright", "credits" or "license()" for more information.
>>>
=============== RESTART: C:/local/python/chap04/example_13.py ===============
0
1
2
3
4
5
6
7
8
9
>>> |
```

> [Note]
> Python 3계열의 최신 버전에서는 xrange가 더 이상 제공되지 않는다. range가 xrange에 가까운 형태로 다시 구현되었기 때문에 폐기 되었다고 보면 된다.

제5장 함수의 정의

함수(function)라는 용어는 수학에서 등장하는 용어이기도 하지만 프로그래밍의 세계에서는 매우 중요한 역할을 담당한다. 프로그램 언어에서 말하는 함수는 마치 블랙박스(black box)와 같은 역할을 수행하게 되며, 내부에서 처리되는 내용은 몰라도 사용하는 형식에만 적합하다면 그 기능을 수행하게 된다.

Python에서 제공되는 내부 함수들이 매우 많지만 실제 프로그램을 작성할 때는 그 내부가 어떻게 구현되었는지에 대한 것보다 무슨 목적으로 사용되고 사용 형식은 어떻게 되는지에 주안점을 두고 이용하는 것이 일반적일 것이다.

먼저 컴퓨터 프로그램 언어로서의 함수에 대해서 살펴보도록 하자.

5.1 함수의 작성 방법

Python에서 함수를 정의하는 방법은 매우 간단하다. 일반적으로 다음과 같은 형식으로 함수를 정의하게 되며 이 형식은 항상 준수되어야 한다. 여기서 함수를 정의하기 위한 규칙으로서 함수 앞에서는 반드시 **def** 구문이 와야 한다. 이것은 define의 약자이기도 하지만 Python 언어의 함수를 정의하기 위한 기본 규칙이기도 하다.

그리고 함수명 뒤에는 반드시 소괄호 “( )” 기호를 이용하게 되며, 이 괄호 안에는 필요에 따라 함수가 전달받아 처리해야 하는 기본 정보(함수의 인수)들이 오게 된다. 필요 없는 경우에는 비워 두어도 상관없다. 중요한 것은 함수명() 뒤에 콜론 기호 “:”를 붙여 두는 것을 잊지 않도록 하자.

다음으로 함수의 처리 블록은 한 줄 또는 그 이상일수도 있겠지만 중요한 것은 들여쓰기를 통해 기술되어야 한다는 점이다. 이를 준수하지 않으면 오류를 발생시키기 때문에 습관을 들이도록 하자. 그리고 C 언어의 경우와 마찬가지로 함수 내의 처리 결과를 호출한 위치로 그 결과를 반환시키는 것도 가능하다. 이 경우에는 처리 내용의 마지막 기술에서 **return**문을 이용하는 것도 가능하다.

```
def 함수명():
    (처리)내용
```

함수 정의의 가장 간단한 예는 다음과 같다.

Python 2.7.x

```
1  def test_func():
2      print 'call test_func'
3
4  test_func()
```

이 경우 함수명은 test_func()가 되며 전달 인자는 없는 경우에 해당된다. 그리고 함수의 처리 블록에서는 단순하게 print 구문을 이용하여 내용 출력을 하고 있다. 이렇게 정의된 함수를 이용하기 위해서는 예제에서와 같이 함수명, 즉 test_cunc()를 호출해주기만을 하면 된다 (4번째 줄).

〓 실행 결과 〓

```
Python 2.7.13 Shell
File Edit Shell Debug Options Window Help
Python 2.7.13 (v2.7.13:a06454b1afa1, Dec 17 2016, 20:42:59) [MSC v.1500 32 bit (Intel)] on win32
Type "copyright", "credits" or "license()" for more information.
>>>
=============== RESTART: C:/local/python/chap05/example_01.py ===============
call test_func
>>>
```

5.2 함수의 인수

이번에는 인수를 적절하게 전달하도록 인수 지정하는 방법을 살펴보자. 다음 예제의 경우, 첫 번째 인수와 두 번째 인수로 숫자를, 세 번째 인수에 사칙 연산의 식별자를 지정하여 두 개의 수치를 상호 연산시키는 기능을 부여하고 있다.

Python 2.7.x

```
# 3개의 인수를 가지는 함수 정의
def test_func(num_1, num_2, option):

    if oprn == 1:
        print '덧셈 연산’
        print num_1 + num_2

    elif oprn == 2:
        print '뺄셈 연산'
        print num_1 - num_2

    elif oprn == 3:
        print '곱셈 연산'
        print num_1 * num_2

    elif oprn == 4:
        print '나눗셈 연산'
        print num_1 / num_2
    else:
        print '정의되지 않은 연산입니다.‘

# 함수의 호출
test_func(100, 10, 1)
test_func(100, 10, 2)
test_func(100, 10, 3)
test_func(100, 10, 4)
test_func(100, 10, 5)
```

■ 실행 결과 ■

```
Python 2.7.13 Shell
File Edit Shell Debug Options Window Help
Python 2.7.13 (v2.7.13:a06454b1afa1, Dec 17 2016, 20:42:59) [MSC v.1500 32 bit (
Intel)] on win32
Type "copyright", "credits" or "license()" for more information.
>>>
============== RESTART: C:/local/python/chap05/example_02.py ==============
덧셈 연산
110
뺄셈 연산
90
곱셈 연산
1000
나눗셈 연산
10
정의되지 않은 연산입니다.
>>> |
```

예제를 통해 어떻게 함수를 정의할 수 있는지 파악하였을 것이다. 이와 같이 함수에 전달하고자 하는 인수가 여러 개인 경우에는 순차적으로 쉼표 "," 기호로 구분하여 기술하면 된다.

5.3 인수의 초기 값

함수의 인수는 초기 값을 지정하면 함수를 호출할 때 생략할 수도 있다. 앞서 소개한 예제에서 함수 test_func(a, b, c)의 세 번째 인수의 초기 값을 "1"로 명시적인 설정하게 되면 함수의 처리 기능을 묵시적으로 처리할 수 있게 된다. 말하자면 함수의 호출 단계에서 세 번째 인수를 지정하지 않고 호출하게 되면 묵시적으로 덧셈을 수행하도록 기능하게 되는 것이다.

Python 2.7.x

```
# 3개의 인수를 가지는 함수 정의
def test_func(num_1, num_2, option=1):

    if oprn == 1:
        print '덧셈 연산'
        print num_1 + num_2
    elif oprn == 2:
        print '뺄셈 연산'
```

```
        print num_1 - num_2
    elif oprn == 3:
        print '곱셈 연산'
        print num_1 * num_2
    elif oprn == 4:
        print '나눗셈 연산'
        print num_1 / num_2
    else:
        print '정의되지 않은 연산입니다.'

# 함수의 호출
test_func(100, 10)
test_func(100, 10, 1)

print '-----------------------------'
test_func(100, 10, 2)
test_func(100, 10, 3)
test_func(100, 10, 4)
test_func(100, 10, 5)
```

■ 실행 결과 ■

```
Python 2.7.13 Shell
File  Edit  Shell  Debug  Options  Window  Help
Python 2.7.13 (v2.7.13:a06454b1afa1, Dec 17 2016, 20:42:59) [MSC v.1500 32 bit (
Intel)] on win32
Type "copyright", "credits" or "license()" for more information.
>>>
=============== RESTART: C:/local/python/chap05/example_03.py ===============
덧셈 연산
110
덧셈 연산
110
-----------------------------
뺄셈 연산
90
곱셈 연산
1000
나눗셈 연산
10
정의되지 않은 연산입니다.
>>> |
```

물론 세 번째 인수 option의 초기 값이 설정되어 있다고 하더라도 세 번째 인수의 값을 적절하게 지정하게 되면 함수 본연의 기능을 그대로 수행하게 될 것이다. 단지 묵시적인 처리가 필요할 경우에는 이와 같이 인수의 초기 값 설정을 활용하면 될 것이다.

5.4 함수의 반환 값

정의된 함수에서 처리된 결과를 호출한 위치로 되돌리는 것도 가능하다. 물론 Python에서 제공되는 다양한 내부 함수들을 이용할 때도 마찬가지이지만 직접 함수를 정의하고 그 처리결과를 반환받아 이용하도록 함수를 구현하는 것도 가능하다.

Python 2.7.x

```
# 반환 값이 있는 함수 정의
def test_func():
    your_os = input('당신이 현재 이용하고 있는 OS는? ')

    return your_os

answer = test_func()
if answer == 'Linux':
    print 'Linux 유저이군요!'
else:
    print 'Windows 사용자이군요!'
```

■ 실행 결과 ■

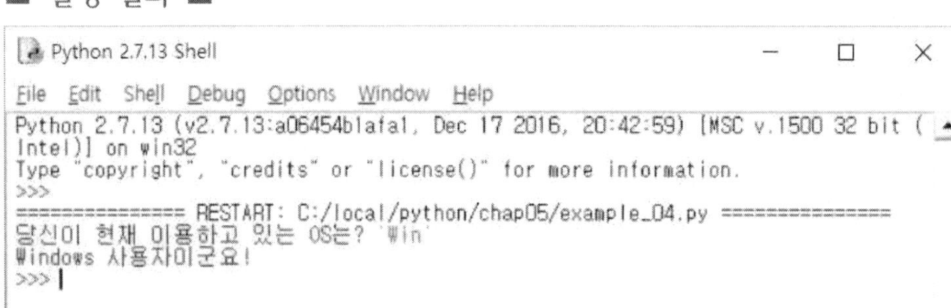

5.5 함수와 메서드

지금까지 함수의 정의 방법과 기본적인 이용 방법에 대해 살펴보았다. 실제로 Python에서는 함수 이외에도 메서드(method)라는 개념이 존재한다. 특별히 의식할 필요는 없겠지만 다음 예에서 알 수 있듯이 모듈에서 "def"로 시작되어 정의되는 것이 함수이고 6장에서 설명하는 클래스의 내부에서 "def"로 정의되는 경우에는 메서드라고 구분지어 부르게 될 것이다.

Python 2.7.x

```
# 함수
def test_func():
    print 'call test_func'

class TestClass:
    # 메서드
    def test_method():
        print 'call test_method'
```

제6장 클래스 정의

6.1 클래스

Python에서는 클래스를 직접 정의하고 이를 이용하기 위해 인스턴스(instane)를 작성할 수 있다. 여기서 클래스(Class)라는 것은 새로운 이름 공간(name space)을 지원하는 단위로써 클래스 내에서 필요한 만큼 함수와 변수가 포함되어 정의될 수 있다.

클래스는 모듈(module)과 구분되는 개념으로써 모듈은 파일 단위로 이름 공간을 구성하는 것과는 달리 클래스는 클래스 영역과 인스턴스 영역 내에 이름 공간을 구성하는데서 그 차이를 보인다. 클래스는 하나 이상의 인스턴스 객체를 생성하기 위한 틀과 같은 역할을 한다고 이해하면 될 것이다.

또한 클래스와 클래스 사이에는 서로 상속(inheritance) 관계에 있을 수 있으며, 필요에 따라 클래스는 확장될 수도 있다. 실제 클래스를 정의해 두면 프로그래밍의 폭이 넓어지고 보다 다양한 형태로 코드를 활용할 수 있다는 장점이 생기게 된다.

6.1.1 클래스 작성 방법

클래스를 정의할 때는 먼저 예약어 "class"를 기술하고 뒤에는 클래스 이름을 지정해 주어야 한다. 먼저 다음 예제를 실행시켜 보자. 여기서는 클래스 이름을 "TestClass"라고 지정했다. 그리고 클래스 이름 뒤에는 반드시 콜론 ":" 기호를 붙여 두어야 한다.

Python 2.7.x

```
class TestClass:

    def __init__(self, code, name):
        self.code = code
        self.name = name

classes = []
classes.append(TestClass(1, '테스트1'))
classes.append(TestClass(2, '테스트2'))

for cls in classes:
    print "===== Class ====="
    print 'code --> ' + str(cls.code)
    print 'name --> ' + cls.name
```

〓 실행 결과 〓

```
Python 2.7.13 Shell
File Edit Shell Debug Options Window Help
Python 2.7.13 (v2.7.13:a06454b1afa1, Dec 17 2016, 20:42:59) [MSC v.1500 32 bit (
Intel)] on win32
Type "copyright", "credits" or "license()" for more information.
>>>
=============== RESTART: C:/local/python/chap06/example_01.py ===============
===== Class =====
code --> 1
name --> 테스트1
===== Class =====
code --> 2
name --> 테스트2
>>>
```

위와 같이 클래스를 정의하고 이 클래스로부터 인스턴스를 만들고 이것을 사용할 수 있다. 처음에는 복잡해 보이겠지만 각각의 세부 사항을 살펴보면 이해하는데 문제가 없을 것이다.

6.1.2 클래스의 초기화

앞의 예제에서 클래스를 정의한 부분만을 살펴보면 "__init__"이라는 메서드가 있는 것을 볼 수 있다. 이것은 특별한 메서드로서 클래스를 초기화 시킬 때 반드시 실행되는 메서드를 나타낸다. 일반적으로 클래스를 이용하는데 있어 미리 처리해 두어야 하는 내용들이 많이 있을 것이다. 바로 이러한 사전 처리를 수행하는 부분으로써, Java 언어에서 클래스를 초기화 시키는 생성자(constructor) 역할을 한다.

```
class TestClass:

    def __init__(self, code, name):
        self.code = code
        self.name = name
```

그리고 주목할 점은 "__init__" 메서드의 첫 번째 인수에 "self"가 기술되어 있는 부분이다. 이 클래스의 인스턴스 자신을 나타내는 것으로서 "self.xx"라는 형태로 자신이 보유하는 정보에 접근하기 위한 용도이다. 다음과 같이 "code"와 "name"이라는 두 개의 인스턴스 속성(또는 인스턴스 변수)을 "__init__" 메서드의 인수에서 자신의 인스턴스에 전달하는 부분이다.

```
        self.code = code
        self.name = name
```

이와는 달리 TestClass 인스턴스를 생성한 쪽에서는 인스턴스_이름.code 또는 인스턴스_이름.name 형식으로 접근 가능하다. 다음 예에서는 인스턴스의 이름은 cls에 해당하고 cls.code, cls.name과 같은 형식으로 클래스의 정보에 접근하고 있다.

```
for cls in classes:
    print "===== Class ====="
    print 'code --> ' + str(cls.code)
    print 'name --> ' + cls.name
```

6.1.3 클래스의 이용

정의된 클래스의 인스턴스를 작성하는 부분은 다음과 같다. 7번째 줄에서 작성할 인스턴스를 저장하기 위해, 먼저 비어있는 리스트로 선언하고 이를 classes로 받고 있다.

```
7  classes = []
8  classes.append(TestClass(1, '테스트1'))
9  classes.append(TestClass(2, '테스트2'))
```

그 후 클래스 정의를 기반으로 두 개의 인스턴스를 만들고 각각 다른 "code"와 "name"을 "__init__" 메서드를 통해 정보를 넘기고 있다. 이들은 인스턴스가 작성될 때마다 다른 정보로 설정될 수 있다. 예제 코드의 경우, code에 1이 그리고 "테스트 1"이라는 문자열이 첫 번째 인스턴스를 작성하는데 인수 전달을 시도하고 있다. 두 번째 인스턴스도 동일하게 작성하고 있다.

6.2 클래스의 상속

Python에서도 다른 클래스로부터 상속을 받아 기존 클래스를 쉽게 확장시킬 수 있다. 상속 절차는 매우 간단하며 다음 예제를 통해 설명하도록 한다. 먼저 부모 클래스(supper class) 역할을 하는 "Country"를 다음과 같이 정의하여 보자. 이때 "country_name" 속성을 유지하도록 __init__ 메서드 내에 정의해 둔다.

```
class Country:
    def __init__(self, country_name):
        self.country_name = country_name
```

다음으로 "City" 클래스를 "Country" 클래스로부터 상속 받을 수 있도록 정의하는 부분이다. 여기서도 "city_name"속성을 유지하도록 정의한다. 기존 클래스로부터 상속을 통해 새로운 클래스를 정의하는 경우에는 다음과 같이 클래스 이름 뒤에 "()"를 추가하고 부모 클래스의 이름을 기술해 주면 된다.

```
class City(Country):
    def __init__(self, country_name, city_name):
        Country.__init__(self, country_name)
        self.city_name = city_name
```

또한 부모 클래스가 가진 메서드와 같은 이름의 메서드를 정의 할 수 있으며, 그 처리 내용을 덮어 쓸 수 있다. 위의 경우, 부모 클래스의 메서드를 호출하여 부모가 하는 처리를 그대로 이용하면서 자식 클래스 측에서 자체 처리를 추가하는 것도 가능하다.

다음 예제는 위에서 정의된 클래스를 상속을 통해 자식 클래스를 확장하고 이를 이용하는 경우이다. 자식 클래스 측에서는 "country_name '속성에 값을 할당하지 않은 경우에도 print로 출력할 수 있는 것은 부모 클래스 측에서 그 처리를 하고 있기 때문이다.

Python 2.7.x

```
class Country:
    def __init__(self, country_name):
        self.country_name = country_name

class City(Country):
    def __init__(self, country_name, city_name):
        Country.__init__(self, country_name)
        self.city_name = city_name

classes = []
classes.append(City('Korea', 'Busan'))
classes.append(City('USA', 'Washington, D.C.'))

for cls in classes:
    print "===== Class ====="
    print 'country_name --> ' + cls.country_name
    print 'city_name --> ' + cls.city_name
```

▬ 실행 결과 ▬

```
Python 2.7.13 Shell
File Edit Shell Debug Options Window Help
Python 2.7.13 (v2.7.13:a06454b1afa1, Dec 17 2016, 20:42:59) [MSC v.1500 32 bit (
Intel)] on win32
Type "copyright", "credits" or "license()" for more information.
>>>
=============== RESTART: C:/local/python/chap06/example_02.py ===============
===== Class =====
country_name --> Korea
city_name --> Busan
===== Class =====
country_name --> USA
city_name --> Washington, D.C.
>>>
```

앞서 예제에서 작성한 클래스는 이전 스타일의 클래스 정의 과정이다. 클래스를 정의하는 방법에 몇 가지 변화가 일어났으므로 그 차이점은 다음에서 설명하도록 한다.

6.2.1 클래스 스타일의 변화

Python 2계열(버전 2.2 이상)에서는 새로운 클래스 스타일과 이전 클래스 스타일이 공존하고 있어 둘 중의 하나를 선택하여 사용할 수 있으며, 클래스 정의 방법은 "object"를 상속하는지의 여부에 따라 구분된다.

다음 예제의 실행 결과를 살펴보면 type 함수에서 얻은 결과가 다른 것을 확인할 수 있다.

Python 2.7.x

```
# 이전 스타일 클래스
class OldStyleClass:
    pass
# 신규 클래스 스타일
class NewStyleClass(object):
    pass

print type(OldStyleClass)
print type(NewStyleClass)
```

〓 실행 결과 〓

```
Python 2.7.13 Shell
File Edit Shell Debug Options Window Help
Python 2.7.13 (v2.7.13:a06454b1afa1, Dec 17 2016, 20:42:59) [MSC v.1500 32 bit (Intel)] on win32
Type "copyright", "credits" or "license()" for more information.
>>>
=============== RESTART: C:/local/python/chap06/example_03.py ===============
<type 'classobj'>
<type 'type'>
>>>
```

Python 3계열에서는 2계열에서 도입된 새로운 클래스 스타일만 존재하고 이전 클래스 스타일을 사용할 수 없다. 다음과 같은 클래스 기술도 새로운 스타일의 클래스이다. Python 3.6 버전 shall에서 실행 결과를 확인해 보면 쉽게 알 수 있을 것이다.

Python 2.7.x | Python 3.6.x

```python
# 신규 클래스 스타일
class NewStyleClass:
    pass

print(type(NewStyleClass))
```

〓 실행 결과 〓

```
Python 2.7.13 Shell
File Edit Shell Debug Options Window Help
Python 2.7.13 (v2.7.13:a06454b1afa1, Dec 17 2016, 20:42:59) [MSC v.1500 32 bit (Intel)] on win32
Type "copyright", "credits" or "license()" for more information.
>>>
=============== RESTART: C:/local/python/chap06/example_04.py ===============
<type 'classobj'>
>>>
```

```
Python 3.6.1 Shell
File Edit Shell Debug Options Window Help
Python 3.6.1 (v3.6.1:69c0db5, Mar 21 2017, 18:41:36) [MSC v.1900 64 bit (AMD64)]
 on win32
Type "copyright", "credits" or "license()" for more information.
>>>
=============== RESTART: C:\local\python\chap06\example_04.py ===============
<class 'type'>
>>>
```

6.3 부모 클래스의 메서드 호출

Python에서 부모 클래스의 메서드를 호출하는 경우는 앞에서 설명한 바와 같이 클래스 스타일이나 Python 버전의 차이에 의해 그 방법이 달라지므로 주의가 필요하다.

6.3.1 이전 스타일 호출방법

이전 클래스 스타일의 경우에는 메서드를 호출하기 위해서는 다음과 같이 부모 클래스 이름과 메서드 이름을 요구하게 된다.

```
부모_클래스_이름.메서드명(인수)
```

즉, 호출하는 과정에서 구성 멤버에 해당하는 메서드를 가지고 있는 부모 클래스 이름을 명시적으로 기술해 주어야 한다. 다음 예제를 살펴보자.

Python 2.7.x

```
# 이전 스타일 클래스 정의
class OldStyleClassBase:
    def test_method(self, msg):
        print 'OldStyleClassBase: {}'.format(msg)

# 이전 스타일 클래스의 상속
class OldStyleClass(OldStyleClassBase):
    def test_method(self, msg):
        print 'OldStyleClass: {}'.format(msg)
        OldStyleClassBase.test_method(self, msg)

old = OldStyleClass()
old.test_method('method call')
```

■ 실행 결과 ■

```
Python 2.7.13 Shell
File Edit Shell Debug Options Window Help
Python 2.7.13 (v2.7.13:a06454b1afa1, Dec 17 2016, 20:42:59) [MSC v.1500 32 bit (
Intel)] on win32
Type "copyright", "credits" or "license()" for more information.
>>>
=============== RESTART: C:/local/python/chap06/example_05.py ===============
OldStyleClass: method call
OldStyleClassBase: method call
>>>
```

6.3.2 새로운 클래스 스타일의 메서드 호출

새로 도입된 클래스 스타일의 경우는 super 함수를 사용하여 해당 메서드를 호출할 수 있다. 호출하는 형식은 다음과 같지만 이전 클래스 스타일 형식의 메서드 호출 방식을 이용하는 것도 가능하다.

```
super(자동 클래스 이름).메소드_이름(인수)
```

다음 예제에서 주석 처리된 부분은 이전 클래스 스타일의 호출 방법으로서 동일한 역할 수행하게 될 것이다.

Python 2.7.x

```python
# 새로운 스타일의 클래스 정의
class NewStyleClassBase(object):
    def test_method(self, msg):
        print 'NewStyleClassBase: {}'.format(msg)

# 새로운 스타일의 클래스 상속
class NewStyleClass(NewStyleClassBase):
    def test_method(self, msg):
        print 'NewStyleClass: {}'.format(msg)
        super(NewStyleClass, self).test_method(msg)
        # NewStyleClassBase.test_method(self, msg)

new = NewStyleClass()
new.test_method('method call')
```

〓 실행 결과 〓

```
Python 2.7.13 Shell
File  Edit  Shell  Debug  Options  Window  Help
Python 2.7.13 (v2.7.13:a06454b1afa1, Dec 17 2016, 20:42:59) [MSC v.1500 32 bit (
Intel)] on win32
Type "copyright", "credits" or "license()" for more information.
>>>
=============== RESTART: C:/local/python/chap06/example_06.py ===============
NewStyleClass: method call
NewStyleClassBase: method call
>>> 
```

이처럼 Python 2계열에서는 새로운 스타일의 클래스 또는 이전 클래스 스타일을 선택할 수 있다. 그러나 가급적 super 함수를 사용하는 것이 바람직할 것이다.

또한, Python 3계열의 개발환경에 국한되지만 다음 예제와 같이 매우 간단한 형태로 super 함수를 사용할 수 있다.

Python 3.6.x

```
# 새로운 스타일의 클래스 정의
class NewStyleClassBase(object):
    def test_method(self, msg):
        print ('NewStyleClassBase: {}'.format(msg))

# 새로운 스타일의 클래스 상속
class NewStyleClass(NewStyleClassBase):
    def test_method(self, msg):
        print ('NewStyleClass: {}'.format(msg))
        super().test_method(msg)
        # super(NewStyleClass, self).test_method(msg)
        # NewStyleClassBase.test_method(self, msg)

new = NewStyleClass()
new.test_method('method call')
```

실행결과에서 알 수 있듯이 Python 2.7 실행 환경에서 예제의 호출방식에 대해 오류를 발생하지만, Python 3.6 실행환경에서는 정상적으로 실행되는 것을 확인할 수 있을 것이다.

■ 실행 결과 ■

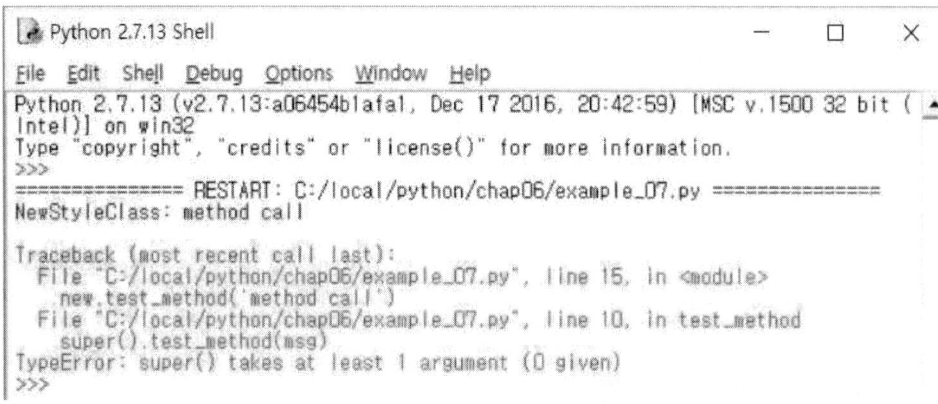

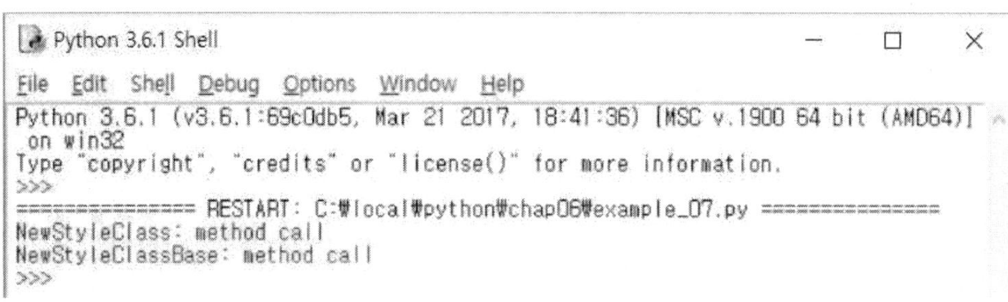

6.4 메서드의 분류

Python 클래스의 메서드의 종류는 인스턴스 메서드, 클래스 메서드, 정적 메서드 등으로 구분할 수 있다. 바꾸어 설명하자면 클래스는 다음과 같이 3가지 종류의 메서드를 정의할 수 있다.

- 인스턴스 메서드: 가장 일반적인 방법
- 클래스 메서드: 인스턴스 없이 호출 가능한 메서드
- 정적 메서드: 인스턴스 없이 호출 가능하지만 인스턴스를 통해서도 호출 가능

이들 메서드의 작성 방법에 대한 선언의 차이점을 확인하기 위해 다음 예제를 먼저 살펴보자.

Python 2.7.x

```
1  class TestClass:
2      # 인스턴스 메서드
3      def sample_instancemethod(self, arg_1):
4          pass
5
6      # 클래스 메서드
7      @classmethod
8      def sample_classmethod(cls, arg_1):
9          pass
10
11     # 정적 메서드
12     @staticmethod
13     def sample_staticmethod(arg_1, arg_2):
14         pass
```

위 예제에서 Python의 인스턴스 메서드는 이를 호출하기 전에 먼저 클래스에 대한 인스턴스이 선행되어야 한다. 인스턴스 메소드는 가장 일반적으로 이용되는 메서드로서 첫 번째 인수에는 클래스의 인스턴스 자신을 나타내는 "self"가 통상적으로 기술되어 있는 것에 주목하라.

다음 예제의 TestClass는 sample_instancemethod()를 인스턴스 메서드로서 멤버로 선언되어 있는 경우이다. 이 인스턴스 메서드를 호출하기 위해서는 13번째 줄에서처럼 TestClass에 대한 인스턴스를 작성해 주어야 한다. 인스턴스의 이름은 test_class_1으로 두었다.

Python 2.7.x

```
class TestClass:
    def __init__(self, x, y):
        self.x = x
        self.y = y

    # 인스턴스 메서드
    def sample_instancemethod(self, display_x=True, display_y=True):
        if display_x:
            print 'x is {}'.format(self.x)
        if display_y:
            print 'y is {}'.format(self.y)

test_class_1 = TestClass(100, 50)
test_class_1.sample_instancemethod(display_x=False)
```

이제는 test_class_1이라는 인스턴스 이름을 통해 sample_instancemethod() 메서드를 호출할 수 있게 되었다. 실행 결과를 확인해보자.

〓 실행 결과 〓

```
Python 2.7.13 Shell
File Edit Shell Debug Options Window Help
Python 2.7.13 (v2.7.13:a06454b1afa1, Dec 17 2016, 20:42:59) [MSC v.1500 32 bit (Intel)] on win32
Type "copyright", "credits" or "license()" for more information.
>>>
=============== RESTART: C:/local/python/chap06/example_08.py ===============
y is 50
>>>
```

그리고 필요한 경우 인스턴스 메서드는 "self.xxx"와 같이 인스턴스 속성(인스턴스 변수)에도 액세스 가능하다.

또 다른 예로써, Python의 클래스 메서드는 인스턴스 작성을 하지 않아도 호출 가능하지만 필요한 경우 인스턴스를 통해서도 호출할 수 있다.

클래스 메서드의 구현에는 "@classmethod" 데코레이션을 사용하여야 한다. 다음 예제에서는 연/월/일을 저장하는 클래스를 만들고 거기에 클래스 메서드를 이용하여 오늘 날짜를 기준으로 하는 인스턴스를 생성하고 있다. 그러나 "self"를 이용한 인스턴스 속성에는 액세스가 불가능하다.

Python 2.7.x

```
import datetime

class TestClass:
    def __init__(self, year, month, day):
        self.year = year
        self.month = month
        self.day = day

    # 클래스 메서드 정의
    @classmethod
    def sample_classmethod(cls, date_diff=0):
        today = datetime.date.today()
        d = today + datetime.timedelta(days=date_diff)
        return cls(d.year, d.month, d.day)

# 인스턴스를 만들지 않고 호출할 경우
test_class_1 = TestClass.sample_classmethod()
print test_class_1.year, test_class_1.month, test_class_1.day

# 인스턴스를 만들지 않고 호출할 경우
test_class_2 = TestClass.sample_classmethod(-10)
print test_class_2.year, test_class_2.month, test_class_2.day

# 인스턴스 취득 후 호출할 경우
test_class_3 = TestClass(2020, 1, 1)
print test_class_3.year, test_class_3.month, test_class_3.day
```

■ 실행 결과 ■

```
Python 2.7.13 Shell
File Edit Shell Debug Options Window Help
Python 2.7.13 (v2.7.13:a06454b1afa1, Dec 17 2016, 20:42:59) [MSC v.1500 32 bit (
Intel)] on win32
Type "copyright", "credits" or "license()" for more information.
>>>
=============== RESTART: C:/local/python/chap06/example_09.py ===============
2017 7 10
2017 6 30
2020 1 1
>>>
```

위 예제의 10번째 줄, 즉 메서드 선언부 바로 위에서 @classmethod라는 구문을 이용하여 명시적으로 기술된 메서드가 바로 클래스 메서드를 나타낸다.

```
10     @classmethod
11     def sample_classmethod(cls, date_diff=0):
12         today = datetime.date.today()
13         d = today + datetime.timedelta(days=date_diff)
14         return cls(d.year, d.month, d.day)
```

인스턴스 메서드의 첫 번째 파라미터로 "self"가 필요했지만 클래스 메서드의 경우는 "cls"라는 파라미터 기술이 요구된다. 이 파라미터는 클래스 자체를 의미하며 "self"가 클래스의 인스턴스 자신을 의미하는 것과 구분될 필요가 있다.

> [Tip]
> 여기서 "cls"라는 인수 이름은 강제 사항이 아니지만 일반적으로 기술하는 무언의 규칙, 즉 관례적인 기술로 받아들이면 좋을 것 같다. 참고로 예제에서 기술된 "datetime.date.today"도 클래스 메서드이다.

마지막으로 Python의 정적 메서드는 인스턴스가 없어도 호출할 수 있지만 인스턴스를 통해서도 호출 가능한 메서드이다. 당연한 이야기겠지만 클래스의 인스턴스를 작성하지 않은 상태에서 "self"를 이용해 인스턴스 속성에 액세스 할 수 없다. 정적 메서드의 구현에는 메서드 선언부 바로 위에서 "@staticmethod"라는 명시적인 기술이 부기되어 있다는 점에 주목하라.

Python 2.7.x

```
class TestClass:
    # 정적 메서드 정의
    @staticmethod
    def sample_staticmethod(x, y):
        return x + y

# 인스턴스를 만들지 않고 호출할 경우
print TestClass.sample_staticmethod(10, 100)

# 인스턴스 취득 후 호출
test_class = TestClass()
print test_class.sample_staticmethod(100, 1000)
```

〓 실행 결과 〓

```
110
1100
```

참고로 인스턴스 메소드를 구현할 때 첫 번째 인수로 "self", 클래스 메서드 선언 시에 첫 번째 인수 지정으로 "cls"가 필요했지만 정적 메서드에서는 필요하지 않다.

제7장 출력 제어와 예외 처리

7.1 커맨드라인 인수

Python 프로그램을 실행할 때 인터프리터에 필요한 인수를 전달하여 프로그램에 전달 할 수도 있다. 이러한 경우를 커맨드라인(command line) 인수라는 부르며, 상황에 따라 어떤 처리를 구분하여 프로그램이 동작되도록 하려는 경우에 매우 유용하다.

커맨드라인 인수를 이용하기 위해서는 Python에서 준비된 내장 모듈 sys가 필요하다. 이 모듈은 Python 인터프리터가 사용하거나 유지 관리하는 일부 변수와 인터프리터와 강력한 상호 작용을 하는 함수에 대한 액세스를 제공한다. 관련 문서는 다음 사이트에 공개되어 있으며 매우 많은 변수들과 함수에 대한 액세스 방법에 대한 설명이 안내되어 있으므로 참고 바란다.

```
https://docs.python.org/2/library/sys.html
```

또한, Python Shell 환경에서 다음과 같은 구문을 통해 sys 내장 모듈이 제공하는 관련 기능들의 목록을 조회해 볼 수 있다.

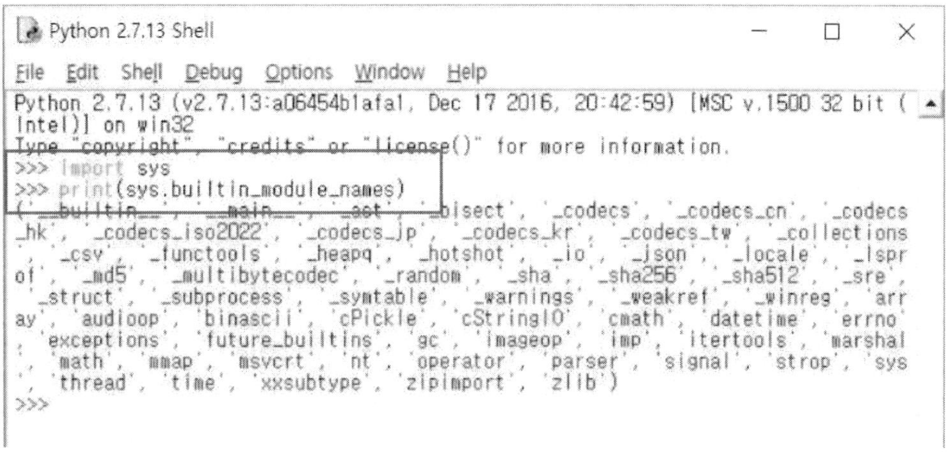

참고로 sys.path는 Python이 구동될 때 환경 변수에 등록되어 있는 디렉토리들의 경로를 반환해 준다. Python 모듈이 실행되고 있는 현재 디렉토리, PYTHONPATH와 같은 환경변수에 정의된 디렉토리, Python과 함께 설치된 기본 라이브러리 등을 조회해 보고 싶다면 다음 예제를 통해 확인해 볼 수 있을 것이다.

Python 2.7.x | Python 3.6.x

```
import sys

for path in sys.path
    print(path)
```

〓 실행 결과 〓

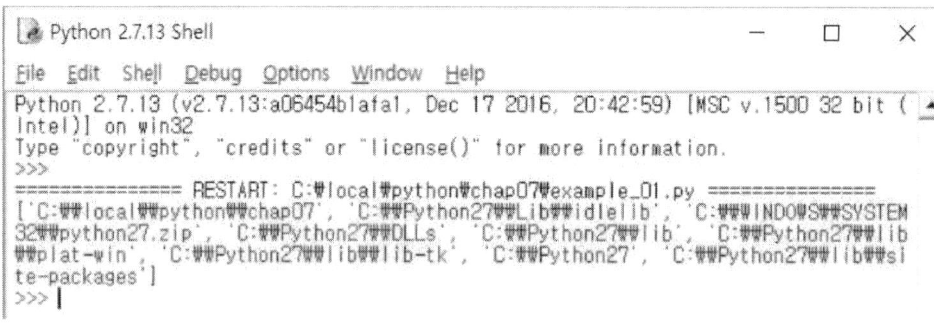

Python 스크립트에 전달하는 커맨드라인 인수 목록에서 argv[0]은 스크립트 이름 그 자체를 나타내며 운영체제에 따라 전체 경로 이름인지 여부에 따라 출력 결과가 다를 수 있다. 인터프리터에 -c 명령 행 옵션을 사용하여 명령을 실행한 경우 argv[0]은 '-c' 문자열로 설정된다. 그리고 스크립트 이름이 Python 인터프리터에 전달되지 않으면 argv[0]의 값은 빈 문자열이다.

예를 들어 example_02.py라는 파일명으로 다음 예제 코드를 작성하였다고 가정하자.

Python 3.6.x

```
# -*- coding: utf-8 -*-

import sys
args = sys.argv

print(args)
print('제 1 인수 : ' + args[1])
print('제 2 인수 : ' + args[2])
print('제 3 인수 : ' + args[3])
print('제 4 인수 : ' + args[4])
```

그리고 이 예제를 임의 위치에 저장하고 다음과 같이 DOS창에서 명령을 실행시켜 보자.

```
python example_02.py python programming very good
```

■ 실행 결과 ■

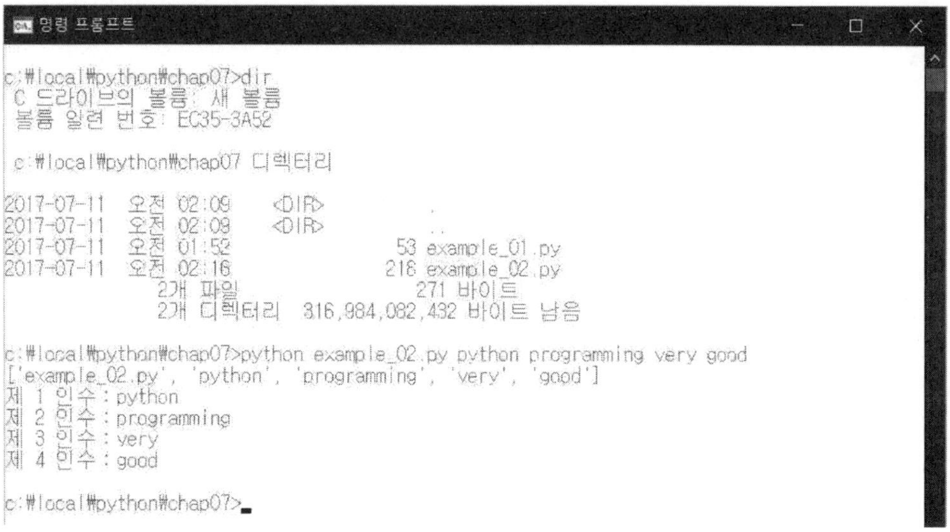

실행 결과를 보면 sys.argv의 반환 값에 대한 출력으로 커맨드라인 인수들이 리스트 형태로 모두 출력되어 있는 것을 확인할 수 있을 것이다. 또한 예제 코드의 파일명을 제외한 나머지는 개별 출력으로 각각의 인수들에 대한 값을 출력하고 있다.

7.2 프로그램의 종료 처리

가끔 특정 조건에서 Python 프로그램을 정상 종료시켜야 하는 상황이 발생한다. 이런 경우에도 내장 sys 모듈에서 제공하는 exit 함수를 이용할 수 있다.

다음 예제는 100번 반복하는 for 루프 내에서 카운트 값이 10에 도달하면 프로그램을 종료 처리시키는 예이다. 자주 사용되지는 않지만 이와 같이 프로그램을 정상 종료시켜야 하는 상황에서 사용하면 좋을 것이다.

Python 2.7.x

```
import sys

for i in range(100):
    print i

    if i == 10:
        print '10에 도달하여 프로그램을 종료합니다.'
        sys.exit()
```

■ 실행 결과 ■

```
Python 2.7.13 Shell
File Edit Shell Debug Options Window Help
Python 2.7.13 (v2.7.13:a06454b1afa1, Dec 17 2016, 20:42:59) [MSC v.1500 32 bit (
Intel)] on win32
Type "copyright", "credits" or "license()" for more information.
>>>
=============== RESTART: C:/local/python/chap07/example_03.py ===============
0
1
2
3
4
5
6
7
8
9
10
10에 도달하여 프로그램을 종료합니다.
>>>
```

7.3 이스케이프 시퀀스

C 언어에서와 같이 Python에서도 다양한 이스케이프 시퀀스(Escape sequence)가 존재한다. 본 절에서는 출력 제어를 하는 과정에서 비교적 사용 빈도가 높은 것을 중심으로 소개한다.

7.3.1 단일 인용부호

첫 번째 출력문에서 작은 따옴표 내에 백슬래시 "\"를 다시 작은 따옴표 앞에 기술한 경우는 이스케이프 시퀀스가 발생하지 않는다. 동일한 결과가 되겠지만 쌍 따옴표 내에 단순히 작은 따옴표를 기술하여도 되므로 참고하기 바란다.

Python 2.7.x

```
print '1234\'567890'
print "1234'567890"
```

〓 실행 결과 〓

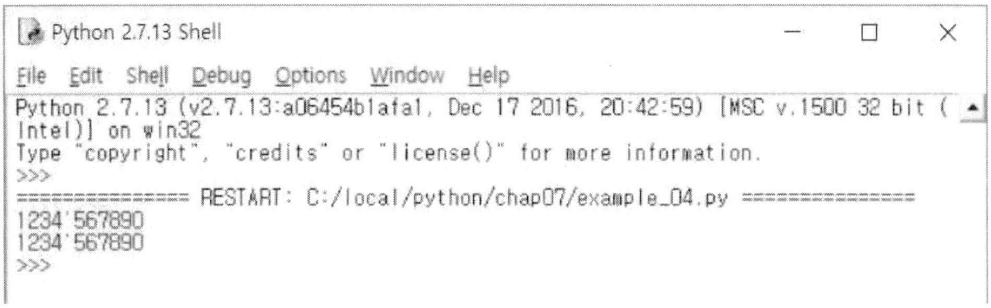

7.3.2 쌍 따옴표

마찬가지로 백슬래시 "\" 기호를 문자열 중간에서 따옴표 앞에 기술하게 되면 백슬래시 기호는 무시되어 출력된다. 두 번째 출력문에서는 작은 따옴표로 둘러싸인 문자열 중간에서 쌍 따옴표를 단순 기술한 경우로서 출력 결과는 동일하다.

Python 2.7.x

```
print "1234\"567890"
print '1234"567890'
```

〓 실행 결과 〓

```
Python 2.7.13 Shell
File Edit Shell Debug Options Window Help
Python 2.7.13 (v2.7.13:a06454b1afa1, Dec 17 2016, 20:42:59) [MSC v.1500 32 bit (
Intel)] on win32
Type "copyright", "credits" or "license()" for more information.
>>>
=============== RESTART: C:/local/python/chap07/example_05.py ===============
1234"567890
1234"567890
>>>
```

7.3.3 백슬래시 \

백슬래시 기호 "\"를 2개 연속해서 기술한 경우에는 출력 결과에 백슬래시를 출력시키기 위한 용도로 사용할 수 있다.

Python 2.7.x

```
print '1234\\567890'
```

〓 실행 결과 〓

```
Python 2.7.13 Shell
File Edit Shell Debug Options Window Help
Python 2.7.13 (v2.7.13:a06454b1afa1, Dec 17 2016, 20:42:59) [MSC v.1500 32 bit (
Intel)] on win32
Type "copyright", "credits" or "license()" for more information.
>>>
=============== RESTART: C:/local/python/chap07/example_06.py ===============
1234₩567890
>>>
```

7.3.4 개행 코드 사용

문자열 중간에서 줄을 바꾸고 싶은 경우에는 다음과 같이 "\n" 기호를 기술하면 된다.

Python 2.7.x

```
1   print '1234\n567890'
```

〓 실행 결과 〓

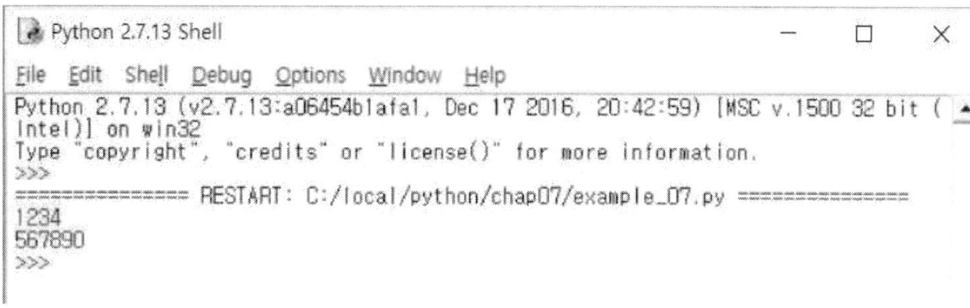

7.3.5 탭 문자의 사용

필요한 경우에는 적정 공간을 띄우는 용도 한 탭만큼의 간격을 주기 위해 "\t" 기호를 이용하는 것도 가능하다.

Python 2.7.x

```
1   print "1234\t567890"
```

〓 실행 결과 〓

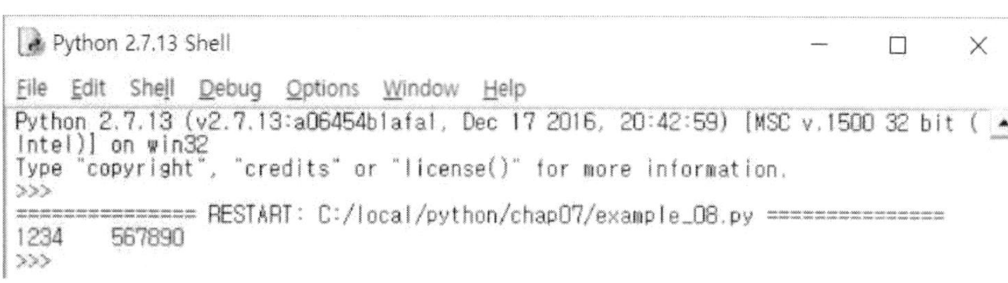

7.4 예외 처리

응용 프로그램을 작성하는 과정에서 예외 처리 수단은 견고한 프로그램을 작성하는데 중요한 역할을 하게 된다. 기본적인 예외 처리 방법에 대해 살펴보자.

7.4.1 try, except, finally

다음 예제는 예외 처리를 어떻게 준비해야 하는지를 보여주는 간단한 예이다. 두 수를 함수에 전달하여 덧셈을 하고 그 결과를 반환하는 exception_test 함수를 정의하고 이를 호출하는 경우이다.

Python 2.7.x

```
def exception_test(value_1, value_2):
    print '===== 계산 개시 ====='
    result = 0
    try:
        result = value_1 + value_2
    except:
        print '계산할 수 없습니다!'
    finally:
        print '계산 종료'
    return result

print exception_test(100, 200)
print exception_test(100, '200')
```

■ 실행 결과 ■

정의된 함수를 호출할 때 정수 값 두 개를 함수의 전달인자로 넘겨 호출

할 때는 일반적으로 문제가 되지 않는다. 그러나 마지막 호출 구문에서는 정수 하나와 문자열을 함수의 인자로 설정하고 호출하고 있다. 이와 같은 경우에는 정의된 함수에서 올바르게 처리할 수 없게 되어 프로그램이 비정상적으로 동작하게 된다.

예외 처리가 실시된 함수의 내부를 살펴보면 12번째 줄에서 함수가 호출된 후 먼저 try 블록 안의 기술된 내용을 처리하게 된다. 이 과정에서 오류가 발생하지 않으면 except 블록 안의 기술된 내용은 실행되지 않는다. 만약 오류가 발생한 경우에는 이 부분이 반드시 실행되기 때문에 오류가 발생하더라도 실행 제어를 세분화 시킬 수 있게 된다.

13번째 줄의 함수 호출 부분에서는 두 번째 인수의 값이 문자열이므로 덧셈을 정상적으로 수행 할 수 없어 except 블록 안의 기술된 내용이 처리가 되는 실행 흐름이 발생하게 된다. 마지막 finally 블록 안의 내용은 오류 발생 여부에 관계없이 반드시 실행되는 부분으로 본래의 용도는 반드시 처리해 두어야 하는 어떤 내용을 처리하기 위한 것이다. 예를 들면, 파일 객체의 경우에는 이를 사용하기 위해 열고(open) 사용이 끝난 경우에는 반드시 객체를 닫아야(close)하기 때문에 finally 블록 안에서 열린 객체를 닫는 처리를 수행하게 될 것이다.

7.4.2 raise

규모가 큰 응용 프로그램을 작성하는 경우, 다른 프로그래머가 작성한 유용한 기능을 이용할 기회는 많아질 것이다. 앞의 예제와 같이 함수 내에서 예외 처리가 수행되어도 좋지만 경우에 따라서는 호출한 위치로 해당 오류를 알려주고 그 오류 처리를 맡기는 것이 좋은 경우도 있다. 이러한 처리를 위해서 다음 예제와 같이 except 블록 안에 raise 구문을 추가하게 되면 해당 오류를 호출한 원 위치로 되돌릴 수 있게 된다.

Python 2.7.x

```
def exception_test(value_1, value_2):
    print '===== 계산 개시 ====='
    result = 0

    try:
        result = value_1 + value_2
    except:
        print '계산할 수 없습니다!'
        raise
    finally:
        print '계산 종료'

    return result

try:
    print exception_test(100, 100)
    print exception_test(200, 200)
    print exception_test(300, '300')
except:
    print '에러를 넘겨받았습니다.'
```

■ 실행 결과 ■

```
Python 2.7.13 Shell
File Edit Shell Debug Options Window Help
Python 2.7.13 (v2.7.13:a06454b1afa1, Dec 17 2016, 20:42:59) [MSC v.1500 32 bit (
Intel)] on win32
Type "copyright", "credits" or "license()" for more information.
>>>
=============== RESTART: C:/local/python/chap07/example_10.py ===============
===== 계산 개시 =====
계산 종료
200
===== 계산 개시 =====
계산 종료
400
===== 계산 개시 =====
계산할 수 없습니다!
계산 종료
에러를 넘겨받았습니다.
>>> |
```

실행 결과에서 알 수 있듯이 함수 exception_test에서 오류가 발생하면 "**raise**" 처리가 일어나게 된다. 결국 오류 내용은 함수들을 호출하는 원 위치에 기술된 try 블록 방향으로 전파되는 것을 확인할 수 있을 것이다. 위의 예제 코드에서 "raise" 구문을 주석 처리하여 실행시켜 확인해보자.

■ 실행 결과 ■

```
Python 2.7.13 Shell
File Edit Shell Debug Options Window Help
Python 2.7.13 (v2.7.13:a06454b1afa1, Dec 17 2016, 20:42:59) [MSC v.1500 32 bit (
Intel)] on win32
Type "copyright", "credits" or "license()" for more information.
>>>
=============== RESTART: C:/local/python/chap07/example_10.py ===============
===== 계산 개시 =====
계산 종료
200
===== 계산 개시 =====
계산 종료
400
===== 계산 개시 =====
계산할 수 없습니다!
계산 종료
0
>>> |
```

7.4.3 에러 내용의 취득

프로그램 내의 어떤 내용을 처리하는 동안 오류가 발생하면 오류 내용(Stack trace)은 표준 출력으로 나타나게 된다. 이러한 내용을 프로그램 측에서도 취득 할 수 있다. 이를 위해 준비된 내장 모듈이 traeback으로써 다음 예제와 같이 기술하게 되면 발생한 오류의 내용을 자체적으로 추적할 수 있다.

Python 2.7.x

```
import sys
import traceback

def exception_test(value_1, value_2):
    print '===== 계산 개시 ====='
    result = 0
```

```python

    try:
        result = value_1 + value_2
    except:
        print '계산할 수 없습니다!'
        raise
    finally:
        print '계산 종료'

    return result

try:
    print exception_test(100, '200')
except:
    print '------------------------------------------'
    print traceback.format_exc(sys.exc_info()[2])
    print '------------------------------------------'
```

〓 실행 결과 〓

Python 2.7.13 Shell

File Edit Shell Debug Options Window Help

```
Python 2.7.13 (v2.7.13:a06454b1afa1, Dec 17 2016, 20:42:59) [MSC v.1500 32 bit (
Intel)] on win32
Type "copyright", "credits" or "license()" for more information.
>>>
=============== RESTART: C:/local/python/chap07/example_11.py ===============
===== 계산 개시 =====
계산할 수 없습니다!
계산 종료
------------------------------------------
Traceback (most recent call last):
  File "C:/local/python/chap07/example_11.py", line 18, in <module>
    print exception_test(100, '200')
  File "C:/local/python/chap07/example_11.py", line 9, in exception_test
    result = value_1 + value_2
TypeError: unsupported operand type(s) for +: 'int' and 'str'

------------------------------------------
>>> |
```

제8장 모듈 생성과 패키지 관리

Python의 경우 가져 오기(import) 기능을 이용하여 내장된 표준 라이브러리뿐만 아니라 직접 작성한 모듈을 가져 오는 것도 가능하다.

8.1 import와 from

우선 간단한 모듈 파일을 준비하여 보자. 다음과 같은 코드를 작성하고 testmod.py라는 이름으로 작업 폴더에 저장한다.

Python 2.7.x

```
class TestClass:

    def __init__(self):
        print 'create TestClass'

    def test_method(self, val):
        print 'call test_method'
        print val
```

그 후 위 다음과 같이 모듈 파일을 실행시키는 코드를 작성하고 example_01.py라는 이름으로 저장한다. 참고로 Python은 코드 중 어느 위치에서 "import" 또는 "from" 구문을 기술해도 오류가 발생하지 않는다.

Python 2.7.x

```python
import testmod

test_class_1 = testmod.TestClass()
test_class_1.test_method('1')

from testmod import TestClass

test_class_2 = TestClass()
test_class_2.test_method('2')
```

〓 실행 결과 〓

```
Python 2.7.13 Shell
File Edit Shell Debug Options Window Help
Python 2.7.13 (v2.7.13:a06454b1afa1, Dec 17 2016, 20:42:59) [MSC v.1500 32 bit (
Intel)] on win32
Type "copyright", "credits" or "license()" for more information.
>>>
=============== RESTART: C:/local/python/chap08/example_01.py ===============
create TestClass
call test_method
1
create TestClass
call test_method
2
>>>
```

여기서 import 구문의 역할은 원하는 모듈파일을 로드하는 역할하며, 예제에서는 testmod 모듈을 참조하겠다는 의미이다. 이 때 주의할 점은 모듈 파일의 이름을 지정할 때 확장자 py를 제외하고 다음과 같이 기술해 주어야한다.

```python
import testmod
```

이제 testmod 모듈 파일을 사용할 준비가 되었다. 모듈을 사용하기 위해 모듈 testmod의 TestClass의 인스턴스를 생성하게 되는데 일반적으로 "**모듈명.클래스명**"과 같은 형식의 구문 기술을 통해 인스턴스를 생성하게 된다. 그리고 TestClass 내에서 정의하고 있는 test_method() 메서드를 호출하고 있다.

```
test_class_1 = testmod.TestClass()
test_class_1.test_method('1')
```

이와 같이 매번 "모듈명.클래스명" 형식으로 기술하는 것이 번거로울 경우에는 다음과 같이 "from"문을 이용하여 보다 편리하게 기술을 할 수 있다.

```
# from 모듈명 import 클래스명
```

위와 같은 형식으로 기술하면 클래스 이름만으로도 모듈의 클래스 자원에 접근을 할 수 있다. 또한 클래스뿐만 아니라 모듈에 정의되어 있는 함수나 변수 등도 "from" 구문을 통해 가져올 수 있다.

```
from testmod import TestClass

test_class_2 = TestClass()
test_class_2.test_method('2')
```

8.2 패키지를 구성하는 방법

앞에서 자주 사용하게 되는 내용을 별도의 모듈 파일로 준비해두고 필요에 따라 모듈 파일을 참조할 수 있다는 것을 확인하였다. Python에서는 스스로 만든 모듈 등을 패키지로 작성하고 이를 이용할 수도 있다. 패키지에 따라 모듈을 구성하게 되면 원하지 않는 이름 공간에서의 충돌을 피할 수 있게 된다.

8.2.1 패키지의 기본 개념

Python에서 모듈을 가져올 때 "sys" 모듈 및 "path"에서 기술되어 있는 경로에 폴더나 파일이 존재하지 않으면 안 된다. 기본 경로가 아닌 다른 위치에 모듈을 배치하려면 가져 오기(모듈의 로딩)를 실행하기 전에 경로를 추가하여 두자.

자신만의 패키지 모듈을 구성하는 과정을 연습하기 위해 "c:/local/python" 아래에 "chap08/com/utility"를 준비하고 "calc" 모듈을 작성하는 것으로 가정한다.

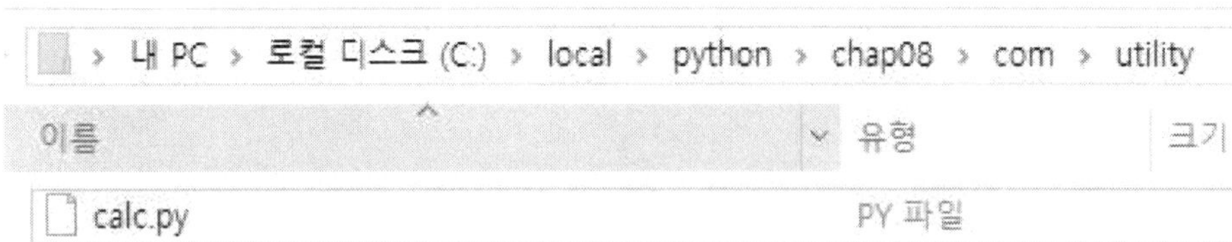

그러나 이것만으로는 Python상에서 패키지로 인식 해주지 않기 때문에 "__init__.py "라는 이름으로 초기화 파일을 준비하고 각각의 폴더에 배치해 두어야 한다. 이 경우에 폴더 및 파일의 구성은 다음과 같을 것이다. 여기서 "__init__.py" 파일의 내용은 비어 있어도 문제가 되지 않는다.

```
■c:
    ■local(폴더)
        ■python(폴더)
            ■chap08(폴더)
                ■com(폴더)
                    ■__init__.py(초기화 파일)
                    ■utility(폴더)
                        ■calc.py(모듈 파일)
                        ■__init__.py(초기화 파일)
```

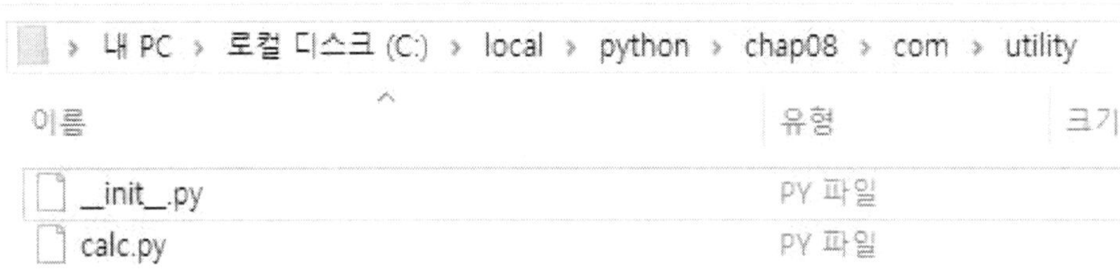

위와 같이 폴더 및 파일의 배치가 되었다는 전제하에서 실제로 import 구문을 이용하여 데이터를 가져와 보자.

8.2.2 모듈 가져오기

이번에 가져오려는 "calc" 모듈의 내용은 다음과 같다. 앞에서 설명한 것처럼 모듈 파일의 위치는 "c:/local/python/chap08/com/utility"에 배치하여야 한다.

Python 2.7.x

```
def plus_value(value_1, value_2):
    return value_1 + value_2
```

그 후 다음과 같이 calc 모듈을 가져와서 "plus_value" 함수를 호출하는 코드를 작성한다.

Python 2.7.x

```
1  import sys
2  sys.path.append('c:/local/python/chap08')
3
4  import com.utility.calc
5  print com.utility.calc.plus_value(50, 80)
```

예제의 첫 번째 줄과 두 번째 줄에서처럼 모듈을 가져올 때 필요한 검색 경로를 추가하여 주면 Python 인터프리터가 이 경로를 인식하게 된다.

이후의 절차는 명확하다. 미리 준비해 둔 calc 모듈을 가져오도록 하고 plus_value() 함수를 호출하여 결과를 출력하고 있다. 이때 패키지 내에 배치되어 있는 모듈을 가져올 때 "."을 구분자로 사용하여 해당 모듈을 가져올 수 있다.

〓 실행 결과 〓

```
Python 2.7.13 Shell
File  Edit  Shell  Debug  Options  Window  Help
Python 2.7.13 (v2.7.13:a06454b1afa1, Dec 17 2016, 20:42:59) [MSC v.1500 32 bit (
Intel)] on win32
Type "copyright", "credits" or "license()" for more information.
>>>
============== RESTART: C:\local\python\chap08\example_02.py ==============
130
>>>
```

여기서 주의할 점은 패키지를 구성하는 과정에서 폴더 및 파일의 위치가 잘못되었거나 함수의 이름 등을 잘못 지정하게 되면 다음과 같은 오류를 발생시키므로 세심하게 패키지를 구성할 필요가 있다.

■ 실행 결과 ■

```
Python 2.7.13 Shell
File Edit Shell Debug Options Window Help
Python 2.7.13 (v2.7.13:a06454b1afa1, Dec 17 2016, 20:42:59) [MSC v.1500 32 bit (
Intel)] on win32
Type "copyright", "credits" or "license()" for more information.
>>>
============== RESTART: C:₩local₩python₩chap08₩example_02.py ==============

Traceback (most recent call last):
  File "C:₩local₩python₩chap08₩example_02.py", line 6, in <module>
    print com.utility.calc.plus_Value(50, 80)
AttributeError: 'module' object has no attribute 'plus_Value'
>>>
```

실행결과를 살펴보면, calc 모듈에서 실제로 정의된 함수명이 plus_value()이지만 호출을 plus_Value() 형태로 호출하였기 때문에 발생하는 대표적인 AttributeError가 발생한 경우이다. 이와 유사한 오류가 발생한 경우에는 패키지의 폴더 구성에 문제가 없었는지 또는 정확한 이름을 가지고 호출하고 있는지 확인하여 오류를 추적할 수 있을 것이다.

8.3 패키지 관리를 위한 pip

pip 도구는 Python의 패키지 관리 시스템이다. Python 버전 2계열 및 3계열 모두 최신 버전으로 설치되어 있다면 기본으로 제공되는 기능이며, 별도의 설치 없이도 사용할 수 있다. 여기서는 pip 도구가 기본으로 제공되지 않는 버전을 사용할 경우를 고려하여 설치 방법을 설명한다.

8.3.1 인스톨과 버전 확인 방법

먼저 Python 인터프리터에 pip가 포함되어 있는지 여부를 확인한다. 명령 프롬프트에서 다음과 같이 명령을 실행시켜 보자.

```
python -m pic -V
```

다음과 같이 pip 버전이 표시되면 pip가 포함된 Python 인터프리터를 이용 가능하다는 의미이다.

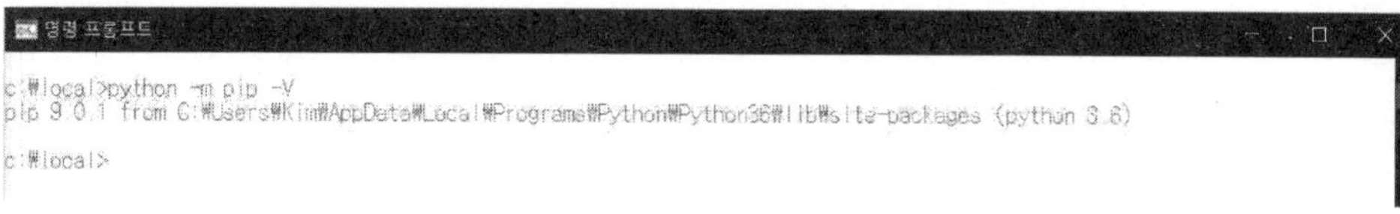

위와 같은 형식으로 명령이 정상적으로 실행되지 않는 경우에는 pip 도구가 포함되어 있지 않은 경우에 해당된다. 이 경우에는 다음과 같은 순서로 인스톨 과정을 거치면 된다.

먼저, 다음 위치에서 get-pip.py를 다운로드를 한다.

```
https://bootstrap.pypa.io/get-pip.py
```

다운로드가 완료되면 다음 명령을 실행시키면 된다.

```
python get-pip.py
```

설치가 완료되면 처음과 같이 확인용 명령을 다시 실행시켜 보자. 확인 명령을 다시 실행시켜 pip 버전이 표시되면 정상적으로 설치가 완료된 것이다.

> [Note]
> 본 항은 제공된 pip에서 명령 입력을 상정하고 있습니다. get-pip.py에서 설치 한 경우 "pyton -m"은 필요하지 않습니다. "pip freeze"라고 입력하십시오.

8.3.2 패키지의 확인

다음 명령으로 설치되어 있는 패키지를 확인 할 수 있다.

```
python -m pip freeze
```

패키지가 설치되어 있는 경우 "패키지 이름 == 버전" 형식으로 내용이 출력되는 것을 확인할 수 있을 것이다.

다음과 같이 명령을 실행하여 내용을 확인해 보자.

```
python -m pip list
```

이번에는 list를 지정한 경우로서 사용하는 개발환경에 따라 차이는 있겠지만 설치된 패키지가 어떤 것들이 있는지 목록으로 출력하여 확인할 수 있다.

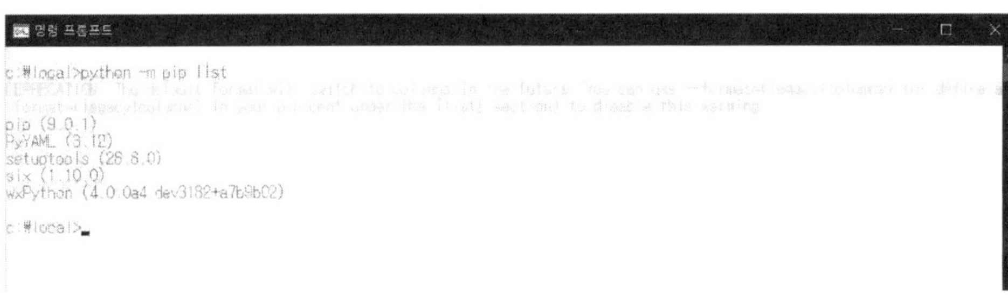

8.3.3 인스톨과 제거

패키지 설치를 할 경우는 다음과 같이 명령을 입력하면 된다. 명령 입력문 말미에 지정한 "PackageName" 부분은 본인이 설치하려는 패키지 이름을 나타낸다.

```
python -m pip install PackageName
```

그리고 설치 버전을 따로 지정하여 설치하고자 하는 경우에는 다음과 같이 입력하면 된다.

```
python -m pip install PackageName==VersionNumber
```

예를 들어, 10장에서 설명할 numpy 패키지 중 1.11.0 버전을 설치한다 가정하면 다음과 같이 지정할 수 있을 것이다.

```
python -m pip install numpy==1.11.0
```

마지막으로 설치된 패키지를 제거하려는 경우에는 다음과 같이 uninstall 옵션을 지정하여 패키지를 제거할 수 있다.

```
python -m pip uninstall PackageName
```

8.3.4 패키지의 검색

패키지 검색을 할 때는 search를 사용하면 된다. 아래 실행 명령에서 "SearchWord"는 찾고자 하는 단어를 지정하라는 의미이다.

```
python -m pip search SearchWord
```

예를 들어, 검색어로 "ordered"라 지정하면 다음과 같은 결과를 확인할 수 있다. 표시 형식은 "패키지 이름 (버전) - 패키지 개요"이다.

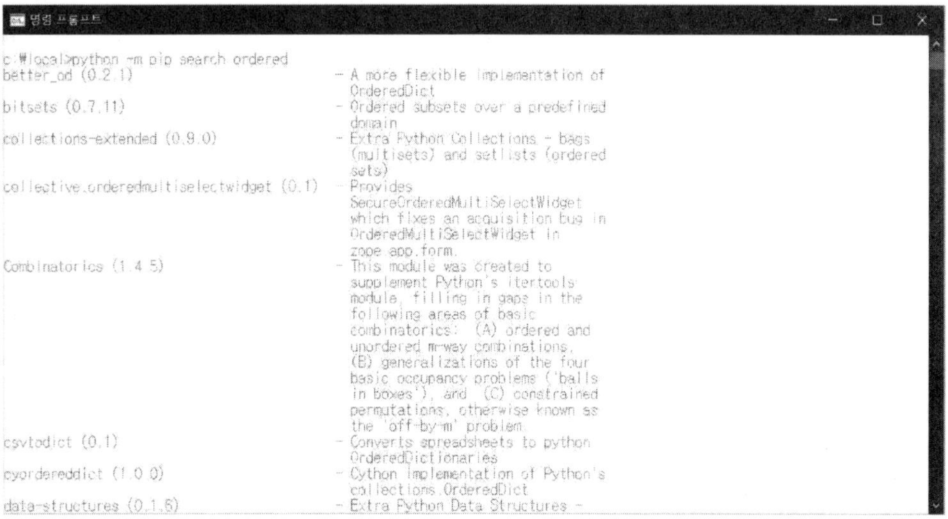
```
c:\local>python -m pip search ordered
better_od (0.2.1)                          - A more flexible implementation of
                                             OrderedDict
bitsets (0.7.11)                           - Ordered subsets over a predefined
                                             domain
collections-extended (0.9.0)               - Extra Python Collections - bags
                                             (multisets) and setlists (ordered
                                             sets)
collective.orderedmultiselectwidget (0.1)  - Provides
                                             SecureOrderedMultiSelectWidget
                                             which fixes an acquisition bug in
                                             OrderedMultiSelectWidget in
                                             zope.app.form.
Combinatorics (1.4.5)                      - This module was created to
                                             supplement Python's itertools
                                             module, filling in gaps in the
                                             following areas of basic
                                             combinatorics: (A) ordered and
                                             unordered m-way combinations,
                                             (B) generalizations of the four
                                             basic occupancy problems ('balls
                                             in boxes'), and (C) constrained
                                             permutations, otherwise known as
                                             the 'off-by-m' problem.
csvtodict (0.1)                            - Converts spreadsheets to python
                                             OrderedDictionaries
cyordereddict (1.0.0)                      - Cython implementation of Python's
                                             collections.OrderedDict
data-structures (0.1.6)                    - Extra Python Data Structures -
```

8.3.5 일괄 인스톨

pip 도구는 텍스트 파일로 작성된 패키지를 일괄적으로 설치하는 것도 가능하다.

```
python -m pip install -r requirements.txt
```

이를 좀 더 상세히 설명하면, 먼저 requirements.txt라는 파일에 다음과 같이 numpy 패키지는 버전 1.11.0을, six 패키지의 경우는 버전 1.10.0 등 여러 개의 패키지명과 설치 버전을 일괄 기술한다. 이후 pip 도구는 파일의 내용을 읽어 설치를 진행하게 된다.

```
numpy==1.11.0
six==1.10.0
```

위의 작성 방법은 설치된 패키지를 확인할 때 지정했던 "freeze" 옵션에 의한 출력과 동일하다.

8.3.6 pip의 업그레이드

pip 도구를 사용하는 중 간혹 "업그레이드 하십시오"와 같은 경고가 나타나는 경우가 있을 수 있다. 이때 다음 명령을 실행하면 pip 도구를 업그레이드 시킬 수 있다.

```
python -m pip install --upgrade pip
```

제9장 파일 입출력

Python에서 파일의 내용을 읽고 쓰는 과정은 매우 간단하다. 우선 파일의 내용을 불러와서 읽기 위한 절차를 살펴보자.

9.1 파일의 내용 읽기

작업 디렉토리에서 "readme.txt"라는 파일명으로 다음과 같은 내용의 텍스트 파일을 준비한다. 사실은 어떤 내용이라도 상관없으며 원한다면 여러 줄에 걸친 텍스트 내용을 기술해 두어도 좋다.

```
python에서 파일의 내용을 읽을 수 있습니다.
```

이제 읽을 대상 파일을 준비하였으므로 다음은 이 파일을 로드하는 코드를 작성하면 된다. 이를 위해 준비된 내장 모듈은 'open' 함수로서 첫 번째 인수는 읽을 파일의 이름을 지정하고, 두 번째 인수는 "읽기(read)"를 나타내는 "r"을 다음 예제와 같이 지정해 주면 된다.

Python 2.7.x

```
f = open('readme.txt', 'r')

for row in f:
    print row

f.close()
```

■ 실행 결과 ■

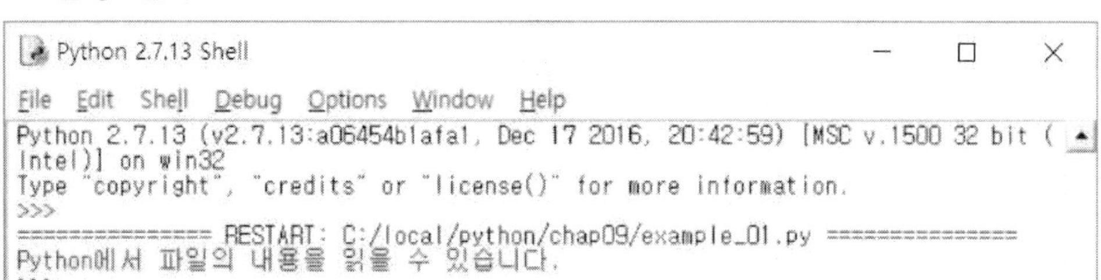

open 함수에 대한 객체 f가 준비되고 이 객체를 대상으로 for 루프로 텍스트의 내용을 한 줄씩 읽어 들일 수 있다. 여기서 주의할 점은 파일 객체를 열어 이용한 다음 예제 말미의 close() 함수를 호출하여 객체를 닫아 주어야 한다.

9.2 파일에 내용 쓰기

파일에 쓰기도 마찬가지로 'open' 함수를 사용하면 된다. 단지 다음 예제에서와 같이 두 번째 인수에 "쓰기(write)"를 나타내는 "w" 옵션을 전달하기만 하면 된다.

Python 2.7.x

```
f = open('written_text.txt', 'w')
f.write('Python에서 파일에 내용을 저장할 수 있습니다!')
f.close()
```

파일을 대상으로 쓰기 처리를 한 경우, 다음과 같이 실행 콘솔 창에서는 어떤 출력결과도 나타나지 않는 것을 확인할 수 있다.

■ 실행 결과 ■

```
Python 2.7.13 Shell
File Edit Shell Debug Options Window Help
Python 2.7.13 (v2.7.13:a06454b1afa1, Dec 17 2016, 20:42:59) [MSC v.1500 32 bit (
Intel)] on win32
Type "copyright", "credits" or "license()" for more information.
>>>
=============== RESTART: C:/local/python/chap09/example_02.py ===============
>>> |
```

그러나 메모장과 같은 텍스트 편집기를 이용하여 해당 파일을 확인해보면, 출력된 내용을 확인할 수 있을 것이다. 파일의 내용을 읽을 때와 동일하게 파일 객체의 사용이 끝났으면 마지막에 close() 함수를 호출해 주면 좋을 것이다.

■ 실행 결과 ■

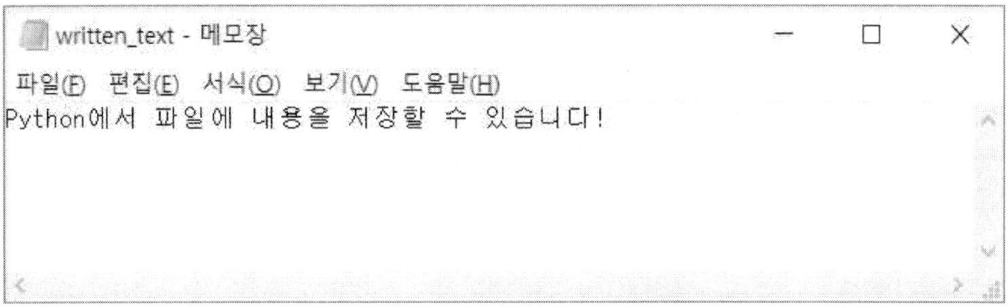

9.3 문자 코드의 지정

일반적으로 파일에 저장된 내용은 다양한 국가별 코드, 즉 문자 코드로 저장되는 것이 일반적이다. 이는 파일의 내용을 적절한 문자 코드 방식에 의존하여 읽고 쓸 수 있다는 의미이기도 하다.

특정 문자코드를 지정하여 파일을 읽거나 쓰기 위해서 필요한 Python 내장 모듈은 codecs로써 미리 모듈을 선언하는 import 구문을 이용해 선언해야 모듈명.함수명 형식으로 원하는 기능을 이용할 수 있다.

다음 예제에서는 open() 함수를 이용하여 앞에서 사용하였던 readme.txt 파일의 내용을 읽기 위해 코덱 옵션으로 shift_jis를 지정하고 있다. 이때 shift_jis는 일본어 문자 인코딩의 대표적인 예이다. 다음으로 fout_euc와 fout_utf 객체도 동일하게 open() 함수를 이용하여 쓰기 모드로 설정하고 각각 인코딩 방식을 euc_kr 및 utf-8로 지정하고 있다.

for 반복문에서는 미리 지정된 인코딩 방식의 파일 객체 fin의 내용을 한 줄씩 읽어 각각 해당하는 출력용 인코딩 방식으로 파일 출력을 시도하고 있다. 그리고 사용이 끝난 파일 객체들에 대해서도 close() 메서드를 호출하여 객체를 개방하고 있다. 이제 예제 코드를 실행시켜 결과를 확인하여 보자.

Python 2.7.x

```
import codecs

fin  = codecs.open('readme.txt', 'r', 'shift_jis')

fout_euc = codecs.open('euc_out.txt', 'w', 'euc_kr')
fout_utf = codecs.open('utf-8.txt', 'w', 'utf-8')

for row in fin:
    fout_euc.write(row)
    fout_utf.write(row)

fin.close()
fout_euc.close()
fout_utf.close()
```

■ 실행 결과 ■

```
Python 2.7.13 Shell
File  Edit  Shell  Debug  Options  Window  Help
Python 2.7.13 (v2.7.13:a06454b1afa1, Dec 17 2016, 20:42:59) [MSC v.1500 32 bit (
Intel)] on win32
Type "copyright", "credits" or "license()" for more information.
>>>
=============== RESTART: C:/local/python/chap09/example_03.py ===============

Traceback (most recent call last):
  File "C:/local/python/chap09/example_03.py", line 8, in <module>
    for row in fin:
  File "C:\Python27\lib\codecs.py", line 699, in next
    return self.reader.next()
  File "C:\Python27\lib\codecs.py", line 630, in next
    line = self.readline()
UnicodeDecodeError: 'shift_jis' codec can't decode bytes in position 21-22: ille
gal multibyte sequence
>>>
```

위 실행결과를 살펴보면 UnicodeDecodeError가 발생한 것을 확인할 수 있다. 이는 읽을 대상에 해당하는 readme.txt 파일을 지정한 인코딩 방식인 shift_jis로 읽을 수 없다는 의미이다.

이번에는 다음과 같이 한글 인코딩 방식으로 코드를 수정하고 다시 예제를 실행시켜 보자.

```
fin  = codecs.open('readme.txt', 'r', 'euc_kr')
```

▬ 실행 결과 ▬

```
Python 2.7.13 Shell
File  Edit  Shell  Debug  Options  Window  Help
Python 2.7.13 (v2.7.13:a06454b1afa1, Dec 17 2016, 20:42:59) [MSC v.1500 32 bit (
Intel)] on win32
Type "copyright", "credits" or "license()" for more information.
>>>
=============== RESTART: C:/local/python/chap09/example_03.py ===============
>>>
```

결과가 정상적으로 실행된 것을 확인할 수 있다. 텍스트 편집기를 통해 출력된 파일의 내용을 보면 한글 내용이 모두 올바르게 저장되어 있는 것을 확인할 수 있을 것이다.

최근 대부분의 프로그래밍 환경에서는 문자 인코딩 방식을 유니코드 방식으로 처리하는 것이 일반적이다. 그러나 특정 국가에 의존하는 특정 인코딩 방식으로 저장된 내용을 읽거나 쓰려는 경우, 잘못된 인코딩 방식을 이용하게 되면 원하지 않는 결과로 처리될 수 있으므로 주의가 필요하다.

9.4 파일 시스템의 조작

Python에서는 파일과 디렉토리(폴더) 등이 존재하는지 확인할 수도 있으며 삭제하거나 복사 등의 작업 처리도 용이하게 수행할 수 있다.

9.4.1 파일 및 디렉토리 체크

다음 예제에서는 os 모듈의 로드가 필요하다. 그 이유는 운영체제 아래에서 파일 및 디렉토리가 관리되기 때문이다.

예제의 경우는 C:\local\python\chap09 폴더를 경로 값으로 지정하고 이 경로가 실제로 존재하는지 검사하기 위해 os 모듈에서 제공하는 "exists" 함수를 이용하여 파일 또는 디렉토리의 존재 여부를 확인하고 있다. 또한, "exists" 함수는 지정된 경로 값으로 조사하여 파일 및 디렉토리도 존재하고 있으면 True를 반환하게 되므로 각 상황에 따라 분기 처리하여 그 내용을 확인하고 있다.

Python 2.7.x

```
import os

filepath = 'c:/local/python/chap09'

if os.path.exists(filepath):
    print '지정된 파일 또는 디렉토리가 존재합니다.'

    if os.path.isfile(filepath):
        print '지정된 패스(경로)는 파일입니다.'

    if os.path.isdir(filepath):
        print '지정된 패스(경로)는 디렉토리입니다.'
else:
    print '지정된 파일 또는 디렉토리가 존재하지 않습니다.'
```

▬ 실행 결과 ▬

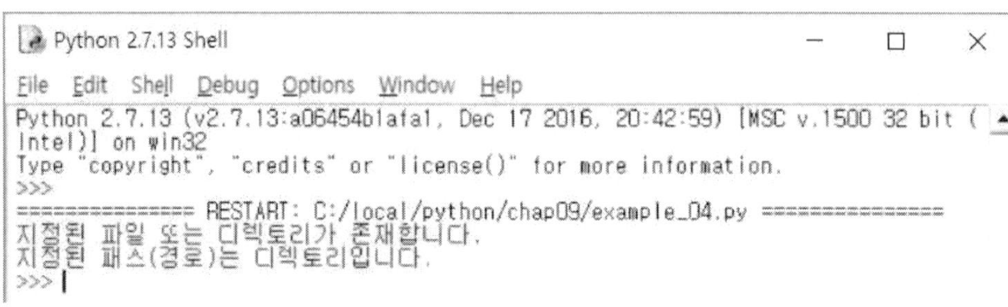

9.4.2 디렉토리 작성과 삭제

다음 예제는 "show_dir" 함수를 이용하여 지정된 경로 아래에 있는 디렉토리를 모두 표시하는 경우이다. 디렉토리의 생성이나 삭제 과정에서 확인 용도로 사용 가능할 것이다.

Python 2.7.x

```
import os
import shutil

def show_dir(path):
    print '========================================'
    for dirpath, dirnames, filenames in os.walk(path):
        for dirname in dirnames:
            print os.path.join(dirpath, dirname)

tmpdir = 'c:/local/python/chap09/tmp'

os.mkdir(tmpdir)
os.makedirs('c:/local/python/chap09/tmp/mkdir1/mkdir2/mkdir3')
show_dir(tmpdir)

os.rmdir('c:/local/python/chap09/tmp/mkdir1/mkdir2/mkdir3')
show_dir(tmpdir)

# os.removedirs(tmpdir)
shutil.rmtree(tmpdir)
```

위 예제에서 단일 디렉터리 작성은 다음과 같이 함수 호출을 하면 된다. 이때 함수의 인수 값은 디렉토리의 경로를 지정해 주면 된다.

```
os.mkdir(tmpdir)
```

이와는 약간 다르긴 하지만 "makedirs" 함수를 이용하게 되면 중간 디렉토리가 존재하지 않아도 지정된 경로를 토대로 계층 구조의 디렉토리 생성도 가능하다.

```
os.makedirs('c:/local/python/chap09/tmp/mkdir1/mkdir2/mkdir3')
```

이번에는 조금 전에 작성한 "mkdir3" 디렉토리를 삭제해보자.

```
os.rmdir('c:/local/python/chap09/tmp/mkdir1/mkdir2/mkdir3')
```

그리고 마지막 20번째 줄의 구문에서 "rmtree" 함수의 역할은 재귀적으로 디렉토리를 삭제하게 된다. 참고로 주석 처리되어 있는 "removedirs" 함수의 경우에는 제거 대상인 디렉토리가 비어 있지 않은 경우에는 오류가 발생하므로 주의가 필요하다. 또한, 중요한 파일 등을 실수로 삭제되는 것을 방지하는 등의 조치는 반드시 필요한 절차일 것이다.

예제를 실행한 후 파일 탐색기를 열어 보면 작성된 디렉토리 등은 남아 있지 않은 것을 확인할 수 있다. 그러나 실행 과정을 확인하기 위하여 예제에서는 show_dir() 함수를 이용하여 다음과 같이 디렉토리의 생성, 삭제 등의 과정을 화면에 출력하도록 하였다. 이제 Python Shell 환경에서 실행 결과를 확인해보자.

■ 실행 결과 ■

```
Python 2.7.13 Shell
File Edit Shell Debug Options Window Help
Python 2.7.13 (v2.7.13:a06454b1afa1, Dec 17 2016, 20:42:59) [MSC v.1500 32 bit (
Intel)] on win32
Type "copyright", "credits" or "license()" for more information.
>>>
============== RESTART: C:/local/python/chap09/example_05.py ==============
========================================
c:/local/python/chap09/tmp₩mkdir1
c:/local/python/chap09/tmp₩mkdir1₩mkdir2
c:/local/python/chap09/tmp₩mkdir1₩mkdir2₩mkdir3
========================================
c:/local/python/chap09/tmp₩mkdir1
c:/local/python/chap09/tmp₩mkdir1₩mkdir2
>>> 
```

9.4.3 파일 및 디렉토리 복사

실제 사용에서는 파일이나 디렉토리를 복사하여야 하는 경우도 많을 것이다. 이럴 경우에는 "shutil" 모듈을 사용하면 된다. 다음 예제에서 copy() 함수는 단일 파일 또는 디렉토리의 복사를 수행한다. 마지막 줄의 copytree() 함수는 재귀적으로 디렉토리를 복사하는 역할을 한다. 먼저 예제를 실행시켜 보면 파일 탐색기를 열어서 해당 파일이 정상적으로 복사되었는지 확인할 수 있으며 지정된 디렉토리가 정상적으로 복사되어 백업

되었는지 확인할 수 있을 것이다.

Python 2.7.x

```
import os
import shutil

shutil.copy('c:/local/python/chap09/readme.txt', 'c:/local/python/chap09/dest.txt')
shutil.copytree('c:/local/python/chap09', 'c:/local/python/chap09_backup')
```

■ 실행 결과 ■

```
Python 2.7.13 Shell
File Edit Shell Debug Options Window Help
Python 2.7.13 (v2.7.13:a06454b1afa1, Dec 17 2016, 20:42:59) [MSC v.1500 32 bit (
Intel)] on win32
Type "copyright", "credits" or "license()" for more information.
>>>
=============== RESTART: C:/local/python/chap09/example_06.py ===============
>>>
```

9.5 with문의 사용

Python에서는 전처리 또는 후처리를 필요로 하는 객체를 다룰 때, 그것을 간단한 문법으로 기술할 수 있는 수단을 제공하고 있다. 그 대표적인 구문이 with문으로 파일을 다룰 때 자주 사용된다.

파일 객체의 경우 필요에 따라 파일을 열고 해당 파일에 대한 작업을 수행, 그것이 끝나면 객체를 닫아 주어야 하는 객체이다. 이러한 작업 수행 시, 파일 객체를 닫는 과정을 종종 망각하는 경우가 많다. 이때 with문을 사용하면 후처리 과정으로 파일 객체를 닫아줌으로써 이러한 상황을 미연에 방지할 수 있다. 아래의 예제를 살펴보자.

Python 2.7.x

```
with open('file.txt') as f:

    #
    # 임의의 내용 처리
    #

    print f.closed

print f.closed
```

■ 실행 결과 ■

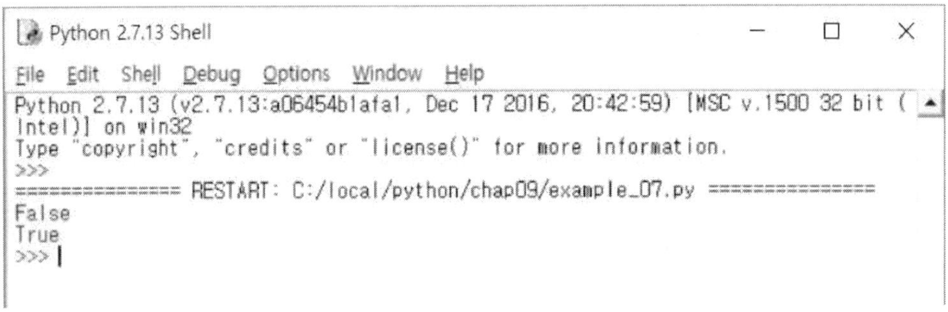

예제에서 사용된 "closed"는 파일이 닫혀있는 상태일 때 True로 저장된다. 실행 결과를 살펴보면 with 블록을 빠져 나간 후 파일이 자동으로 닫힌 처리가 되어 True 값으로 변경되어 있는 것을 알 수 있다.

또한 파일에 일부 처리를 수행하는 동안 오류가 발생한 경우에도 해당 파일은 제대로 닫히게 되어 예외 처리에 대응하는 효과를 볼 수 있다는 것을 알 수 있다.

제10장 고급 데이터 구조

3장에서 이미 튜플, 리스트, 사전 및 집합과 같은 기본적인 데이터 구조를 Python에서 이용 가능하다는 것을 설명하였다. 그러나 현대 과학기술 분야에서는 처리해야 하는 데이터의 규모가 상상을 초월할 정도로 비대해지고 있다. 방대한 양의 데이터를 대상으로 원하는 정보로 재가공하는 등의 목적성을 고려하면 기본적으로 제공하는 데이터 표현 방법으로는 원하는 목적을 달성하기 힘들 것이다.

이에 Python에서는 라이브러리 등을 통해 다양한 고급 데이터 구조 역시 사용할 수 있으며, 그 중 NumPy 라이브러리는 Python에서 수치 계산을 효율적으로 처리 할 수 있는 대표적인 패키지이다. Web 애플리케이션, 데스크톱 애플리케이션뿐만 아니라 임베디드 시스템, 인공지능 및 기계학습 등 다양한 분야에서 활용되고 있다. 최근에는 보다 효율적이고 활용성 높은 데이터 구조 사용 및 처리의 효율성 향상을 위해 NumPy 기반 시스템을 구축하고 운용하는 사례가 많으므로, 본 장에서는 NumPy 패키지의 설치 과정과 기본적인 이용 방법에 대하여 살펴보기로 한다.

10.1 NumPy의 설치

일반적으로 Python 개발환경을 설치하였더라도 NumPy 패키지는 기본 설치가 되어 있지 않으나, 다음과 같이 패키지 관리 도구 pip를 이용하여 간단하게 설치할 수 있다. 패키지 관리 도구 pip에 대한 설명은 8장의 내용을 참고하기 바란다.

```
python -m pip install numpy
```

```
명령 프롬프트
c:\local\python>python -m pip install numpy
Collecting numpy
  Downloading numpy-1.13.1-cp36-none-win_amd64.whl (7.8MB)
    100% |████████████████████████████████| 7.8MB 147kB/s
Installing collected packages: numpy
Successfully installed numpy-1.13.1

c:\local\python>
```

NumPy 패키지가 정상적으로 설치되었다면 다음과 같이 Python Shell 환경에서 패키지를 로드해보자. 이때 문제없이 동작한다면 설치가 완료된 것이다.

```
>>> import numpy
```

만약 pip 도구로 설치에 실패했을 때는 다음과 같은 방법을 선택하여 설치를 재시도 해 볼 수 있다.

- **Windows용 설치 프로그램을 이용한 설치:** Sourceforge 사이트에서 Windows용 설치 프로그램이 따로 배포되고 있으며 최신 버전은 "1.11.2"이다. Python 2.6-2.7 또는 3.2-3.5에 기본적인 대응을 하고 있으며 현재 Python 3.6 개발환경에서도 큰 문제없이 동작한다.

```
https://sourceforge.net/projects/numpy/files/NumPy/
```

- **whl 파일에서 설치하는 방법:** 아래 링크에서 다양한 Python 확장 패키지를 whl 형식의 파일로 배포되고 있다. 비공식 바이너리 빌드이지만 Python 공식 사이트에서 링크되어 있기 때문에 사용하는데 문제없을 것이다.

```
http://www.lfd.uci.edu/~gohlke/pythonlibs/
```

위 사이트에서 NumPy 관련 설치 파일을 다운로드 한 뒤 다음 명령으로 설치를 진행하면 된다. 여기서 주의해야 할 점은 본인이 사용하고 있는 PC의 운영체제가 32비트 또는 64비트인지 먼저 확인한 후, 올바른 설치 파일을 다운로드 해야 한다는 것이다 (예: numpy-1.13.1+mkl-cp27-cp27m-win_amd64.whl).

```
python -m pip install <다운로드 한 whl 파일>
```

위 방법으로 설치에 실패한 경우에는 다음과 같이 wheel 패키지를 설치한 후 다시 시도하면 좋을 것이다.

```
python -m pip install wheel
```

보다 자세한 설치 정보를 확인하고자 하는 경우에는 다음 사이트에서 참조 문서가 제공되고 있으므로 참고하기 바란다.

```
https://docs.scipy.org/doc/numpy/reference/index.html
```

10.2 ndarray의 사용

ndarray (N-dimensional array)는 NumPy의 효율적인 수치 해석을 수행하는 가장 기본적인 클래스로 기본적인 배열 객체이기도 하다.

10.2.1 ndarray의 특징

NumPy의 ndarray가 가지는 특징을 요약하면 다음과 같다.

- 일반 Python의 배열과는 달리 동일한 유형의 요소만 저장 가능하다.
- 만들어진 배열은 고정된 크기를 가지며 크기가 변경되었을 경우는 새로 작성 가능하다.
- 동일 자료형 또는 고정 크기의 배열이기 때문에 범용성이 높은 리스트 등보다 많은 양의 데이터를 효율적으로 처리 가능하다.
- 인덱스 값의 취득이나 슬라이스 기능을 사용할 수 있다.
- 각 계산에 대한 유용한 메서드를 제공한다. 또한 대부분의 함수 및 메서드의 인수 또는 반환 값으로 이용 가능하다.

10.2.2 ndarray를 생성하는 방법

다음 예제를 통해 ndarray 생성 방법을 살펴보자.

Python 3.6.x

```
import numpy
array_like = [[1, 10, 100], [2, 20, 200]]

print ('== array ==')
print (numpy.array(array_like))

print ('== zeros / zeros_like ==')
print (numpy.zeros([2, 3]))
print ('------------------')
print (numpy.zeros_like(array_like))

print ('== ones / ones_like ==')
print (numpy.ones([2, 3]))
print ('------------------')
print (numpy.ones_like(array_like))
```

■ 실행 결과 ■

```
Python 3.6.1 Shell
File Edit Shell Debug Options Window Help
Python 3.6.1 (v3.6.1:69c0db5, Mar 21 2017, 18:41:36) [MSC v.1900 64 bit (AMD64)]
 on win32
Type "copyright", "credits" or "license()" for more information.
>>>
=============== RESTART: C:\local\python\chap10\example_01.py ===============
== array ==
[[  1  10 100]
 [  2  20 200]]
== zeros / zeros_like ==
[[ 0.  0.  0.]
 [ 0.  0.  0.]]
------------------
[[0 0 0]
 [0 0 0]]
== ones / ones_like ==
[[ 1.  1.  1.]
 [ 1.  1.  1.]]
------------------
[[1 1 1]
 [1 1 1]]
>>>
```

먼저 **"numpy.array"**는 배열 객체를 지정하여 ndarray을 작성해 준다. 이 배열 객체는 ndarray이거나 튜플 또는 리스트의 시퀀스이다. **"numpy.zeros"** 및 **"numpy.ones"**는 배열의 형태로 인수를 지정해 배열을 작성하게 된다. **"numpy.zeros"**는 구성된 배열을 0으로 초기화 하고, **"numpy.ones"**는 값을 1로 초기화 시키는 기능을 수행한다.

그리고 **"numpy.zeros_like"** 및 **"numpy.ones_like"**는 인수로 배열 객체를 지정하여 그 배열과 같은 모양을 가진 ndarray을 만들어 준다. 초기 값은 0(zeros_like) 또는 1(ones_like)이다.

빈 ndarray을 만들려면 **"numpy.empty"** 또는 **"numpy.empty_like"**를 사용하며, 이때 만들어지는 객체는 요소가 없는 것은 아니라 무작위로 값이 저장된다. 다음 예제의 실행 결과를 보면 그 의미를 알 수 있을 것이다.

Python 3.6.x

```
import numpy

array_like = [[1, 10, 100], [2, 20, 200]]

print ('== empty / empty_like ==')
print (numpy.empty([2, 3]))
print ('-------------------')
print (numpy.empty_like(array_like))
```

〓 실행 결과 〓

```
Python 3.6.1 Shell
File Edit Shell Debug Options Window Help
Python 3.6.1 (v3.6.1:69c0db5, Mar 21 2017, 18:41:36) [MSC v.1900 64 bit (AMD64)]
 on win32
Type "copyright", "credits" or "license()" for more information.
>>>
=============== RESTART: C:/local/python/chap10/example_02.py ===============
== empty / empty_like ==
[[  6.23042070e-307   1.24610383e-306   1.24610723e-306]
 [  1.78022342e-306   6.23058028e-307   1.42417901e-306]]
-------------------
[[7143497 6750305 2097253]
 [6357072 6815860       0]]
>>> |
```

여기서 재미있는 점은 표준으로 제공하는 range 기능과 같이 배열을 생성하는 것도 가능하다는 것인데, 이때 **"numpy.arange"**를 사용한다.

Python 3.6.x

```
import numpy

print (numpy.arange(10))
print (numpy.arange(100, 200, 20))
```

■ 실행 결과 ■

```
Python 3.6.1 Shell
File Edit Shell Debug Options Window Help
Python 3.6.1 (v3.6.1:69c0db5, Mar 21 2017, 18:41:36) [MSC v.1900 64 bit (AMD64)]
 on win32
Type "copyright", "credits" or "license()" for more information.
>>>
=============== RESTART: C:/local/python/chap10/example_03.py ===============
[0 1 2 3 4 5 6 7 8 9]
[100 120 140 160 180]
>>> |
```

NumPy에서는 다양한 데이터 형식을 지정할 수 있으며, ndarray를 작성하는 과정에서 특정 데이터 형식을 지정하는 것 역시 가능하다.

Python 3.6.x

```
import numpy

array_like = [[1, 10, 100], [2, 20, 200]]

print (numpy.array(array_like, numpy.float32))
```

■ 실행 결과 ■

```
Python 3.6.1 Shell
File Edit Shell Debug Options Window Help
Python 3.6.1 (v3.6.1:69c0db5, Mar 21 2017, 18:41:36) [MSC v.1900 64 bit (AMD64)]
 on win32
Type "copyright", "credits" or "license()" for more information.
>>>
=============== RESTART: C:/local/python/chap10/example_04.py ===============
[[   1.   10.  100.]
 [   2.   20.  200.]]
>>>
```

10.2.3 ndarray에서 제공되는 자료형

이전 예제에서 데이터 형식을 지정하여 배열을 생성할 수 있다는 것을 살펴보았다. 다음 예제를 통해 실제 NumPy에서 지정 가능한 데이터 형에 대하여 살펴보자. 대부분 지정 형식에 따른 이름으로부터 어떤 자료형인지 쉽게 파악할 수 있을 것이다.

Python 3.6.x

```
import numpy

array_like = [[0, 1, 100]]

print (numpy.array(array_like, numpy.bool_))
print (numpy.array(array_like, numpy.int_))
print (numpy.array(array_like, numpy.intc))
print (numpy.array(array_like, numpy.intp))
print (numpy.array(array_like, numpy.int8))
print (numpy.array(array_like, numpy.int16))
print (numpy.array(array_like, numpy.int32))
print (numpy.array(array_like, numpy.int64))
print (numpy.array(array_like, numpy.uint8))
print (numpy.array(array_like, numpy.uint16))
print (numpy.array(array_like, numpy.uint32))
print (numpy.array(array_like, numpy.uint64))
print (numpy.array(array_like, numpy.float_))
print (numpy.array(array_like, numpy.float16))
print (numpy.array(array_like, numpy.float32))
print (numpy.array(array_like, numpy.float64))
print (numpy.array(array_like, numpy.complex_))
print (numpy.array(array_like, numpy.complex64))
print (numpy.array(array_like, numpy.complex128))
```

〓 실행 결과 〓

```
Python 3.6.1 Shell
File Edit Shell Debug Options Window Help
Python 3.6.1 (v3.6.1:69c0db5, Mar 21 2017, 18:41:36) [MSC v.1900 64 bit (AMD64)]
 on win32
Type "copyright", "credits" or "license()" for more information.
>>>
=============== RESTART: C:/local/python/chap10/example_05.py ===============
[[False  True  True]]
[[  0    1 100]]
[[  0    1 100]]
[[  0    1 100]]
[[  0    1 100]]
[[  0    1 100]]
[[  0    1 100]]
[[  0    1 100]]
[[  0    1 100]]
[[  0    1 100]]
[[  0    1 100]]
[[  0    1 100]]
[[   0.     1.   100.]]
[[   0.     1.   100.]]
[[   0.     1.   100.]]
[[   0.     1.   100.]]
[[   0.+0.j     1.+0.j   100.+0.j]]
[[   0.+0.j     1.+0.j   100.+0.j]]
[[   0.+0.j     1.+0.j   100.+0.j]]
>>> |
```

또한, 각 데이터 형의 표현할 수 있는 범위 등은 아래 링크에서 참조할 수 있으며, 기본적인 사용법에 대해서도 간략하게 설명하고 있다.

```
https://docs.scipy.org/doc/numpy/user/basics.types.html#array-t
ypes-and-conversions-between-types
```

10.2.4 ndarray의 속성 이해

다음 예제에서는 ndarray의 주요 속성을 참조하는 방법을 살펴본다.

Python 3.6.x

```
import numpy
na = numpy.array([[1, 10, 100], [2, 20, 200]])

# 자료형(데이터형) 참조
print ('== dtype ==')
print (na.dtype)
```

```

# 전 요소의 수
print ('== size ==')
print (na.size)

# 한 요소가 차지하는 바이트 수
print ('== itemsize ==')
print (na.itemsize)

# 총 바이트 수
print ('== nbytes ==')
print (na.nbytes)

# 차원의 수
print ('== ndim ==')
print (na.ndim)

# 배열의 형상
print ('== shape ==')
print (na.shape)

# 차원에 대한 총 바이트 수, 바이트 수와 한 요소당 바이트 수
print ('== strides ==')
print (na.strides)

# 실수와 허수(복소수)
print ('== real / imag ==')
print (na.real)
print (na.imag)

# 배열의 1차원 반복자(iteator)
print ('== flat ==')
for i in na.flat:
    print (i)
```

■ 실행 결과 ■

```
Python 3.6.1 Shell
File Edit Shell Debug Options Window Help
Python 3.6.1 (v3.6.1:69c0db5, Mar 21 2017, 18:41:36) [MSC v.1900 64 bit (AMD64)]
 on win32
Type "copyright", "credits" or "license()" for more information.
>>>
=============== RESTART: C:/local/python/chap10/example_06.py ===============
== dtype ==
int32
== size ==
6
== itemsize ==
4
== nbytes ==
24
== ndim ==
2
== shape ==
(2, 3)
== strides ==
(12, 4)
== real / imag ==
[[  1  10 100]
 [  2  20 200]]
[[0 0 0]
 [0 0 0]]
== flat ==
1
10
100
2
20
200
>>> |
Ln: 31 Col: 4
```

10.3 ndarray에서 이용 가능한 연산자

ndarray 클래스는 연산자가 오버로드(overload) 되어 있기 때문에 "+" 연산자와 "-" 연산자를 사용할 수 있으며 각 연산자에 따라 동작하는 기능이 구분된다.

10.3.1 전제 조건

먼저, ndarray 요소는 숫자일 필요가 있으므로 문자열 등에서는 오류(TypeError)가 발생한다는 점을 기억해 두자.

Python 3.6.x

```
import numpy

# 문자열은 오류 발생
print (numpy.array(['AB']) + numpy.array(['CD']))
```

〓 실행 결과 〓

```
Python 3.6.1 Shell
File Edit Shell Debug Options Window Help
Python 3.6.1 (v3.6.1:69c0db5, Mar 21 2017, 18:41:36) [MSC v.1900 64 bit (AMD64)]
 on win32
Type "copyright", "credits" or "license()" for more information.
>>>
=============== RESTART: C:/local/python/chap10/example_07.py ===============
Traceback (most recent call last):
  File "C:/local/python/chap10/example_07.py", line 4, in <module>
    print (numpy.array(['AB']) + numpy.array(['CD']))
TypeError: ufunc 'add' did not contain a loop with signature matching types dtyp
e('<U2') dtype('<U2') dtype('<U2')
>>> |
```

10.3.2 비교 연산자

차원이 같은 ndarray 끼리의 비교 결과는 각각의 결과를 저장한 ndarray 형식으로 반환된다. 다음 예제의 경우, "1"과 "2"의 비교 결과는 'False', '10'과 '20'에 대해서는 'False', '100'과 '100'에 대해서는 'True'가 될 것이다.

Python 3.6.x

```
import numpy

array_like_1 = [1, 10, 100]
array_like_2 = [2, 20, 100]

na_1 = numpy.array(array_like_1)
na_2 = numpy.array(array_like_2)
result = na_1 == na_2

print (type(result))
print (result)
```

〓 실행 결과 〓

```
Python 3.6.1 Shell
File Edit Shell Debug Options Window Help
Python 3.6.1 (v3.6.1:69c0db5, Mar 21 2017, 18:41:36) [MSC v.1900 64 bit (AMD64)]
 on win32
Type "copyright", "credits" or "license()" for more information.
>>>
=============== RESTART: C:/local/python/chap10/example_08.py ===============
<class 'numpy.ndarray'>
[False False  True]
>>>
```

또한, ndarray와 Python의 표준 시퀀스(예제의 경우 리스트)와 비교를 하는 것 역시 가능하며, 이때 반환 값은 ndarray가 된다.

Python 3.6.x

```
import numpy

# 표준 리스트 작성
array_like_1 = [1, 10, 100]
array_like_2 = [2, 20, 100]

# ndarray 작성
na_1 = numpy.array(array_like_1)
na_2 = numpy.array(array_like_2)

```

```
print (na_1 == array_like_1)
print (na_1 == array_like_2)
```

■ 실행 결과 ■

```
Python 3.6.1 Shell
File Edit Shell Debug Options Window Help
Python 3.6.1 (v3.6.1:69c0db5, Mar 21 2017, 18:41:36) [MSC v.1900 64 bit (AMD64)]
 on win32
Type "copyright", "credits" or "license()" for more information.
>>>
=============== RESTART: C:/local/python/chap10/example_09.py ===============
[ True  True  True]
[False False  True]
>>>
```

"==" 이외의 비교 연산자를 이용한 결과는 다음 예제를 참고하자. 각각에 저장되어 있는 수치의 비교를 실시하고 그 결과가 포함된 ndarray가 반환된다.

Python 3.6.x

```
import numpy

array_like_1 = [1, 10, 100]
array_like_2 = [2, 20, 100]

na_1 = numpy.array(array_like_1)
na_2 = numpy.array(array_like_2)

print (na_1 != na_2)
print (na_1 < na_2)
print (na_1 <= na_2)
print (na_1 > na_2)
print (na_1 >= na_2)
```

▬ 실행 결과 ▬

```
Python 3.6.1 Shell
File Edit Shell Debug Options Window Help
Python 3.6.1 (v3.6.1:69c0db5, Mar 21 2017, 18:41:36) [MSC v.1900 64 bit (AMD64)]
 on win32
Type "copyright", "credits" or "license()" for more information.
>>>
=============== RESTART: C:/local/python/chap10/example_10.py ===============
[ True  True False]
[ True  True False]
[ True  True  True]
[False False False]
[False False  True]
>>>
```

Numpy의 all 및 any를 사용하면 이러한 결과를 한꺼번에 통합하여 판정한 뒤 그 결과를 확인할 수 있다.

Python 3.6.x

```
import numpy

array_like_1 = [1, 10, 100]
array_like_2 = [2, 20, 100]

na_1 = numpy.array(array_like_1)
na_2 = numpy.array(array_like_2)

if numpy.all(na_1 == na_2):
    print ('It\'s all the same')
else:
    print ('not all')
```

▬ 실행 결과 ▬

```
Python 3.6.1 Shell
File Edit Shell Debug Options Window Help
Python 3.6.1 (v3.6.1:69c0db5, Mar 21 2017, 18:41:36) [MSC v.1900 64 bit (AMD64)]
 on win32
Type "copyright", "credits" or "license()" for more information.
>>>
=============== RESTART: C:/local/python/chap10/example_11.py ===============
not all
>>>
```

10.3.3 산술 연산자

ndarray끼리 '+'와 '-'를 사용하면 각각의 계산 결과를 저장한 ndarray가 반환된다. 다음 예제의 경우 "1"과 "2"의 계산 결과는 당연히 "3"이 되며 "10"과 "20"에 대해서는 "30", "100"과 "100"에 대해서는 "200"이 될 것이다.

Python 3.6.x

```
import numpy

array_like_1 = [1, 10, 100]
array_like_2 = [2, 20, 100]

na_1 = numpy.array(array_like_1)
na_2 = numpy.array(array_like_2)

print (na_1 + na_2)
```

■ 실행 결과 ■

```
Python 3.6.1 Shell
File Edit Shell Debug Options Window Help
Python 3.6.1 (v3.6.1:69c0db5, Mar 21 2017, 18:41:36) [MSC v.1900 64 bit (AMD64)]
 on win32
Type "copyright", "credits" or "license()" for more information.
>>>
============== RESTART: C:/local/python/chap10/example_12.py ==============
[  3  30 200]
>>>
```

비교 연산자와 마찬가지로 ndarray와 Python의 표준 시퀀스와의 산술 연산도 가능하다. 연산 결과의 반환 값은 ndarray이다.

Python 3.6.x

```
import numpy

array_like_1 = [1, 10, 100]
array_like_2 = [2, 20, 100]

na_1 = numpy.array(array_like_1)
na_2 = numpy.array(array_like_2)

print (na_1 + array_like_1)
print (na_1 - array_like_2)
```

〓 실행 결과 〓

```
Python 3.6.1 Shell
File Edit Shell Debug Options Window Help
Python 3.6.1 (v3.6.1:69c0db5, Mar 21 2017, 18:41:36) [MSC v.1900 64 bit (AMD64)]
 on win32
Type "copyright", "credits" or "license()" for more information.
>>>
=============== RESTART: C:/local/python/chap10/example_13.py ===============
[  2  20 200]
[ -1 -10   0]
>>>
```

다음 예제는 "+" 이외의 사용 가능한 연산자를 이용한 계산 결과를 나타내고 있다. 각각에 저장되는 숫자 계산을 수행하고 그 결과가 포함된 ndarray가 반환된다.

Python 3.6.x

```
import numpy

array_like_1 = [1, 10, 100]
array_like_2 = [2, 20, 100]

na_1 = numpy.array(array_like_1)
na_2 = numpy.array(array_like_2)

```

```
print (na_2 - na_1)
print (na_2 * na_1)
print (na_2 / na_1)
print (na_2 // na_1)
print (na_2 % na_1)
print (na_2 << na_1)
print (na_2 >> na_1)
print (na_2 & na_1)
print (na_2 | na_1)
print (na_2 ^ na_1)
```

〓 실행 결과 〓

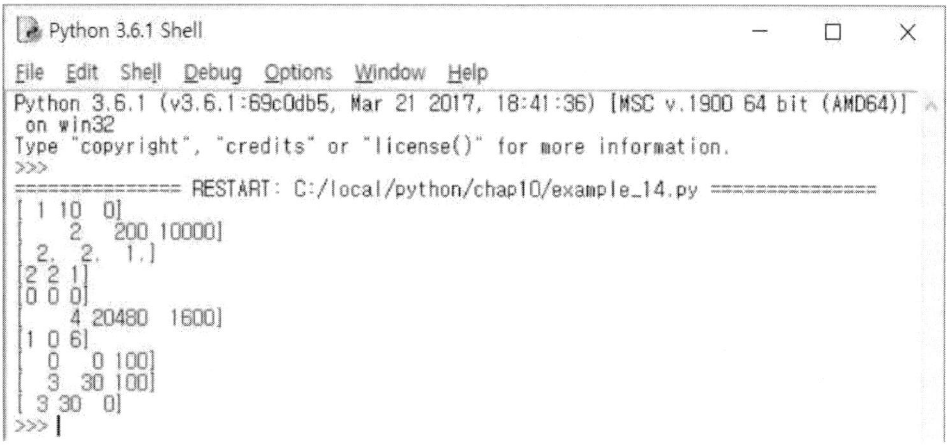

다음 예제에서 볼 수 있듯이 연산 과정에서 누적 연산을 통한 연산 기능도 지원한다.

Python 3.6.x

```
import numpy

array_like_1 = [1, 10, 100]
array_like_2 = [2, 20, 100]

na_1 = numpy.array(array_like_1)
na_2 = numpy.array(array_like_2)
```

```

na_1 += na_2
print (na_1)

na_1 -= na_2
print (na_1)

na_1 *= na_2
print (na_1)

#na_1 /= na_2
na_11 = na_1.astype(float)
na_22 = na_2.astype(float)
na_11 /= na_22
print (na_11)

na_1 //= na_2
print (na_1)

na_1 %= na_2
print (na_1)

na_1 <<= na_2
print (na_1)

na_1 >>= na_2
print (na_1)

na_1 &= na_2
print (na_1)

na_1 |= na_2
print (na_1)

```

```
na_1 ^= na_2
print (na_1)
```

■ 실행 결과 ■

```
Python 3.6.1 Shell
File Edit Shell Debug Options Window Help
Python 3.6.1 (v3.6.1:69c0db5, Mar 21 2017, 18:41:36) [MSC v.1900 64 bit (AMD64)]
 on win32
Type "copyright", "credits" or "license()" for more information.
>>>
=============== RESTART: C:/local/python/chap10/example_15.py ===============
[  3  30 200]
[  1  10 100]
[    2   200 10000]
[   1.   10.  100.]
[  1  10 100]
[ 1 10  0]
[       4 10485760        0]
[ 1 10  0]
[0 0 0]
[  2  20 100]
[0 0 0]
>>>
```

위 예제에서 na_1 /= na_2와 같이 연산을 시도하면 타입 에러가 발생하므로 대상 배열을 실수로 변환하여 누적 연산을 처리하고 있다. 여기서 자료형 변환을 위해 numpy.astype(float)을 이용하고 있다.

10.3.4 단항 연산자

ndarray에 대해서도 일반적인 단항 연산자를 적용하는 것도 가능하다. 즉, 배열에 대해서도 일반적인 산술 연산을 그대로 적용하여 계산을 수행할 수 있다. 다음 예제를 살펴보자.

Python 3.6.x

```
import numpy

array_like_1 = [1, 10, 100]
array_like_2 = [-2, -20, -100]

na_1 = numpy.array(array_like_1)
na_2 = numpy.array(array_like_2)

print (+na_1)
print (-na_1)
print (-na_2)
print (~na_2)
```

〓 실행 결과 〓

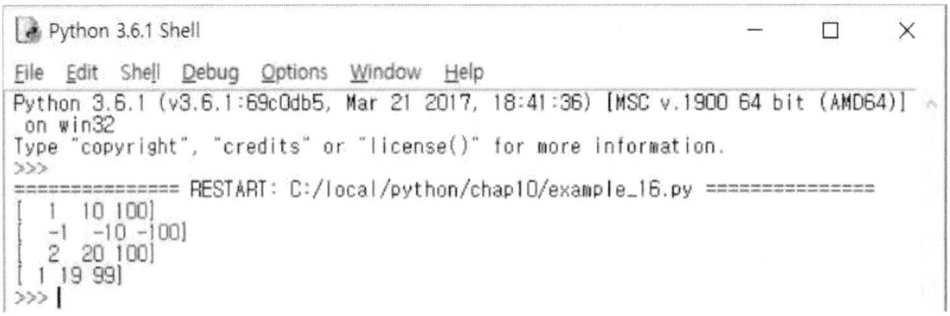

10.4 ndarray의 복사

이미 생성된 ndarray를 복제하여 사용하는 것도 가능하다. 이를 위해서 "copy" 기능을 제공하며 기존의 ndarray와 같은 요소 데이터 형을 가지는 새로운 배열을 반환해 준다.

다만 주의할 것은 복제된 배열은 말 그대로 복제판이므로 원래의 ndarray와 동일한 객체가 아니라는 점이다. 앞에서 한 번 소개되었지만 "numpy.all"의 자세한 내용은 뒤에서 다시 다루도록 한다.

Python 3.6.x

```
import numpy

na = numpy.array([[1, 10, 100], [2, 20, 200]])
na_copy = numpy.copy(na)

print (numpy.all(na == na_copy))
print (na is na_copy)
```

■ 실행 결과 ■

```
Python 3.6.1 Shell
File Edit Shell Debug Options Window Help
Python 3.6.1 (v3.6.1:69c0db5, Mar 21 2017, 18:41:36) [MSC v.1900 64 bit (AMD64)]
 on win32
Type "copyright", "credits" or "license()" for more information.
>>>
=============== RESTART: C:/local/python/chap10/example_17.py ===============
True
False
>>>
```

ndarray 클래스에서 "copy" 메서드가 직접 구현되어 있기 때문에 기존의 인스턴스에서 직접 복제하여 사용하는 것도 가능하다. 실행 결과는 앞의 예제와 동일하지만 차이점은 ndarray의 인스턴스 메서드를 통해서 직접 복사하였다는 것 외에는 차이가 없다.

Python 3.6.x

```
import numpy

na = numpy.array([[1, 10, 100], [2, 20, 200]])
na_copy = numpy.copy()

print (numpy.all(na == na_copy))
print (na is na_copy)
```

실행 결과

```
Python 3.6.1 Shell
File Edit Shell Debug Options Window Help
Python 3.6.1 (v3.6.1:69c0db5, Mar 21 2017, 18:41:36) [MSC v.1900 64 bit (AMD64)]
 on win32
Type "copyright", "credits" or "license()" for more information.
>>>
=============== RESTART: C:/local/python/chap10/example_18.py ===============
True
False
>>>
```

10.5 자료형 변환과 배열의 형상 변환

기존 ndarray 데이터 형식의 자료형으로 변환할 필요가 있을 때는 astype메서드를 이용하면 된다. 그리고 다양한 응용을 위해서 ndarray의 배열 모양을 변환하는 방법에 대해서도 설명한다.

10.5.1 astype

"astype" 메서드를 이용하면 기존의 ndarray 데이터 형식을 변환 할 수 있다. 이때 ndarray 원본에는 영향을 주지 않고 새로운 배열 객체가 반환된다.

Python 3.6.x

```
import numpy

na_int = numpy.array([[1, 10, 100], [2, 20, 200]], numpy.int32)
na_float = na_int.astype(numpy.float32)

print (na_int.dtype)
print (na_float.dtype)
```

■ 실행 결과 ■

```
Python 3.6.1 Shell
File Edit Shell Debug Options Window Help
Python 3.6.1 (v3.6.1:69c0db5, Mar 21 2017, 18:41:36) [MSC v.1900 64 bit (AMD64)]
 on win32
Type "copyright", "credits" or "license()" for more information.
>>>
============== RESTART: C:/local/python/chap10/example_19.py ==============
int32
float32
>>> |
```

10.5.2 reshape을 이용하여 배열 모양 변환하기

"reshape" 메서드를 이용하면 기존의 ndarray의 형상을 변환할 수 있다. 그러나 모양을 변환하기 전과 후의 요소 수가 달라지는 형태의 변환은 할 수 없기 때문에 요소의 누락은 발생하지 않는다.

Python 3.6.x

```python
import numpy

na = numpy.array([[1, 10, 100], [2, 20, 200]])
na_reshape = numpy.reshape(na, [3, 2])

print (na.shape)
print (na)
print ('----------------------')
print (na_reshape.shape)
print (na_reshape)

# 다음 구문은 오류 발생
# numpy.reshape(na, [1, 1])
```

예제에서는 2행 3열의 배열을 3행 2열로 변환하고 있으므로 수학의 전치 행렬과 같은 변환을 실시하고 있는 것을 알 수 있다.

〓 실행 결과 〓

```
Python 3.6.1 Shell
File Edit Shell Debug Options Window Help
Python 3.6.1 (v3.6.1:69c0db5, Mar 21 2017, 18:41:36) [MSC v.1900 64 bit (AMD64)]
 on win32
Type "copyright", "credits" or "license()" for more information.
>>>
=============== RESTART: C:/local/python/chap10/example_20.py ===============
(2, 3)
[[  1  10 100]
 [  2  20 200]]
----------------------
(3, 2)
[[  1  10]
 [100   2]
 [ 20 200]]
>>>
```

또 다른 예제를 살펴보자.

Python 3.6.x

```python
import numpy

na = numpy.array([[1, 10, 100], [2, 20, 200]])
na_reshape = na.reshape([3, 2])

print (na.shape)
print (na)
print ('----------------------')
print (na_reshape.shape)
print (na_reshape)
```

〓 실행 결과 〓

```
Python 3.6.1 Shell
File Edit Shell Debug Options Window Help
Python 3.6.1 (v3.6.1:69c0db5, Mar 21 2017, 18:41:36) [MSC v.1900 64 bit (AMD64)]
 on win32
Type "copyright", "credits" or "license()" for more information.
>>>
=============== RESTART: C:/local/python/chap10/example_21.py ===============
(2, 3)
[[  1  10 100]
 [  2  20 200]]
----------------------
(3, 2)
[[  1  10]
 [100   2]
 [ 20 200]]
>>>
```

ndarray 클래스에도 "reshape" 메서드가 구현되어 있기 때문에 기존의 인스턴스에서 형상 변환을 시도할 수 있다. 이때 기존의 ndarray에는 영향을 주지 않고 새로운 배열을 반환 값으로 반환해 준다.

10.5.3 resize

"resize" 메서드는 변환 전후에 요소 수가 달라져도 상관없다. 따라서 요소의 누락이 발생할 수 있으므로 목적에 맞게 이용하면 좋을 것이다. 예제에서는 2행 3열의 행렬을 2행 2열로 배열의 모양을 완전히 바꾸었다.

Python 3.6.x

```
import numpy

na = numpy.array([[1, 10, 100], [2, 20, 200]])
na_resize = numpy.resize(na, [2, 2])

print (na.shape)
print (na)
print ('----------------------')
print (na_resize.shape)
print (na_resize)
```

■ 실행 결과 ■

```
Python 3.6.1 Shell
File Edit Shell Debug Options Window Help
Python 3.6.1 (v3.6.1:69c0db5, Mar 21 2017, 18:41:36) [MSC v.1900 64 bit (AMD64)]
 on win32
Type "copyright", "credits" or "license()" for more information.
>>>
=============== RESTART: C:/local/python/chap10/example_22.py ===============
(2, 3)
[[  1  10 100]
 [  2  20 200]]
--------------------------
(2, 2)
[[  1  10]
 [100   2]]
>>>
```

ndarray 클래스에도 "resize" 메서드가 구현되어 있기 때문에 기존의 인스턴스로부터 형상 변환을 처리 할 수 있다. 이것은 원래 ndarray 인스턴스에 변경이 추가되는 구조이다.

Python 3.6.x

```
import numpy

na = numpy.array([[1, 10, 100], [2, 20, 200]])
print (na.shape)
print (na)

print ('----------------------')

na.resize([2, 2])
print (na.shape)
print (na)
```

〓 실행 결과 〓

```
Python 3.6.1 Shell
File Edit Shell Debug Options Window Help
Python 3.6.1 (v3.6.1:69c0db5, Mar 21 2017, 18:41:36) [MSC v.1900 64 bit (AMD64)]
 on win32
Type "copyright", "credits" or "license()" for more information.
>>>
=============== RESTART: C:/local/python/chap10/example_23.py ===============
(2, 3)
[[  1  10 100]
 [  2  20 200]]
----------------------
(2, 2)
[[  1  10]
 [100   2]]
>>>
```

간혹 ndarray의 배열을 Python의 표준 list로 변환해야 하는 상황도 발생할 것이다. 몇 가지 방법에 대해 소개한다.

10.5.4 tolist

먼저 "tolist" 메서드를 이용하면 기존의 ndarray 배열을 일반적인 리스트로 변환시키는 것이 가능하다.

Python 3.6.x

```
import numpy

na = numpy.array([[1, 10, 100], [2, 20, 200]])
na_list = na.tolist()

print (type(na))
print (na)
print ('----------------------')
print (type(na_list))
print (na_list)
```

■ 실행 결과 ■

```
Python 3.6.1 Shell
File Edit Shell Debug Options Window Help
Python 3.6.1 (v3.6.1:69c0db5, Mar 21 2017, 18:41:36) [MSC v.1900 64 bit (AMD64)]
 on win32
Type "copyright", "credits" or "license()" for more information.
>>>
=============== RESTART: C:/local/python/chap10/example_24.py ===============
<class 'numpy.ndarray'>
[[  1  10 100]
 [  2  20 200]]
----------------------
<class 'list'>
[[1, 10, 100], [2, 20, 200]]
>>> |
```

10.5.5 표준의 list 함수와의 차이점 이해

"tolist" 메서드를 이용하면 다차원 배열이라도 모두 list 형식으로 변환되나, "list" 함수는 내포하는 배열은 list로 변환되지 않고 ndarray 그대로 남아 있는 것을 알 수 있다. 다음 예제를 통해 차이점을 이해해보자.

Python 3.6.x

```
import numpy

na = numpy.array([[1, 10, 100], [2, 20, 200]])
na_list_1 = na.tolist()
na_list_2 = list(na)

print (type(na_list_1))
print (type(na_list_1[0]))
print (na_list_1)
print ('----------------------')
print (type(na_list_2))
print (type(na_list_2[0]))
print (na_list_2)
```

〓 실행 결과 〓

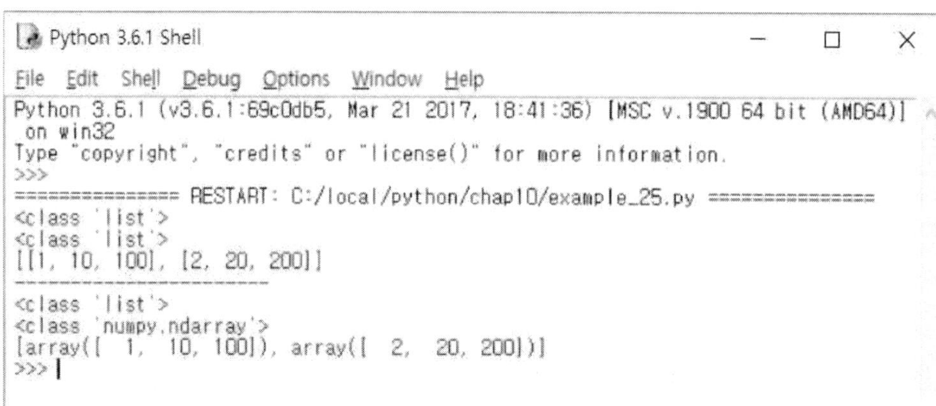

10.5.6 fill

기존 ndarray의 모든 요소 값을 특정 값으로 채우는 방법으로 "fill" 메서드를 이용할 수 있다. 앞서 설명한 바와 같이 numpy.empty를 이용하면 임의의 값으로 요소가 채워지지만 fill 메서드의 경우에는 지정된 값으로 채워지는 것을 알 수 있을 것이다.

Python 3.6.x

```
import numpy

na = numpy.empty([2, 3], numpy.int32)

print (na)
print ('------------------------')

na.fill(99)
print (na)
```

■ 실행 결과 ■

```
Python 3.6.1 Shell
File Edit Shell Debug Options Window Help
Python 3.6.1 (v3.6.1:69c0db5, Mar 21 2017, 18:41:36) [MSC v.1900 64 bit (AMD64)]
 on win32
Type "copyright", "credits" or "license()" for more information.
>>>
=============== RESTART: C:/local/python/chap10/example_26.py ===============
[[6357070 6619245       0]
 [      0       0       0]]
------------------------
[[99 99 99]
 [99 99 99]]
>>>
```

10.6 ndarray를 파일에 저장하기

NumPy 패키지의 경우 ndarray 형식의 파일을 읽거나 쓰기 위한 기능을 다양하게 제공하고 있다.

10.6.1 읽기 및 쓰기를 위한 전용 함수 정리

NumPy 패키지에서 제공하는 메서드를 이용할 때 참고하기 위한 텍스트 형식, 바이너리 형식, 확장자의 지정 등을 다음 표에 정리하였으므로 미리 참고하기 바란다.

읽기	쓰기	형식	확장자	참고
numpy.save	numpy.load	binary	npy	비압축
numpy.savetxt	numpy.loadtxt	text		비압축
numpy.savez	numpy.load	binary	npz	비압축·복수
numpy.savez_compressed	numpy.load	binary	npz	압축·복수
numpy.ndarray.tofile	numpy.fromfile	binary		비압축
numpy.ndarray.dump	pickle.load	binary		비압축
numpy.ndarray.dumps	pickle.loads	binary		비 파일 저장

10.6.2 save / load

"numpy.save" 메서드를 이용하여 파일로 출력한 ndarray는 "numpy.load" 메소드를 이용하여 다시 읽어 들일 수 있다. 이때 바이너리 형식으로 저장되며 확장자는 "npy"이어야 한다. 실행 폴더에 sample_1.npy 파일의 내용과 비교하여 보자.

Python 3.6.x

```
import numpy

na = numpy.array([[1, 10, 100], [2, 20, 200]])

# 파일에 쓰기
numpy.save('sample_1.npy', na)

# 파일로부터 읽기
print (numpy.load('sample_1.npy'))
```

실행 결과

```
Python 3.6.1 Shell
File  Edit  Shell  Debug  Options  Window  Help
Python 3.6.1 (v3.6.1:69c0db5, Mar 21 2017, 18:41:36) [MSC v.1900 64 bit (AMD64)]
 on win32
Type "copyright", "credits" or "license()" for more information.
>>>
=============== RESTART: C:/local/python/chap10/example_27.py ===============
[[  1  10 100]
 [  2  20 200]]
>>>
```

10.6.3 savetxt / loadtxt

이와 유사하게 "numpy.savetxt" 메서드에서 파일로 출력한 ndarray는 "numpy.loadtxt" 메서드로 내용을 읽을 수 있다. 텍스트 형식으로 저장되지만 확장자는 따로 구분하지 않는다. "loadtxt" 메서드의 두 번째 인수에는 dtype 데이터 형식을 지정할 수 있으며 기본 값은 float이다. 다음 예제에서는 int32로 지정한 경우이다.

Python 3.6.x

```
import numpy
na = numpy.array([[1, 10, 100], [2, 20, 200]])

# 파일로 출력
numpy.savetxt('sample_2.txt', na)

# 파일 내용을 읽기
print (numpy.loadtxt('sample_2.txt', numpy.int32))
```

실행 결과

```
Python 3.6.1 Shell
File  Edit  Shell  Debug  Options  Window  Help
Python 3.6.1 (v3.6.1:69c0db5, Mar 21 2017, 18:41:36) [MSC v.1900 64 bit (AMD64)]
 on win32
Type "copyright", "credits" or "license()" for more information.
>>>
=============== RESTART: C:/local/python/chap10/example_28.py ===============
[[  1  10 100]
 [  2  20 200]]
>>>
```

10.6.4 savez / load

마찬가지로 "numpy.savez" 메서드에서 파일로 출력한 ndarray는 "numpy.load" 메서드에 로드 가능하다. 바이너리 형식으로 저장되며 확장자는 "npz"이어야 한다.

"savez" 메서드의 경우 여러 개의 배열을 파일에 쓸 수 있도록 메서드의 인수는 가변 길이로 전달 가능하다. 재미있는 점은 예제 말미의 출력문에서 loaded_array에 대해 "arr_0" 및 "arr_1" 등의 key를 이용하여 인수로 전달하면 그 키워드 이름으로 검색 가능하다는 것이다.

Python 3.6.x

```
import numpy

na_1 = numpy.array([[1, 10, 100], [2, 20, 200]])
na_2 = numpy.array([[3, 30, 300], [4, 40, 400]])

# 여러 개의 배열을 하나의 파일에 쓰기(비압축)
numpy.savez('sample_3.npz', na_1, na_2)

# 파일을 읽기
loaded_array = numpy.load('sample_3.npz')
print (loaded_array['arr_0'])
print (loaded_array['arr_1'])
```

■ 실행 결과 ■

```
Python 3.6.1 Shell
File Edit Shell Debug Options Window Help
Python 3.6.1 (v3.6.1:69c0db5, Mar 21 2017, 18:41:36) [MSC v.1900 64 bit (AMD64)]
 on win32
Type "copyright", "credits" or "license()" for more information.
>>>
=============== RESTART: C:/local/python/chap10/example_29.py ===============
[[  1  10 100]
 [  2  20 200]]
[[  3  30 300]
 [  4  40 400]]
>>>
```

ndarray 형식(바이너리)으로 저장된 sample_3.npz 파일의 내용을 확인하면 다음과 같다.

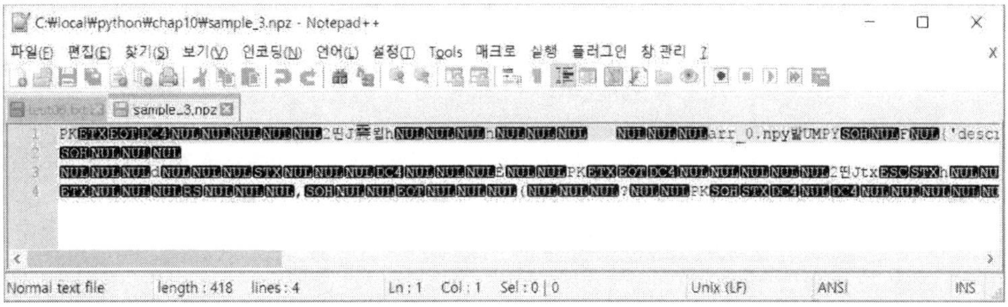

10.6.5 savez_compressed / load

"numpy.savez_compressed" 메서드에서 파일로 출력한 ndarray는 "numpy.load" 메서드에서 로드 가능하다. 이 경우도 바이너리 형식으로 저장되며 확장자는 "npz"이어야 한다.

"savez_compressed" 메서드도 여러 개의 배열을 한꺼번에 파일로 출력할 수 있으며 배열은 가변 길이 인수로 전달 가능하다. 예제에서 주목할 점은 array_1 및 array_2와 같이 key 값을 이용하여 배열을 검색할 수 있다는 것이다.

Python 3.6.x

```
import numpy

na_1 = numpy.array([[1, 10, 100], [2, 20, 200]])
na_2 = numpy.array([[3, 30, 300], [4, 40, 400]])

# 여러 개의 배열을 하나의 파일에 쓰기(압축)
numpy.savez_compressed('sample_4.npz', array_1=na_1, array_2=na_2)

# 파일 내용 읽기
loaded_array = numpy.load('sample_4.npz')
```

```
print (loaded_array['array_1'])
print (loaded_array['array_2'])
```

■ 실행 결과 ■

```
Python 3.6.1 Shell
File Edit Shell Debug Options Window Help
Python 3.6.1 (v3.6.1:69c0db5, Mar 21 2017, 18:41:36) [MSC v.1900 64 bit (AMD64)]
 on win32
Type "copyright", "credits" or "license()" for more information.
>>>
=============== RESTART: C:/local/python/chap10/example_30.py ===============
[[  1  10 100]
 [  2  20 200]]
[[  3  30 300]
 [  4  40 400]]
>>> |
```

실행 결과는 savez와 배열을 저장했을 때는 418바이트이지만, savez_compressed로 저장하게 되면 392바이트로 압축되어 저장된 것을 확인할 수 있을 것이다.

10.6.6 tofile / fromfile

"numpy.ndarray.tofile" 메서드로 파일에 출력한 ndarray는 "numpy.fromfile" 메서드를 이용하여 읽을 수 있다. 바이너리 형식으로 저장되고 확장자는 따로 묻지 않는다. "fromfile" 메서드의 두 번째 인수에는 dtype 데이터 형식을 지정할 수 있으며 기본 값은 float 타입이다.

Python 3.6.x

```
import numpy

na = numpy.array([[1, 10, 100], [2, 20, 200]])

# 파일로 출력
na.tofile('sample_5.ary')

#파일 읽기
print (numpy.fromfile('sample_5.ary', numpy.int32))
```

〓 실행 결과 〓

```
Python 3.6.1 Shell
File  Edit  Shell  Debug  Options  Window  Help
Python 3.6.1 (v3.6.1:69c0db5, Mar 21 2017, 18:41:36) [MSC v.1900 64 bit (AMD64)]
 on win32
Type "copyright", "credits" or "license()" for more information.
>>>
=============== RESTART: C:/local/python/chap10/example_31.py ===============
[  1  10 100   2  20 200]
>>>
```

10.6.7 dump / pickle.load

"numpy.ndarray.dump" 메서드로 파일에 출력한 ndarray는 "pickle.load" 메서드에서 로드 할 수 있다. 이 경우도 바이너리 형식으로 저장되고 확장자는 따지지 않는다.

Python 3.6.x

```
import numpy
import pickle

na = numpy.array([[1, 10, 100], [2, 20, 200]])

# 파일에 쓰기
na.dump('sample_6.dat')

# 파일 읽기
with open('sample_6.dat') as f:
    print (pickle.load(f))
```

다음으로 별도의 파일에 저장하는 기능은 아니지만 유사한 용도로 사용 가능하니 참고하기 바란다. "numpy.ndarray.dumps" 메서드에서 가져온 바이너리 문자열은 "pickle.loads" 메서드로 로드 가능하다. 실행 결과는 각자 확인하기 바란다.

Python 3.6.x

```
import numpy
import pickle

na = numpy.array([[1, 10, 100], [2, 20, 200]])

# 배열의 바이너리 문자열
na_dumps = na.dumps()

# 내용 읽기
print (pickle.loads(na_dumps))
```

10.7 ndarray의 all과 any의 이해

Python의 내장 함수에도 all과 any가 제공되지만 NumPy 패키지에도 이와 유사한 기능을 제공한다.

10.7.1 all

"numpy.all" 메서드는 모든 요소가 참(True)일 때 True를 반환한다. 인수 axis를 0으로 지정하면 세로축에 대한 결과를 반환하고 1로 값을 지정하면 가로축 별 결과를 반환해 준다.

예제에서 배열 na_1의 경우, 세로축으로 볼 때 "1, 0, 1", "1, 0, 1", "1, 1, 1"이므로 [False False True]가 되고, 가로축에서 본 경우에는 "1, 1, 1", "0, 0, 1", "1, 0, 1"이므로 [True False False]가 될 것이다.

Python 3.6.x

```
import numpy

na_1 = numpy.array(
    [
        [1, 1, 1],
        [0, 0, 1],
        [1, 0, 1],
    ]
)
na_2 = numpy.array(
    [
        [1, 1, 1],
        [1, 1, 1],
        [1, 1, 1],
    ]
)

print (numpy.all(na_1))
print (numpy.all(na_2))
print ('-------------------------')
print (numpy.all(na_1, axis=0))
print (numpy.all(na_1, axis=1))
```

〓 실행 결과 〓

```
Python 3.6.1 Shell
File Edit Shell Debug Options Window Help
Python 3.6.1 (v3.6.1:69c0db5, Mar 21 2017, 18:41:36) [MSC v.1900 64 bit (AMD64)]
 on win32
Type "copyright", "credits" or "license()" for more information.
>>>
=============== RESTART: C:/local/python/chap10/example_34.py ===============
False
True
-------------------------
[False False  True]
[ True False False]
>>>
```

또한 ndarray 클래스에도 "all" 메서드가 제공되므로 다음과 같이 동일하게 처리할 수 있다. 앞의 예제와 실행 결과는 동일하다.

Python 3.6.x

```
import numpy

na_1 = numpy.array(
    [
        [1, 1, 1],
        [0, 0, 1],
        [1, 0, 1],
    ]
)
na_2 = numpy.array(
    [
        [1, 1, 1],
        [1, 1, 1],
        [1, 1, 1],
    ]
)

print (na_1.all())
print (na_2.all())
print ('-------------------------')
print (na_1.all(axis=0))
print (na_1.all(axis=1))
```

10.7.2 any

"numpy.any" 메서드는 어느 한 요소가 참(True)이면 True를 반환한다. 인수 axis에 대해서는 "all"의 경우와 동일하다.

Python 3.6.x

```python
import numpy

na_1 = numpy.array(
    [
        [1, 0, 1],
        [0, 0, 0],
        [1, 0, 1],
    ]
)

print (numpy.any(na_1))
print ('-------------------------')
print (numpy.any(na_1, axis=0))
print (numpy.any(na_1, axis=1))
```

〓 실행 결과 〓

```
Python 3.6.1 Shell
File Edit Shell Debug Options Window Help
Python 3.6.1 (v3.6.1:69c0db5, Mar 21 2017, 18:41:36) [MSC v.1900 64 bit (AMD64)]
 on win32
Type "copyright", "credits" or "license()" for more information.
>>>
============== RESTART: C:/local/python/chap10/example_36.py ==============
True
--------------------------
[ True False  True]
[ True False  True]
>>>
```

마찬가지로 ndarray 클래스에서 "any" 메서드가 구현되어 제공되므로 동일한 결과를 얻을 수 있을 것이다.

Python 3.6.x

```
import numpy

na_1 = numpy.array(
    [
        [1, 0, 1],
        [0, 0, 0],
        [1, 0, 1],
    ]
)

print (na_1.any())
print ('------------------------')
print (na_1.any(axis=0))
print (na_1.any(axis=1))
```

제11장 GUI 프로그래밍

wxPython 패키지는 Python으로 GUI(Graphical User Interface) 응용 프로그램을 만들기 위한 도구이다. GUI 관련 도구는 이외에도 Tkinter, EasyGui 등도 있으므로 참고하기 바란다. 여기서는 wxPython 패키지를 사용하여 GUI 응용 프로그램을 작성하는 방법을 설명한다.

11.1 wxPython 패키지 설치

설치된 Python 개발 버전에 따라 차이가 있겠지만 2.7.x 버전을 설치해 둔 경우라면 아래 사이트에서 wxPython3.0-win64-py27.exe 파일을 다운로드 하여 설치하면 된다. 그러나 Python 3.6.x 개발환경이라면 아직 정식 배포용 바이너리 파일이 없으므로 따로 whl 파일을 내려 받아 설치할 필요가 있다.

```
http://www.wxpython.org/download.php
```

설치 과정에서 따로 고려할 사항은 없으며 모두 설정으로 진행하면 된다. 또한, 아래의 사이트에서 소스 코드를 포함하여 별도의 도큐먼트와 다양한 데모 버전 프로그램들을 소개하고 있으므로 참고하기 바란다.

```
http://www.wxpython.org/docs/api/
```

그러나 최신 Python 개발환경을 이미 사용하고 있다면 다음 절차를 통해 wxPython 패키지 설치를 진행할 필요가 있다. 필요한 파일은 snapshot 파일이 필요하므로 다음 사이트에서 내려 받으면 된다.

```
http://wxpython.org/Phoenix/snapshot-builds/
```

파일명이 조금 길지만 Python 3.x.x 버전 대에서 이용 가능한 <whl file> 파일은 wxPython-4.0.0a4.dev3182+a7b9b02-cp36-cp36m-win_amd64.whl 이다.

```
pip3 install http://wxpython.org/Phoenix/snapshot-builds/<whl file>
```

앞에서 Python 패키지 관리 도구 pip에 대한 설명을 하였지만 Python 3.x.x 버전에서는 pip3 도구를 이용하여 설치를 진행하면 된다. 이때 주의할 사항은 설치 파일명을 정확하게 선택하여 지정해 주어야 한다는 점이다. 다음 설치 화면을 참고하기 바란다.

설치가 정상적으로 완료되었다면 다음과 같이 대화형 셀을 열고 wx 패키지를 로드시켜보자. 이때 phoenix 버전 출력 결과가 나오면 이제 wxPython 패키지를 사용할 준비가 완료되었다.

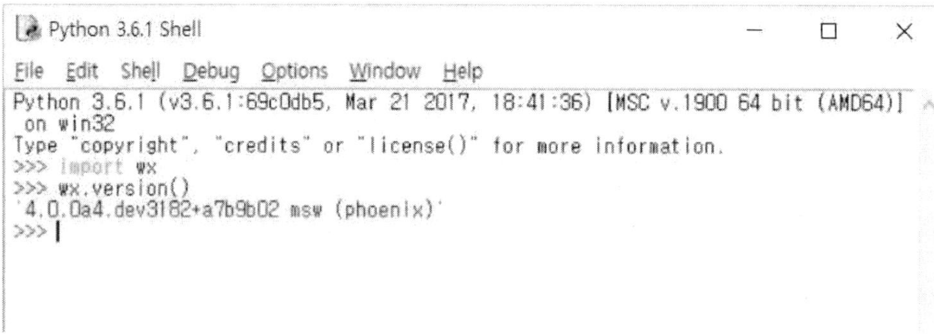

11.2 Frame 윈도우 작성

wxPython의 가장 기본이 되는 Frame 윈도우를 먼저 작성하여 보자. 순서는 Frame 윈도우를 생성하고 생성된 Frame에 여러 그래픽 부품들을 배치시킨 후 필요에 따라 이벤트 처리 등을 등록하는 것이 일반적이다.

11.2.1 프레임 윈도우 생성

다음 예제를 통해 윈도우의 타이틀이 "테스트 프레임"으로 설정된 내용이 없는 빈 프레임 윈도우를 작성해보자.

Python 3.6.x

```
# wxPython 패키지 로드
import wx

# 응용 프로그램 초기화
application = wx.App()

# 프레임 객체를 생성하고 화면에 뿌리기
frame = wx.Frame(None, wx.ID_ANY, "테스트 프레임")
frame.Show()

# 이벤트 대기 상태로 전환
application.MainLoop()
```

■ 실행 결과 ■

예제의 8번째 줄에서 프레임 객체 생성 시 호출되는 Frame 메서드의 인수는 부모 윈도우의 객체, 식별자, 제목(타이틀) 순으로 적절하게 지정할 수 있다. 예제에서는 아직 부모 윈도우가 없으므로 None을 지정하였고 식별자는 -1의 값을 의미하는 wx.ID_ANY, 그리고 윈도우의 제목 내용을 지정하고 있다.

```
7  # 프레임 객체를 생성하고 화면에 뿌리기
8  frame = wx.Frame(None, wx.ID_ANY, "테스트 프레임")
9  frame.Show()
```

그리고 마지막에 기술된 다음 구문은 응용 프로그램이 이벤트 처리를 위한 대기 상태로 있으라는 의미를 가지고 있다. 예제에서는 아직 이벤트 처리 내용을 반영하지 않고 있으나, 일반적으로 GUI 응용 프로그램을 작성하는 기본 골격으로 이해하면 좋을 것이다.

좀 더 이해를 돕기 위해 이 구분을 주석 처리하여 프로그램을 다시 실행시켜 보자. 실행 결과 화면에 표시된 프레임 윈도우의 우측 상단의 종료 버튼 [X]를 눌러도 윈도우 자체가 종료되지 않는다는 것을 알 수 있을 것이다.

그리고 필요에 따라 표시되는 프레임 윈도우의 크기를 변경해야 하는 경우도 있다. 이때 프레임 객체 생성 시 추가로 4번째 인수 size를 지정하여 원하는 크기로 조정할 수 있다. 아래의 구문은 표시되는 프레임 윈도우의 크기를 300×300 사이즈로 지정한 경우이며, 기본 단위는 픽셀(pixel)이다.

```
frame = wx.Frame(None, wx.ID_ANY, "테스트 프레임", size=(300,300))
```

11.2.2 윈도우 표시 위치의 변경

디스플레이에서의 윈도우의 표시 위치를 따로 지정하고 싶을 때는 Frame 메서드의 인수 값 pos를 다음과 같이 전달하면 된다. 다음 예의 경우는 화면 왼쪽 상단에 윈도우가 표시될 것이다. 만약 화면 중앙에 표시하고자 할 때는 주석 처리되어 있는 Centre 메서드를 호출하면 된다.

```
frame = wx.Frame(None, wx.ID_ANY, "테스트 프레임", pos=(0,0))
# 화면 중앙에 표시하는 경우
#frame.Centre()
```

11.2.3 상태 표시줄 표시와 아이콘 삽입

생성된 프레임 윈도우 하단부에 처리되는 특정 정보 등을 표시하기 위한 상태 표시줄을 윈도우에 삽입할 때는 다음과 같이 CreateStatusBar 메서드를 호출해 주면 된다. 그리고 삽입된 상태 표시 줄에 문자열을 표시하려면 SetStatusText 메서드를 이용하면 된다.

```
frame.CreateStatusBar()
frame.SetStatusText("python-utopia.com에 방문하였습니다.")
```

또한 프레임 윈도우에 원하는 아이콘을 삽입할 수 있다. 다음과 같이 아이콘 이미지를 리소스로 지정하여 아이콘 객체를 생성한 뒤 SetIcon 메서드에 아이콘 객체를 지정해 주면 된다. Windows 환경에서 아이콘 리소스 파일의 경우 wx.BITMAP_TYPE_ICO_RESOURCE, 아이콘 파일은 wx.BITMAP_TYPE_ICO, XPM 이미지 형식 파일은 wx.BITMAP_TYPE_XPM으로 아이콘 형식을 지정해 주면 된다. 그 외 wxGTK 등의 환경에서는 wx.BITMAP_TYPE_XPM 형식을 지원한다.

```
icon = wx.Icon("frame.ico", wx.BITMAP_TYPE_ICO)
frame.SetIcon(icon)
```

다음 예제는 프레임 윈도우에 상태 표시 줄과 아이콘을 삽입한 뒤 화면에 표시한다.

Python 3.6.x

```
# wxPython 패키지 로드
import wx

# 응용 프로그램 초기화
application = wx.App()

# 프레임 객체를 생성하고 화면에 뿌리기
frame = wx.Frame(None, wx.ID_ANY, "테스트 프레임")
frame.Show()

# 상태 표시 줄 추가
frame.CreateStatusBar()
frame.SetStatusText("python-utopia.com에 방문하였습니다.")

# 아이콘 추가
icon = wx.Icon("python_logo.ico", wx.BITMAP_TYPE_ICO)
frame.SetIcon(icon)

frame.Show()

# 이벤트 대기 상태로 전환
application.MainLoop()
```

〓 실행 결과 〓

11.3 Panel 객체

다음은 Frame과 마찬가지로 wxPython의 기본이 되는 Panel의 생성 과정을 살펴보자. Panel은 텍스트나 버튼 등을 배치하는데 주로 사용되며 Sizer라는 레이아웃 알고리즘과 함께 유연한 응용 프로그램을 만들 수 있도록 도와준다.

다음 예제는 3개의 Panel을 Frame에 배치한 경우로서 이 결과를 확인할 수 있도록 패널의 배경 색상을 SetBackgroundColour 메서드로 설정하였다. 여기서 색상 값은 RGB 컬러 모델을 기본으로 하며 #rrggbb 형식으로 지정하고 있다. #FF0000은 red, #00FF00은 green, #0000FF는 blue 색상을 의미한다.

Python 3.6.x

```
# wxPython 패키지 로드
import wx

application = wx.App()

# 프레임 객체 생성
frame = wx.Frame(None, wx.ID_ANY, "테스트 프레임", size=(300,300))
frame.SetBackgroundColour("#000000")

# 패널 객체를 생성하고 부모 윈도우를 frame 객체로 등록
r_panel = wx.Panel(frame, wx.ID_ANY, pos=(0,0), size=(80,300))
r_panel.SetBackgroundColour("#FF0000")

g_panel = wx.Panel(frame, wx.ID_ANY, pos=(80,0), size=(80,300))
g_panel.SetBackgroundColour("#00FF00")

```

```
b_panel = wx.Panel(frame, wx.ID_ANY, pos=(160,0), size=(80,300))
b_panel.SetBackgroundColour("#0000FF")

frame.Show()

application.MainLoop()
```

■ 실행 결과 ■

실행 결과에서 검은색 부분은 패널을 배치하기 이전에 설정된 Frame의 배경색이 보이고 있는 상태이다. 실제로는 각각의 패널에 Sizer를 설정하고 텍스트나 버튼 등을 추가하여 배치하게 될 것이다.

11.4 Sizer 클래스를 이용한 화면 배치

Sizer는 wxPython에서 사용할 수 있는 레이아웃 알고리즘으로써 다양한 Sizer의 부모 클래스로 정의되어 있다. 지금까지 설명한 예제에서는 패널 등을 절대 좌표로 배치하고 있었다. 물론 절대 좌표에 배치하는 것이 좋은 경우도 있지만 Sizer를 이용하면 다음과 같은 장점이 있다.

- 버튼이나 텍스트 등의 크기 및 위치를 규칙에 따라 배치 가능하다.
- Frame 크기 변경 시 버튼과 텍스트 등이 적절한 크기와 위치로 재설정된다.

Sizer를 사용할 때는 Sizer 클래스를 상속한 하위 클래스를 사용하는 것이 기본이다. 대표적인 Sizer 클래스는 다음 표에 특징을 기술해 두었다.

클래스	설명
BoxSizer	세로 또는 가로로 연속하여 배치
StaticBoxSizer	세로 또는 가로로 연속하여 배치하고 레이블이 있는 테두리로 둘러쌈
GridSizer	칸 모양으로 배치 (모든 여백은 같은 크기)
FlexGridSizer	칸 모양으로 배치 (각 여백의 크기를 변경 가능)

11.4.1 BoxSizer를 이용한 화면 배치

BoxSizer는 wxPython의 기본적인 Sizer 중 하나로서 버튼이나 텍스트 등의 부품을 세로 또는 가로 방향으로 연속하여 배치하는 방법을 제공한다.

■ 수평 방향으로 배치하기

GUI 부품(객체)을 수평 방향으로 배치하기 위해서는 다음과 같이 BoxSizer 객체를 생성하면 된다. 이때 정렬 방향은 wx.HORIZONTAL 또는 wx.VERTICAL을 지정하여 배치 방향을 결정할 수 있다. 이후 BoxSizer 객체의 Add 메서드를 이용하여 배치하려고 하는 GUI 객체를 순차적으로 등록하면 된다. 배치 방법을 반영하기 위해서는 패널 객체에 SetSizer 메서드의 인수로 BoxSizer 객체를 전달하면 된다.

```
# BoxSizer 객체 생성(수평방향 정렬)
layout = wx.BoxSizer(wx.HORIZONTAL)
layout.Add(button_1)
layout.Add(button_2)
layout.Add(button_3)
# 패널에 BoxSizer 객체 등록(반영)
panel.SetSizer(layout)
```

다음 예제를 통해 Button 객체 3개를 생성하고 수평방향으로 배치해보자.

Python 3.6.x

```
import wx
application = wx.App()
frame = wx.Frame(None, wx.ID_ANY, "BoxSizer를 이용한 버튼 배치", size=(400,200))

# 패널 객체 생성
panel = wx.Panel(frame, wx.ID_ANY)
panel.SetBackgroundColour("#AFAFAF")

# 버튼 객체 생성
button_1 = wx.Button(panel, wx.ID_ANY, "버튼1")
button_2 = wx.Button(panel, wx.ID_ANY, "버튼2")
button_3 = wx.Button(panel, wx.ID_ANY, "버튼3")

# BoxSizer 객체 생성(수평방향 정렬)
layout = wx.BoxSizer(wx.HORIZONTAL)
# layout = wx.BoxSizer(wx.VERTICAL)
layout.Add(button_1)
layout.Add(button_2)
layout.Add(button_3)
# 패널에 BoxSizer 객체 등록(반영)
panel.SetSizer(layout)

```

```
23  frame.Show()
24  application.MainLoop()
```

〓 실행 결과 〓

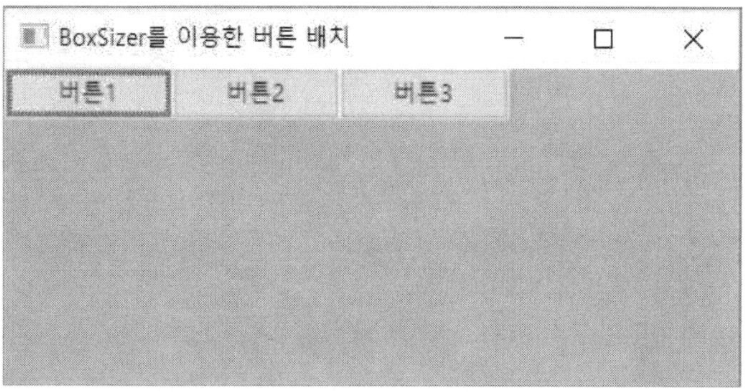

■ 수직 방향으로 배치하기

Button 객체 3개를 생성하고 수직방향으로 배치하고자 할 때는 정렬 방법을 wx.VERTICAL로 설정하면 된다. 위 예제의 15번째 줄과 16번째 줄의 코드를 다음과 같이 수정한 뒤 다시 한 번 실행시켜 보자.

```
15  # layout = wx.BoxSizer(wx.HORIZONTAL)
16  layout = wx.BoxSizer(wx.VERTICAL)
```

〓 실행 결과 〓

■ 프레임 크기와 연동시키기

배치 부품을 프레임 크기의 크기에 따라 연동시키는 것도 가능하다. Add 메서드의 두 번째 인수로 proportion 속성에 1을 지정하면 버튼의 크기가 프레임 크기에 맞춰 커진 것을 알 수 있다. 앞의 예제에서와 같이 proportion 속성을 지정하지 않은 경우에는 proportion 속성을 0, 즉 디폴트 값으로 0이 적용되어 프레임의 크기와 관계없이 버튼의 크기는 그대로 유지될 것이다.

Python 3.6.x

```
import wx
application = wx.App()
frame = wx.Frame(None, wx.ID_ANY, "BoxSizer를 이용한 버튼 배치", size=(400,200))

# 패널 객체 생성
panel = wx.Panel(frame, wx.ID_ANY)
panel.SetBackgroundColour("#AFAFAF")

# 버튼 객체 생성
button_1 = wx.Button(panel, wx.ID_ANY, "버튼1")
button_2 = wx.Button(panel, wx.ID_ANY, "버튼2")
button_3 = wx.Button(panel, wx.ID_ANY, "버튼3")

# BoxSizer 객체 생성(수평방향 정렬)
# layout = wx.BoxSizer(wx.HORIZONTAL)
layout = wx.BoxSizer(wx.VERTICAL)
layout.Add(button_1, proportion=1)
layout.Add(button_2, proportion=1)
layout.Add(button_3, proportion=1)
# 패널에 BoxSizer 객체 등록(반영)
panel.SetSizer(layout)

frame.Show()
application.MainLoop()
```

〓 실행 결과 〓

■ 임의의 위치에 배치하기

GUI 객체(여기서는 버튼 객체)의 위치를 세밀하게 제어하려면 Add 메서드의 두 번째 인수의 속성 flag를 이용하면 된다. 여기서 GROW(EXPAND는 같은 의미)는 자신에게 할당된 영역을 모두 사용하도록 크기가 조정되며, SHAPED은 자신의 종횡비(가로·세로 비율)를 유지하면서 프레임 크기에 맞게 조정된다. 또한 "|"를 사용하여 추가 배치 위치를 조합하는 것도 가능하다. 다음 예제를 먼저 실행시켜 보자.

Python 3.6.x

```
import wx
application = wx.App()
frame = wx.Frame(None, wx.ID_ANY, "BoxSizer: 임의 위치 배치", 
size=(570,200))

panel = wx.Panel(frame, wx.ID_ANY)
panel.SetBackgroundColour("#AFAFAF")

button_1 = wx.Button(panel, wx.ID_ANY, "버튼1", size=(80,30))
button_2 = wx.Button(panel, wx.ID_ANY, "버튼2", size=(80,30))
button_3 = wx.Button(panel, wx.ID_ANY, "버튼3", size=(80,30))
button_4 = wx.Button(panel, wx.ID_ANY, "버튼4", size=(80,30))
button_5 = wx.Button(panel, wx.ID_ANY, "버튼5", size=(80,30))
button_6 = wx.Button(panel, wx.ID_ANY, "버튼6", size=(80,30))
button_7 = wx.Button(panel, wx.ID_ANY, "버튼7", size=(80,30))
```

```

layout = wx.BoxSizer(wx.HORIZONTAL)
layout.Add(button_1, flag=wx.GROW)
layout.Add(button_2, flag=wx.SHAPED)
layout.Add(button_3, flag=wx.SHAPED | wx.ALIGN_TOP)
layout.Add(button_4, flag=wx.SHAPED | wx.ALIGN_BOTTOM)
layout.Add(button_5, flag=wx.SHAPED | wx.ALIGN_CENTER)
layout.Add(button_6, flag=wx.SHAPED | wx.ALIGN_LEFT)
layout.Add(button_7, flag=wx.SHAPED | wx.ALIGN_RIGHT)

panel.SetSizer(layout)

frame.Show()
application.MainLoop()
```

〓 실행 결과 〓

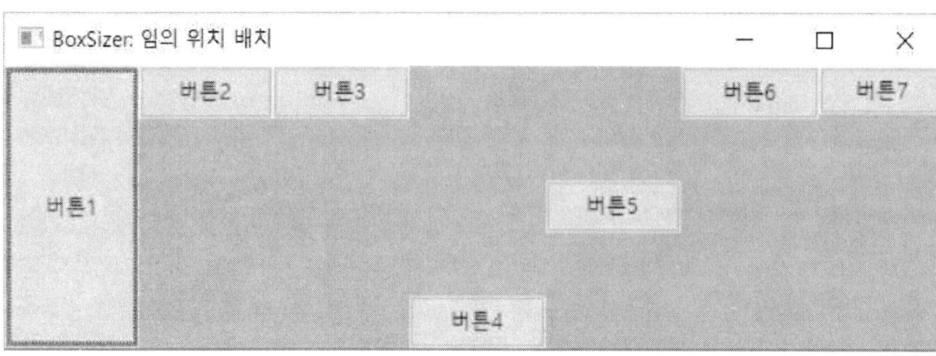

여기서 ALIGN_LEFT, ALIGN_RIGHT의 경우 HORIZONTAL 속성에서는 변화가 없으며, VERTICAL 속성으로 배치하게 되면 그 변화를 확인할 수 있다. 또한, 실행 결과에서 버튼7이 다른 버튼에 비해 크기가 조금 작게 표시된 것을 확인할 수 있다. 이는 프레임 크기가 작아 SHAPED 속성에 따라 종횡비를 유지하면서 크기가 조정된 결과이다.

■ 여백의 지정

Add 메서드에서 border 속성에 여백에 필요한 픽셀 수를 지정하고 flag

속성에서 여백을 지정할 수 있다. 사용 가능한 여백의 지정은 wx.TOP, wx.LEFT, wx.RIGHT, wx.BOTTOM, wx.ALL의 5가지 제어 값을 설정할 수 있다.

Python 3.6.x

```
import wx
application = wx.App()
frame = wx.Frame(None, wx.ID_ANY, "BoxSizer: 여백 제어", size=(300,200))

panel = wx.Panel(frame, wx.ID_ANY)
panel.SetBackgroundColour("#AFAFAF")

inner_panel_1 = wx.Panel(panel, wx.ID_ANY)
inner_panel_2 = wx.Panel(panel, wx.ID_ANY)
inner_panel_3 = wx.Panel(panel, wx.ID_ANY)

inner_panel_1.SetBackgroundColour("#FF0000")
inner_panel_2.SetBackgroundColour("#00FF00")
inner_panel_3.SetBackgroundColour("#0000FF")

layout = wx.BoxSizer(wx.VERTICAL)
layout.Add(inner_panel_1, proportion=1, flag=wx.EXPAND | wx.TOP, border=10)
layout.Add(inner_panel_2, proportion=1, flag=wx.EXPAND | wx.LEFT, border=10)
layout.Add(inner_panel_3, proportion=1, flag=wx.EXPAND | wx.ALL, border=10)

panel.SetSizer(layout)

frame.Show()
application.MainLoop()
```

실행 결과

실행 결과에서 붉은색 패널은 상단 여백이 10px, 녹색 패널은 왼쪽 부분에 여백 10px를, 파란색 패널은 전 방위로 여백을 10px로 지정한 것이다.

11.4.2 StaticBoxSizer를 이용한 화면 배치

StaticBoxSizer는 앞에서 소개한 BoxSizer에 제목을 붙일 수 있는 Sizer이다. 배치 공간의 사용은 BoxSizer와 거의 동일하며 차이점은 다음과 같이 StaticBox를 초기화 시킬 때 제목을 지정한 부분이다. 초기화 한 후 BoxSizer와 동일하게 취급하면 된다. 그리고 세로 배치로도 사용 가능하므로 주석 처리된 부분을 참고하라.

Python 3.6.x

```
import wx
application = wx.App()
frame = wx.Frame(None, wx.ID_ANY, "StaticBoxSizer: Titled Border", size=(300,300))

panel = wx.Panel(frame, wx.ID_ANY)
panel.SetBackgroundColour("#AFAFAF")

button_1 = wx.Button(panel, wx.ID_ANY, "버튼1")
button_2 = wx.Button(panel, wx.ID_ANY, "버튼2")
```

```
button_3 = wx.Button(panel, wx.ID_ANY, "버튼3")

box = wx.StaticBox(panel, wx.ID_ANY, "패널에 제목 설정")

layout = wx.StaticBoxSizer(box, wx.HORIZONTAL)
#layout = wx.StaticBoxSizer(box, wx.VERTICAL)

layout.Add(button_1)
layout.Add(button_2)
layout.Add(button_3)

panel.SetSizer(layout)

frame.Show()
application.MainLoop()
```

■ 실행 결과 ■

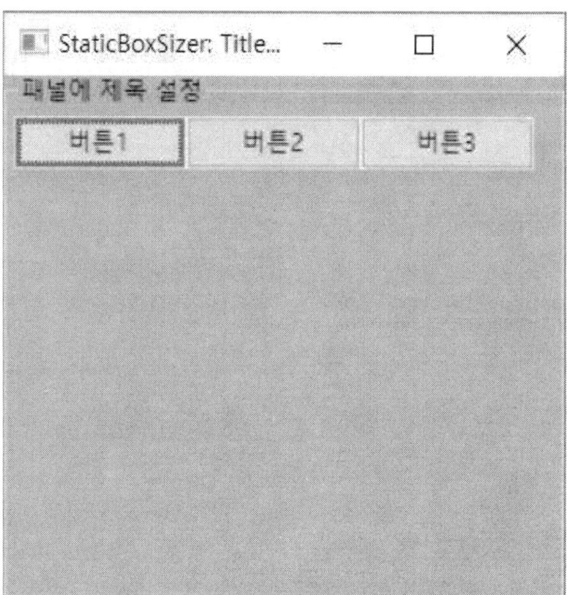

11.4.3 GridSizer를 이용한 화면 배치

GridSizer는 GUI 부품을 격자 모양으로 배치한다. 가능한 생성자는 다음과 같이 4종류를 이용할 수 있다.

```
GridSizer(cols, vgap, hgap)
GridSizer(cols, gap=Size(0,0))
GridSizer(rows, cols, vgap, hgap)
GridSizer(rows, cols, gap)
```

GridSizer을 이용하여 Panel 공간에 부품을 2행 2열로 배치하고 여백은 모두 0으로 지정한 예는 다음과 같다.

Python 3.6.x

```
import wx
application = wx.App()
frame = wx.Frame(None, wx.ID_ANY, "GridSizer Demo", size=(300,300))

panel = wx.Panel(frame, wx.ID_ANY)
panel.SetBackgroundColour("#AFAFAF")

button_1 = wx.Button(panel, wx.ID_ANY, "버튼1")
button_2 = wx.Button(panel, wx.ID_ANY, "버튼2")
button_3 = wx.Button(panel, wx.ID_ANY, "버튼3")
button_4 = wx.Button(panel, wx.ID_ANY, "버튼4")

# GridSizer 객체 생성(2행 2열로 배치)
layout = wx.GridSizer(2, 2, 0, 0)
layout.Add(button_1)
layout.Add(button_2)
layout.Add(button_3)
layout.Add(button_4)

```

```
panel.SetSizer(layout)

frame.Show()
application.MainLoop()
```

■ 실행 결과 ■

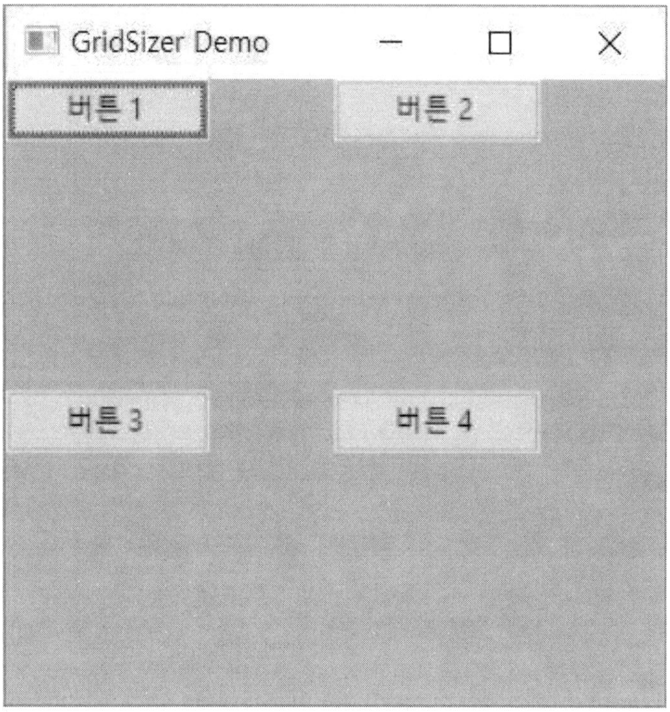

■ 배치의 상세 제어

flag 속성을 지정하여 격자 공간(여기서는 3행 3열로 배치)에서 부품의 위치를 세밀하게 제어할 수 있다. GROW, SHAPED 및 "|"를 이미 소개하였으므로 설명은 생략한다. 실행 결과 화면에서 프레임의 크기를 조정하여 보면 어떤 식으로 GridSizer가 변동을 보이는지 이해할 수 있을 것이다.

Python 3.6.x

```
import wx
application = wx.App()
frame = wx.Frame(None, wx.ID_ANY, "GridSizer Demo2", size=(300,300))

panel = wx.Panel(frame, wx.ID_ANY)
panel.SetBackgroundColour("#AFAFAF")

button_1 = wx.Button(panel, wx.ID_ANY, "1", size=(30,30))
button_2 = wx.Button(panel, wx.ID_ANY, "2", size=(30,30))
button_3 = wx.Button(panel, wx.ID_ANY, "3", size=(30,30))
button_4 = wx.Button(panel, wx.ID_ANY, "4", size=(30,30))
button_5 = wx.Button(panel, wx.ID_ANY, "5", size=(30,30))
button_6 = wx.Button(panel, wx.ID_ANY, "6", size=(30,30))
button_7 = wx.Button(panel, wx.ID_ANY, "7", size=(30,30))
button_8 = wx.Button(panel, wx.ID_ANY, "8", size=(30,30))
button_9 = wx.Button(panel, wx.ID_ANY, "9", size=(30,30))

layout = wx.GridSizer(3, 3, 0, 0)
layout.Add(button_1)
layout.Add(button_2)
layout.Add(button_3, flag=wx.GROW)
layout.Add(button_4, flag=wx.SHAPED)
layout.Add(button_5, flag=wx.SHAPED | wx.ALIGN_TOP)
layout.Add(button_6, flag=wx.SHAPED | wx.ALIGN_BOTTOM)
layout.Add(button_7, flag=wx.SHAPED | wx.ALIGN_CENTER)
layout.Add(button_8, flag=wx.SHAPED | wx.ALIGN_LEFT)
layout.Add(button_9, flag=wx.SHAPED | wx.ALIGN_RIGHT)

panel.SetSizer(layout)

frame.Show()
application.MainLoop()
```

〓 실행 결과 〓

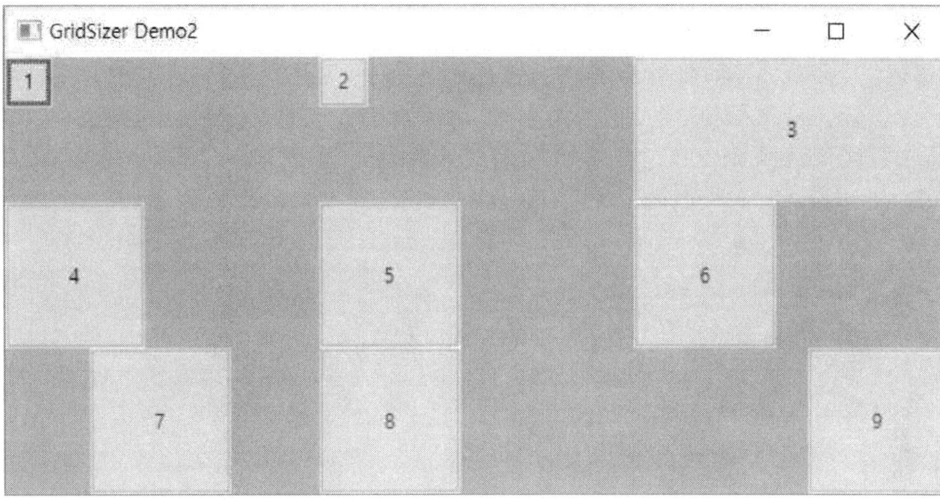

■ 여백 지정하기

여백 제어에 대한 설명은 앞에서도 소개하였지만 GridSizer에서도 border 속성을 필요한 여백의 픽셀 수로 지정하고 flag 속성에서 여백을 지정하면 된다. 다음 예제에서는 버튼 1의 상단 여백을 10px, 버튼 2의 왼쪽 부분에 대한 여백을 10px, 버튼 3의 오른쪽 부분에 대한 여백을 10px, 버튼 4의 전 방위에 대한 여백을 10px로 지정한 예이다.

Python 3.6.x

```
import wx
application = wx.App()
frame = wx.Frame(None, wx.ID_ANY, "GridSizer Demo3", size=(300,300))

panel = wx.Panel(frame, wx.ID_ANY)
panel.SetBackgroundColour("#AFAFAF")

button_1 = wx.Button(panel, wx.ID_ANY, "버튼1")
button_2 = wx.Button(panel, wx.ID_ANY, "버튼2")
button_3 = wx.Button(panel, wx.ID_ANY, "버튼3")
button_4 = wx.Button(panel, wx.ID_ANY, "버튼4")
```

```

# GridSizer 객체 생성(2행 2열로 배치)
layout = wx.GridSizer(2, 2, 0, 0)
layout.Add(button_1, flag=wx.EXPAND | wx.TOP,   border=10)
layout.Add(button_2, flag=wx.EXPAND | wx.LEFT,  border=10)
layout.Add(button_3, flag=wx.EXPAND | wx.RIGHT, border=10)
layout.Add(button_4, flag=wx.EXPAND | wx.ALL,   border=10)

panel.SetSizer(layout)

frame.Show()
application.MainLoop()
```

■ 실행 결과 ■

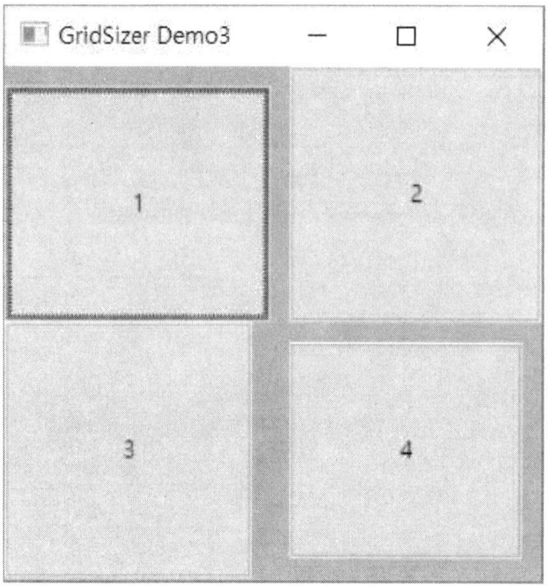

11.4.4 FlexGridSizer를 이용한 화면 배치

앞에서 소개한 GridSizer를 더 유연한 형태로 이용 가능한 것이 FlexGridSizer이다. GridSizer는 배치 영역이 모두 같은 크기가 되어 버리는 반면, FlexGridSizer은 행 지정 및 열 지정의 크기를 각각 변경할 수 있다. 부품의 크기가 모두 같은 경우가 좋을 때도 있겠지만 용도에 따라 구분하여 사용하도록 한다.

Python 3.6.x

```
import wx
application = wx.App()
frame = wx.Frame(None, wx.ID_ANY, "FlexGridSizer Demo", size=(300,300))

panel = wx.Panel(frame, wx.ID_ANY)
panel.SetBackgroundColour("#AFAFAF")

button_1 = wx.Button(panel, wx.ID_ANY, "1")
button_2 = wx.Button(panel, wx.ID_ANY, "2")
button_3 = wx.Button(panel, wx.ID_ANY, "3")
button_4 = wx.Button(panel, wx.ID_ANY, "4")
button_5 = wx.Button(panel, wx.ID_ANY, "5")
button_6 = wx.Button(panel, wx.ID_ANY, "6")

layout = wx.FlexGridSizer(3, 2)
layout.Add(button_1, flag=wx.GROW)
layout.Add(button_2, flag=wx.GROW)
layout.Add(button_3, flag=wx.GROW)
layout.Add(button_4, flag=wx.GROW)
layout.Add(button_5, flag=wx.GROW)
layout.Add(button_6, flag=wx.GROW)
layout.AddGrowableRow(0)
layout.AddGrowableCol(1)

panel.SetSizer(layout)

frame.Show()
application.MainLoop()
```

■ 실행 결과 ■

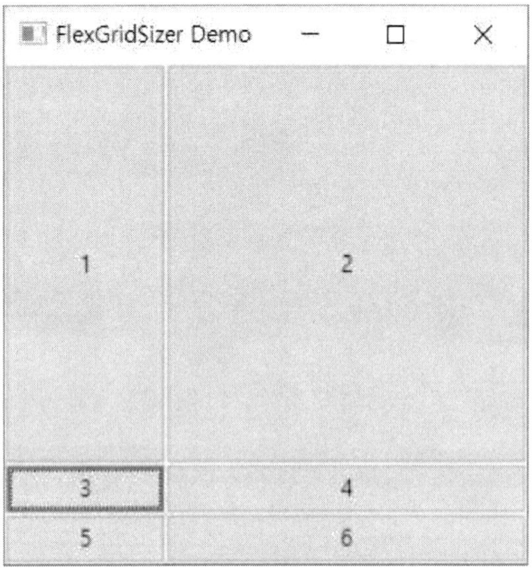

배치 공간의 사용은 GridSizer와 거의 동일하며 차이점으로는 AddGrowableRow 메서드의 인수에 크기를 변경하려는 행의 인덱스를 지정하고 AddGrowableCol 메서드에서는 열을 지정하는 것 외에는 없다. 실행 결과에서 버튼 3과 5만이 보통 크기로 유지되고 있다.

11.5 Notebook을 이용한 탭 메뉴 만들기

wxPython에서 탭 메뉴 구조를 구성하려면 Notebook을 이용하면 된다. 깔끔한 레이아웃을 제공할 수 있으며 부품의 수가 많거나 그룹화를 목적으로 하는 경우에 효율적이다.

11.5.1 탭 메뉴의 구성

탭 메뉴를 작성하는 것은 매우 간단하다. 다음 예제와 같이 frame 객체를 상위 윈도우로 하는 Notebook 객체를 생성하고 각 패널 객체의 부모 윈도우로 notebook 객체로 등록만 해 주면 된다. 그 다음에 InsertPage 메서드의 인수를 순차적으로 인덱스, 추가 부품 객체, 탭 메뉴의 이름 순서대로 지정하면 된다.

Python 3.6.x

```
import wx
application = wx.App()
frame = wx.Frame(None, wx.ID_ANY, "Notebook: Tap Menu", size=(300,150))

notebook = wx.Notebook(frame, wx.ID_ANY)

panel_1 = wx.Panel(notebook, wx.ID_ANY)
panel_2 = wx.Panel(notebook, wx.ID_ANY)
panel_3 = wx.Panel(notebook, wx.ID_ANY)

panel_1.SetBackgroundColour("#FF0000")
panel_2.SetBackgroundColour("#00FF00")
panel_3.SetBackgroundColour("#0000FF")

notebook.InsertPage(0, panel_1, "Red")
notebook.InsertPage(1, panel_2, "Green")
notebook.InsertPage(2, panel_3, "Blue")

frame.Show()
application.MainLoop()
```

〓 실행 결과 〓

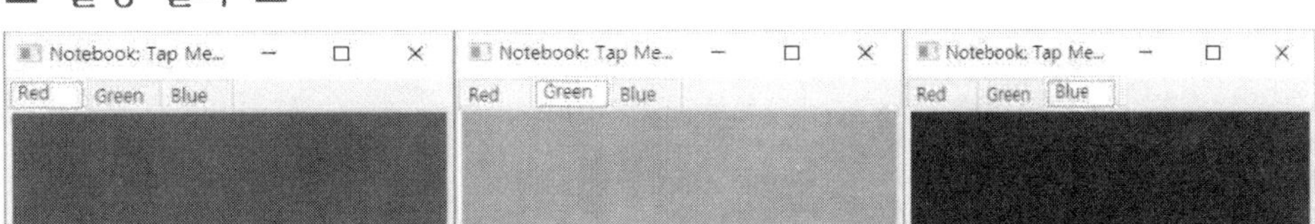

11.5.2 탭의 표시 위치 변경하기

탭 메뉴의 표시 위치를 상하 좌우로 지정하는 것도 가능하다. 다음과 같이 Notebook의 초기화 시 style 속성으로 제어가 가능하다. 별도로 지정하지 않은 경우 묵시적으로 wx.NB_TOP 속성이 적용된다.

```
notebook = wx.Notebook(frame, wx.ID_ANY, style=wx.NB_RIGHT)
#notebook = wx.Notebook(frame, wx.ID_ANY, style=wx.NB_LEFT)
#notebook = wx.Notebook(frame, wx.ID_ANY, style=wx.NB_BOTTOM)
```

다음 실행 결과는 wx.NB_RIGHT 속성을 적용한 경우에 해당된다. 실행 결과에서 프레임의 크기가 작을 때(왼쪽)는 화면 공간을 활용하여 탭 메뉴가 표시되지만, 수직 방향의 크기가 어느 정도 확보되면 수직으로 정렬(오른쪽)되는 것을 알 수 있을 것이다.

■ 실행 결과 ■

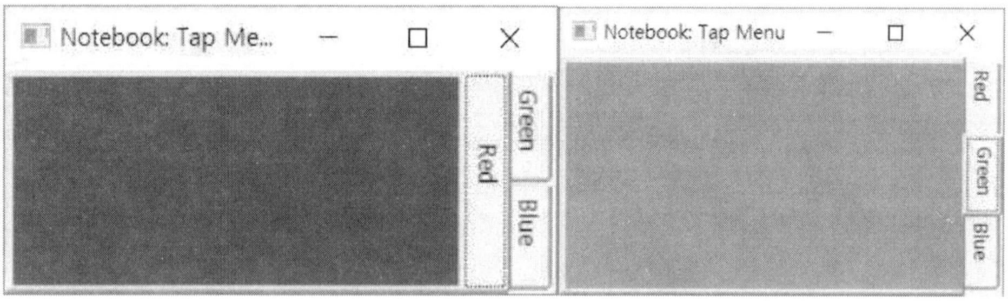

11.5.3 아이콘 삽입하기

다음 예제를 통해 지정 탭에 아이콘을 할당하는 방법을 살펴보자. 먼저 19번째 줄에서 "ImageList"을 초기화한다 이때, 인수는 표시 할 이미지 파일의 세로와 가로 크기를 지정하며, 단위는 px이다. 그 후 표시할 이미지 파일을 지정하고, 21번째 줄에서 "ImageList"로 초기화 한 "Icon"을 추가한다.

이제 24 번째 줄에서처럼 "Notebook"에 사용하는 'Icon'을 추가한 'ImageList'를 등록하고, 마지막으로 "SetPageImage"아이콘을 적용하면 된다. 이때 인수로는 탭 인덱스와 "ImageList"의 인덱스를 지정하면 된다.

Python 3.6.x

```
import wx
application = wx.App()
frame = wx.Frame(None, wx.ID_ANY, "Notebook: Tap Menu2", size=(300,300))

notebook = wx.Notebook(frame, wx.ID_ANY)
panel_1 = wx.Panel(notebook, wx.ID_ANY)
panel_2 = wx.Panel(notebook, wx.ID_ANY)
panel_3 = wx.Panel(notebook, wx.ID_ANY)

panel_1.SetBackgroundColour("#FF0000")
panel_2.SetBackgroundColour("#00FF00")
panel_3.SetBackgroundColour("#0000FF")

notebook.InsertPage(0, panel_1, "tab_1")
notebook.InsertPage(1, panel_2, "tab_2")
notebook.InsertPage(2, panel_3, "tab_3")

# ImageList 객체 생성(16px X 16px) 및 아이콘 객체 등록
image_list = wx.ImageList(16, 16)
icon = wx.Icon("python_logo.ico", wx.BITMAP_TYPE_ICO)
image_list.Add(icon)

# 노트북 객체에 아이콘을 가진 이미지 리스트 등록
notebook.AssignImageList(image_list)
# 탭의 인덱스(2)와 이미지 리스트 인덱스(0)을 등록
notebook.SetPageImage(2, 0)

frame.Show()
application.MainLoop()
```

〓 실행 결과 〓

11.6 배치 관리자를 조합하여 응용하기

앞에서 배치 관리를 위한 방법으로 Sizer 클래스를 사용하는 법에 대해 소개하였지만 실제 개발 과정에서는 복잡한 배치를 통해 GUI 어플리케이션을 작성해야 하는 경우가 더 많다.

아직 기본 GUI 부품들과 이벤트 처리에 대한 설명이 없었지만, 계산기 모양을 하고 있는 레이아웃 구성 예제를 통해 배치 관리자를 어떻게 조합하여 사용할 수 있는지 전체 과정을 먼저 살펴보도록 한다. 그리고 예제에서 MenuBar 및 TextCtrl 등이 등장하고 있지만 뒷 절에서 설명하도록 한다.

Python 3.6.x

```
import wx

#-----------------------------------
#   Frame을 상속받은
```

```
#   Top level 윈도우 클래스 정의
#-----------------------------------

class CalcFrame(wx.Frame):
    def __init__(self):

        wx.Frame.__init__(self, None,wx.ID_ANY, "계산기 레이아웃", size=(300,280))
        # 스테이터스 바의 초기화
        self.CreateStatusBar()
        self.SetStatusText("http://www.python-utopia.com/")
        self.GetStatusBar().SetBackgroundColour(None)
        # 메뉴바의 초기화
        self.SetMenuBar(CalcMenu())

        # 계산기 본체 부분의 구성
        root_panel = wx.Panel(self, wx.ID_ANY)
        text_panel = TextPanel(root_panel)
        cmdbutton_panel = CommandButtonPanel(root_panel)
        calcbutton_panel = CalcButtonPanel(root_panel)
        root_layout = wx.BoxSizer(wx.VERTICAL)
        root_layout.Add(text_panel, 0, wx.GROW | wx.ALL, border=10)
        root_layout.Add(cmdbutton_panel, 0, wx.GROW | wx.LEFT | wx.RIGHT, border=20)
        root_layout.Add(calcbutton_panel, 0, wx.GROW | wx.ALL, border=10)
        root_panel.SetSizer(root_layout)
        root_layout.Fit(root_panel)

#-----------------------------------
#   CalcFrame에서 설정하는
#   메뉴바 클래스
#-----------------------------------
class CalcMenu(wx.MenuBar):
```

```
    def __init__(self):
        wx.MenuBar.__init__(self)

        menu_file = wx.Menu()
        menu_file.Append(wx.ID_ANY, "저장")
        menu_file.Append(wx.ID_ANY, "종료")
        menu_edit = wx.Menu()
        menu_edit.Append(wx.ID_ANY, "복사")
        menu_edit.Append(wx.ID_ANY, "붙여넣기")

        self.Append(menu_file, "파일")
        self.Append(menu_edit, "편집")

#------------------------------------
#   화면 상단부에 표시되는 텍스트 부분
#------------------------------------
class TextPanel(wx.Panel):
    def __init__(self,parent):

        wx.Panel.__init__(self, parent, wx.ID_ANY)

        calc_text = wx.TextCtrl(self, wx.ID_ANY, style=wx.TE_RIGHT)
        layout = wx.BoxSizer(wx.HORIZONTAL)
        layout.Add(calc_text, 1)
        self.SetSizer(layout)

#------------------------------------
#   화면 중앙에 표시되는 버튼 부분
#------------------------------------
class CommandButtonPanel(wx.Panel):
    def __init__(self,parent):
        wx.Panel.__init__(self, parent, wx.ID_ANY)
        button_ce = wx.Button(self, wx.ID_ANY, "CE")
```

```
        button_c  = wx.Button(self, wx.ID_ANY, "C")
        layout = wx.BoxSizer(wx.HORIZONTAL)
        layout.Add(button_ce, flag=wx.GROW)
        self.SetSizer(layout)

#------------------------------------
#   화면 하단부에 표시되는 버튼 부분
#------------------------------------
class CalcButtonPanel(wx.Panel):
    def __init__(self,parent):

        wx.Panel.__init__(self, parent, wx.ID_ANY)
        button_collection = ("7","8","9","+",
                             "4","5","6","-",
                             "1","2","3","*",
                             "0",".","=","/")
        layout = wx.GridSizer(4, 4, 3, 3)

        for i in button_collection:
            layout.Add(wx.Button(self, wx.ID_ANY, i, size=(30,25)), 1, wx.GROW)
        self.SetSizer(layout)



#------------------------------------
#   커스텀 프레임을 초기화 시키고
#   어플리케이션을 시작
#------------------------------------
if __name__ == "__main__":
    application = wx.App()
    frame = CalcFrame()
    frame.Show()
    application.MainLoop()
```

〓 실행 결과 〓

예제에서는 이벤트 설정을 하지 않은 상태이므로 당연히 계산기로의 정상적인 동작은 하지 않을 것이다. 여기서 관심 있는 부분은 GUI 구성에 따른 레이아웃 구조가 계층 구조로 구성되어 있다는 사실이다.

실행 결과를 서로 다른 시각에서 바라볼 수 있겠지만 원한다면 다른 방법으로 동일한 배치를 구현하는 것도 가능하기 때문에 위 예제는 어디 까지나 예시일 뿐이다. 예제를 분석하여 보면 대략 다음과 같은 3계층 구조로 구성되어 있다는 것을 알 수 있다.

```
(1) Frame -- CalcFrame
        (2) MenuBar -- CalcMenu
        (2) Panel -- root_panel
            수직방향의 BoxSizer으로 3개의 패널을 배치
                        (3) Panel -- TextPanel
                            수평방향의 BoxSizer로 1개의 텍스트 배치
                        (3) Panel -- CommandButtonPanel
                            수평방향의 BoxSizer로 2개의 버튼을 배치
                        (3) Panel -- CalcButtonPanel
                            4x4 격자 구조를 GridSizer로 16개 버튼을 배치
        (2) StatusBar
```

요구사항에 따른 GUI 구축 과정은 생각 외로 더 복잡할 수도 있다. 그러나 적절한 배치 관리 방법을 조합하여 부품들을 배치시켜 나가면 효율적으로 GUI 내용을 구성할 수 있을 것이다. 다음 11.7절에서 실제 이용 가능한 GUI 구성 부품들에 대해 소개한다. 아울러 각 부품들에 대한 이벤트 설정 과정도 포함하여 설명한다.

11.7 주요 부품들과 이벤트 처리

11.7.1 Button의 사용

Button 클래스는 GUI 구축 과정에서 가장 기본이 되는 부품으로, 이벤트 처리의 기본 이해 및 활용에 대한 중요한 부품이 된다. wxPython에서 제공하는 Button 클래스의 기본 생성자는 다음과 같이 정의되어 있다.

```
__init__ (self, parent, id=ID_ANY, label="",
            pos=DefaultPosition, size=DefaultSize, style=0,
            validator=DefaultValidator, name=ButtonNameStr)
```

■ Button 생성과 여러 가지 속성 제어

패널에 등록할 버튼 객체는 기본적으로 생성자의 인수를 부모객체, 식별자, 라벨의 순서로 다음과 같이 전달하여도 기본 버튼 객체를 생성할 수 있다.

```
button_1 = wx.Button(panel, wx.ID_ANY, "버튼1")
button_2 = wx.Button(panel, wx.ID_ANY, "버튼2")
button_3 = wx.Button(panel, wx.ID_ANY, "버튼3")
```

간혹 버튼에 표시되는 라벨 문자를 변경해야 하는 경우도 있다. 이때 라벨을 변경하기 위한 메서드가 SetLabel이다. 다음 예는 “버튼3”으로 지정된 라벨을 “button3”로 변경시킨다.

```
button_3.SetLabel("Button 3 ")
```

또한, 버튼 객체를 생성할 때 미리 size 속성을 전달하면 버튼의 크기를 설정할 수 있다. 이외에도 SetSize, SetMaxSize, SetMinSize 등의 인스턴스 메서드를 이용할 수 있으나 Sizer의 설정에 의존하는 경우도 있으므로 주의가 필요하다.

```
# 버튼의 크기를 지정하여 버튼3 객체 생성
button_3 = wx.Button(panel, wx.ID_ANY, "버튼3", size=(50,50))

...

# 버튼 클래스의 인스턴스 메서드를 이용한 버튼 크기 설정
#button_3.SetSize((50, 50))
#button_3.SetMaxSize((50, 50))
#button_3.SetMinSize((50, 50))
```

그리고 버튼 라벨에 대하여 다음과 같이 Font 객체를 설정하여 이용하는 것도 가능하다. 다음의 경우는 button_1 객체에 20pt 크기의 일반 폰트를 지정하는 경우이다.

```
# 폰트 객체 생성 및 button_1 객체에 라벨의 폰트 지정
font = wx.Font(20, wx.FONTFAMILY_DEFAULT,
                    wx.FONTSTYLE_NORMAL, wx.FONTWEIGHT_NORMAL)
button_1.SetFont(font)
```

버튼의 글자 색 변경은 SetForegroundColour를 이용하고 배경색을 따로 지정하고자 하는 경우, SetBackgroundColour 메서드를 이용하면 된다.

```
# button_2 객체의 라벨 문자색 설정
button_2.SetForegroundColour("#FF0000")
# button_2 객체에 배경색 지정
button_2.SetBackgroundColour("#0000FF")
```

버튼을 비활성화(클릭에 반응하지 않는 상태) 상태로 변경할 때는 대상 객체에 대해 Disable 메서드를 호출하면 된다. 반대로 다시 버튼을 활성화(클릭 가능한 상태) 상태로 변경하려면 다음과 같이 Enable 메서드를 호출하면 된다.

```
button_3.Disable()
#button_3.Enable()
```

실제 응용에서 GUI 부품 객체에 툴팁(풍선 도움말)을 다음과 같이 SetToolTip 메서드를 이용하여 설정할 수 있다. 툴팁은 버튼 위에 마우스 커서가 위치하게 되면 메시지를 화면에 출력시켜 준다.

```
button_3.SetToolTip("3번 버튼입니다")
```

또한 특정 상황에서 이미 생성되어 있는 버튼을 화면에서 보이지 않도록 제어할 수 있는데 이때 호출하는 메서드가 Hide이다. 버튼이 화면에서 보이지 않는다고 해서 버튼 본체가 존재하지 않는 것은 아니고 단지 화면에서 보이지 않을 뿐이다. 다시 화면에 보이도록 설정할 때는 Show 메서드를 호출하면 된다.

```
button_3.Hide()
#button_3.Show()
```

지금까지 설명한 내용을 종합한 예제는 다음과 같다.

Python 3.6.x

```
import wx
application = wx.App()
# 프레임 객체 생성
frame = wx.Frame(None, wx.ID_ANY, "Button Demo", size=(300,200))

# 패널 객체 생성
panel = wx.Panel(frame, wx.ID_ANY)
panel.SetBackgroundColour("#AFAFAF")

# 버튼 객체 생성
button_1 = wx.Button(panel, wx.ID_ANY, "버튼1")
```

```
button_2 = wx.Button(panel, wx.ID_ANY, "버튼2")
# button_2 객체의 라벨 문자색 설정
button_2.SetForegroundColour("#FF0000")
# button_2 객체에 배경색 지정
button_2.SetBackgroundColour("#0000FF")
# 버튼의 크기를 지정하여 버튼3 객체 생성
button_3 = wx.Button(panel, wx.ID_ANY, "버튼3", size=(50,50))
button_4 = wx.Button(panel, wx.ID_ANY, "버튼4")
# button_4 객체의 동작 비 활성화 설정
button_4.Disable()
#button_4.Enable()

# 버튼 객체에 풍선 도움말 설정
button_1.SetToolTip("1번 버튼입니다")
button_2.SetToolTip("2번 버튼입니다")
button_3.SetToolTip("3번 버튼입니다")
button_4.SetToolTip("4번 버튼입니다")

# 폰트 객체 생성 및 button_1 객체에 라벨의 폰트 지정
font = wx.Font(20, wx.FONTFAMILY_DEFAULT, wx.FONTSTYLE_NORMAL, wx.FONTWEIGHT_NORMAL)
button_1.SetFont(font)

# 버튼 클래스의 인스턴스 메서드를 이용한 버튼 크기 설정
#button_3.SetSize((50, 50))
#button_3.SetMaxSize((50, 50))
#button_3.SetMinSize((50, 50))

# 버튼 객체의 화면 표시 제어
button_4.Hide()
#button_4.Show()

# 2 X 2 격자 구조로 GridSizer 객체 초기화 및 버튼 등록
layout = wx.GridSizer(2, 2, 0, 0)
```

```
layout.Add(button_1)
layout.Add(button_2)
layout.Add(button_3)
layout.Add(button_4)

# 패널에 GridSizer 객체 등록
panel.SetSizer(layout)

frame.Show()
application.MainLoop()
```

〓 실행 결과 〓

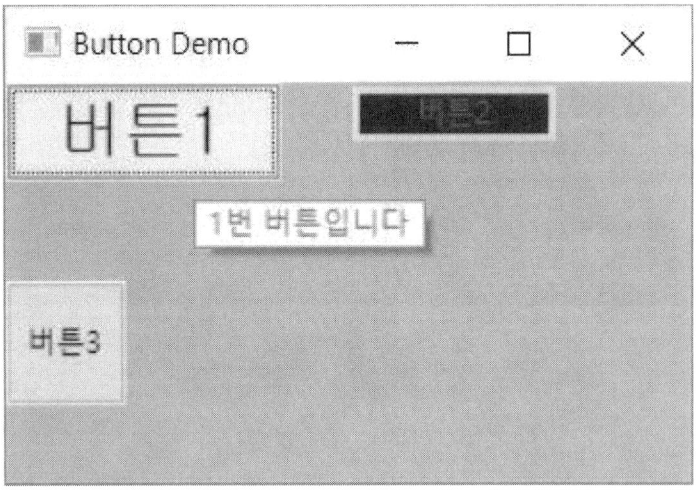

■ Button에 이벤트 처리 연결하기

지금까지 작성한 예제는 버튼을 클릭하여도 아무런 반응이 없었을 것이다. 버튼을 클릭했을 때 특정 동작으로 반응하도록 하는 처리를 이벤트 처리하고 한다. 버튼에 이벤트를 설정하려면 Bind를 사용하면 된다.

다음 예와 같이 Bind 메서드의 인수는 이벤트 유형, 이벤트 발생 시 호출할 함수의 순서로 값을 전달하면 된다. 여기서 button_1과 button_2에서는 각각 다른 함수를 정의하고 이벤트 처리를 하고 있다.

```
button_1.Bind(wx.EVT_BUTTON, click_button_1)
button_2.Bind(wx.EVT_BUTTON, click_button_2)
```

이벤트 처리를 중 다음과 같이 이벤트 발생원을 추가하고 이벤트 상황을 판별하기 위한 ID(여기서는 click_button 함수)와 대상 객체를 지정하여 처리할 수도 있다. 버튼에 직접 이벤트를 설정하거나 프레임 객체에 아래와 같이 직접 이벤트 발생원을 지정하는 Bind 메서드를 이용하여도 이벤트는 제대로 동작할 것이다.

```
frame.Bind(wx.EVT_BUTTON, click_button, button_3)
frame.Bind(wx.EVT_BUTTON, click_button, button_4)
```

click_button_1 및 click_button_2 함수와 click_button 함수의 정의는 다음 예제를 참고하라. 단 click_button 함수에서 서로 다른 버튼을 인식하기 위해 버튼 객체를 생성할 때 미리 지정한 ID, 즉 3333, 4444의 값을 이용하고 있다. ID 값의 취득은 GetId 메서드이다.

다음 예제는 버튼을 누르면 상태 표시 줄에 각기 다른 메시지가 출력된다.

Python 3.6.x

```
import wx

# 이벤트 처리를 위한 3개의 함수 정의
def click_button_1(event):
    frame.SetStatusText("Click! button_1")

def click_button_2(event):
    frame.SetStatusText("Click! button_2")

def click_button(event):
    if event.GetId() == 3333:
        frame.SetStatusText("Click! button_3")
    elif event.GetId() == 4444:
```

```
        frame.SetStatusText("Click! button_4")

application = wx.App()
frame = wx.Frame(None, wx.ID_ANY, "Button Event Demo", size=(300,200))
frame.CreateStatusBar()

panel = wx.Panel(frame, wx.ID_ANY)
panel.SetBackgroundColour("#AFAFAF")

button_1 = wx.Button(panel, wx.ID_ANY, "버튼1")
button_2 = wx.Button(panel, wx.ID_ANY, "버튼2")
button_3 = wx.Button(panel, 3333, "버튼3")
button_4 = wx.Button(panel, 4444, "버튼4")

button_1.Bind(wx.EVT_BUTTON, click_button_1)
button_2.Bind(wx.EVT_BUTTON, click_button_2)
frame.Bind(wx.EVT_BUTTON, click_button, button_3)
frame.Bind(wx.EVT_BUTTON, click_button, button_4)

layout = wx.GridSizer(2, 2, 0, 0)
layout.Add(button_1, 0, wx.GROW)
layout.Add(button_2, 0, wx.GROW)
layout.Add(button_3, 0, wx.GROW)
layout.Add(button_4, 0, wx.GROW)

panel.SetSizer(layout)

frame.Show()
application.MainLoop()
```

〓 실행 결과 〓

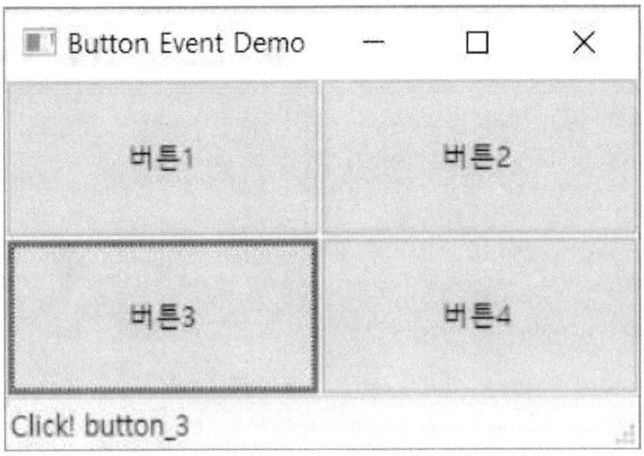

11.7.2 StaticText의 사용

wxPython에 한정되지 않고 모든 GUI 응용 프로그램에서 사용 빈도가 높은 것이 StaticText이다. 고정 문자열을 표시할 수 있어 제목이나 가이드 문구 등을 지정할 때 유용하게 이용할 수 있다. StaticText 클래스의 생성자는 다음과 같이 되어 있다.

```
StaticText(parent, id=ID_ANY, label="", pos=DefaultPosition,
        size=DefaultSize, style=0, name=StaticTextNameStr)
```

■ StaticText 생성과 여러 가지 설정 메서드

다음은 패널에 StaticText을 추가하여 배치하는 간단한 예제이다. 생성자의 인수는 기본적으로 부모 창에 해당하는 객체, 식별자, 라벨의 순서로 전달하면 된다.

Python 3.6.x

```
import wx

application = wx.App()
frame  =  wx.Frame(None,  wx.ID_ANY,  "StaticText  Demo",
```

```
size=(300,200))

panel = wx.Panel(frame, wx.ID_ANY)
panel.SetBackgroundColour("#AFAFAF")

s_text_1 = wx.StaticText(panel, wx.ID_ANY, "텍스트1")
s_text_2 = wx.StaticText(panel, wx.ID_ANY, "텍스트2")
s_text_3 = wx.StaticText(panel, wx.ID_ANY, "텍스트3")
s_text_4 = wx.StaticText(panel, wx.ID_ANY, "텍스트4")
s_text_5 = wx.StaticText(panel, wx.ID_ANY, "텍스트5")

layout = wx.BoxSizer(wx.VERTICAL)
layout.Add(s_text_1)
layout.Add(s_text_2)
layout.Add(s_text_3)
layout.Add(s_text_4)
layout.Add(s_text_5)

panel.SetSizer(layout)

frame.Show()
application.MainLoop()
```

■ 실행 결과 ■

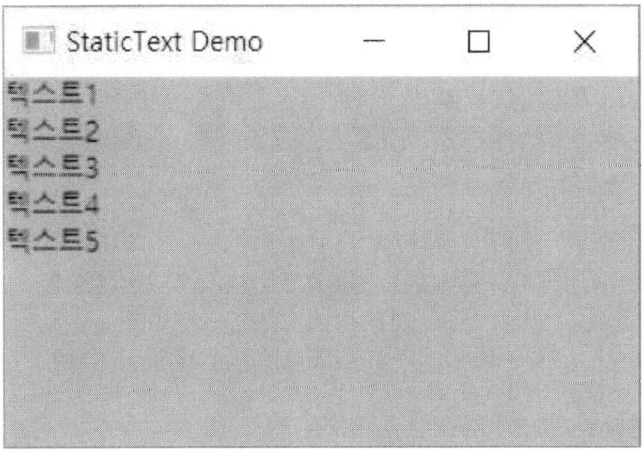

StaticText의 라벨은 버튼의 경우와 마찬가지로 다음과 같이 SetLable 메서드를 이용하여 변경할 수 있다.

```
s_text_3.SetLabel("Text3")
```

그리고 StaticText에 Font 객체를 생성하여 적용하는 것도 가능하다. 버튼의 경우와 동일하다.

```
font = wx.Font(20, wx.FONTFAMILY_DEFAULT,
      wx.FONTSTYLE_NORMAL, wx.FONTWEIGHT_NORMAL)
s_text_3.SetFont(font)
```

또한 표시되는 라벨의 문자색과 배경색을 변경하는 것도 가능하다. 버튼 객체에 설정하는 방법과 동일하다.

```
s_text_3.SetForegroundColour("#FF0000")
s_text_3.SetBackgroundColour("#0000FF")
```

풍선 도움말을 설정하기 위해 툴팁을 설정하려면 다음과 같이 기술하면 된다.

```
s_text_3.SetToolTip("풍선 도움말입니다")
```

더 이상의 설명이 필요 없을 것이라고 생각하지만 StaticText를 화면에서 보이지 않도록 설정하려면 Hide 메서드를, 다시 표시하기 위해서는 Show 메서드를 이용하면 된다.

```
s_text_3.Hide()
#s_text_3.Show()
```

■ 텍스트의 위치 정렬

문자열의 왼쪽 정렬, 오른쪽 정렬, 중앙 정렬 등이 필요한 경우에는 생성자의 속성으로 style 값을 설정하면 된다. 별도로 지정하지 않은 경우에는 디폴트로 왼쪽 정렬이 적용된다. 그러나 style 속성으로 아래와 같이 정렬값을 지정했을 경우 그 결과는 wxMSW 또는 wxGTK2 동작 환경에서만 유효하다.

```
s_text_3 = wx.StaticText(panel, wx.ID_ANY, "텍스트3", style=wx.TE_LEFT)
s_text_4 = wx.StaticText(panel, wx.ID_ANY, "텍스트4", style=wx.TE_CENTER)
s_text_5 = wx.StaticText(panel, wx.ID_ANY, "텍스트5", style=wx.TE_RIGHT)
```

마지막으로 화면에 빈 문자열을 출력시키거나 레이아웃 조정을 위해 다음과 같이 객체 생성 시 빈 문자열 값을 지정하는 것도 가능하다.

```
s_text_1 = wx.StaticText(panel, wx.ID_ANY, "텍스트1")
s_text_2 = wx.StaticText(panel, wx.ID_ANY, "")
s_text_3 = wx.StaticText(panel, wx.ID_ANY, "텍스트3")
s_text_4 = wx.StaticText(panel, wx.ID_ANY, "텍스트4")
s_text_5 = wx.StaticText(panel, wx.ID_ANY, "텍스트5")
```

11.7.3 CheckBox의 사용

여러 선택 사항이 존재할 때 1개 이상을 선택할 수 있도록 하는 CheckBox에 대해서 살펴보자. 먼저, 패널 공간에 CheckBox를 추가하는 것으로 가정하고, CheckBox의 인수도 부모 창, 식별자, 레이블의 순서로 생성자 정보를 전달하면 된다.

■ CheckBox의 기본 생성

Python 3.6.x

```
import wx

application = wx.App()
frame = wx.Frame(None, wx.ID_ANY, "CheckBix Demo", size=(300,200))

```

```
panel = wx.Panel(frame, wx.ID_ANY)
panel.SetBackgroundColour("#AFAFAF")

checkbox_1 = wx.CheckBox(panel, wx.ID_ANY, "체크박스1")
checkbox_2 = wx.CheckBox(panel, wx.ID_ANY, "체크박스2")
checkbox_3 = wx.CheckBox(panel, wx.ID_ANY, "체크박스3")
checkbox_4 = wx.CheckBox(panel, wx.ID_ANY, "체크박스4")
checkbox_5 = wx.CheckBox(panel, wx.ID_ANY, "체크박스5")

layout = wx.BoxSizer(wx.VERTICAL)
layout.Add(checkbox_1, flag=wx.GROW)
layout.Add(checkbox_2, flag=wx.GROW)
layout.Add(checkbox_3, flag=wx.GROW)
layout.Add(checkbox_4, flag=wx.GROW)
layout.Add(checkbox_5, flag=wx.GROW)

panel.SetSizer(layout)

frame.Show()
application.MainLoop()
```

■ 실행 결과 ■

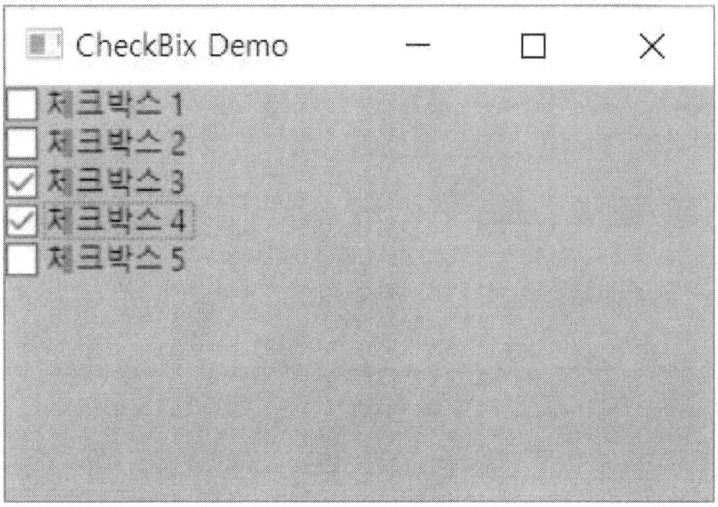

■ CheckBox의 속성의 변경

위 예제에서 CheckBox의 생성자를 호출할 때 기본적인 라벨 정보를 전달하였고 이 정보가 화면에 출력되어 반영되는 것을 보았다. 그러나 필요한 경우 화면에 표시되는 라벨 정보를 변경하는 것도 가능하다. 다음과 같이 SetLabel 메서드를 이용하면 원하는 라벨 값으로 언제든지 변경 가능하다.

```
checkbox_3.SetLabel("CheckBox3")
```

당연히 체크박스의 선택 동작을 활성화시키거나 무효화시키는 것도 가능하다. 만약 체크박스를 해제(상태를 변경할 수 없는 상태)상태를 설정하려면 Disable 메서드를 호출해 주면 된다. 또한, 재 활성화가 필요한 경우에는 Enable 메서드를 호출하면 된다.

```
checkbox_3.Disable()
#checkbox_3.Enable()
```

체크 박스에도 툴팁을 연결하여 사용자에게 가이드 정보를 제공하는 것도 가능하다. 다음과 같이 해당 GUI 부품 객체에 대해 SetToolTip 메서드를 호출해 주면 된다.

```
checkbox_3.SetToolTip("항목3을 체크하였습니다.")
```

■ 이벤트 핸들러 설정하기

체크 박스에 이벤트를 설정할 때도 Bind 메서드를 이용한다. Bind 메서드에 대한 설명은 이미 Button 객체를 이용하는 예제를 통해 확인하였을 것이다. 다음 예제를 참고하자.

Python 3.6.x

```
import wx

def state_change_checkbox_1(event):
    frame.SetStatusText("StateChange! checkbox_1")
```

```
def state_change_checkbox_2(event):
    frame.SetStatusText("StateChange! checkbox_2")

def state_change_checkbox(event):
    if event.GetId() == 3333:
        frame.SetStatusText("StateChange! checkbox_3")
    elif event.GetId() == 4444:
        frame.SetStatusText("StateChange! checkbox_4")

application = wx.App()
frame = wx.Frame(None, wx.ID_ANY, "CheckBox Demo: Event", size=(300,200))
frame.CreateStatusBar()

panel = wx.Panel(frame, wx.ID_ANY)
panel.SetBackgroundColour("#AFAFAF")

checkbox_1 = wx.CheckBox(panel, wx.ID_ANY, "바나나")
checkbox_2 = wx.CheckBox(panel, wx.ID_ANY, "망고")
checkbox_3 = wx.CheckBox(panel, 3333, "오렌지")
checkbox_4 = wx.CheckBox(panel, 4444, "파인애플")

checkbox_1.Bind(wx.EVT_CHECKBOX, state_change_checkbox_1)
checkbox_2.Bind(wx.EVT_CHECKBOX, state_change_checkbox_2)
frame.Bind(wx.EVT_CHECKBOX, state_change_checkbox, checkbox_3)
frame.Bind(wx.EVT_CHECKBOX, state_change_checkbox, checkbox_4)

layout = wx.BoxSizer(wx.VERTICAL)
layout.Add(checkbox_1, flag=wx.GROW)
layout.Add(checkbox_2, flag=wx.GROW)
layout.Add(checkbox_3, flag=wx.GROW)
layout.Add(checkbox_4, flag=wx.GROW)
```

```

panel.SetSizer(layout)

frame.Show()
application.MainLoop()
```

〓 실행 결과 〓

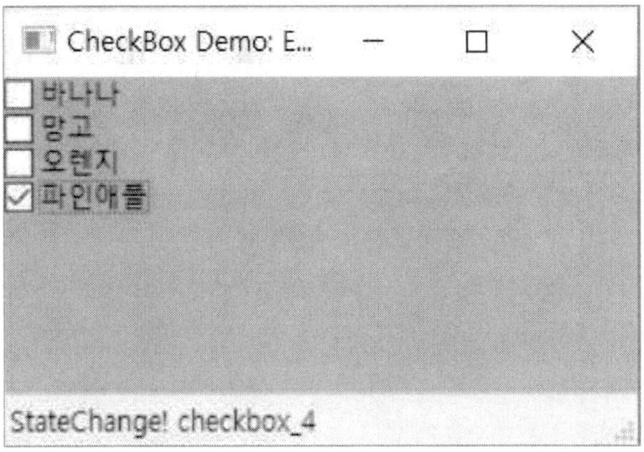

CheckBox의 상태 값을 설정하거나 취득하기 위해서는 SetValue와 GetValue 메서드가 준비되어 있으며, IsChecked 메서드를 사용하면 CheckBox의 상태 정보를 확인할 수 있다. 상태에 대한 설정 및 취득 어느 경우에도 True가 선택되어 있는 상태를 나타내며, False는 체크가 해제되어 있는 상태를 의미한다. 다음 설정 예의 경우, 출력되는 상태는 순서대로 True, True, False, False가 될 것이다.

```
checkbox_1.SetValue(True)
checkbox_2.SetValue(True)
checkbox_3.SetValue(False)
checkbox_4.SetValue(False)

print (checkbox_1.GetValue())
print (checkbox_2.IsChecked())
print (checkbox_3.GetValue())
print (checkbox_4.IsChecked())
```

■ 3가지 상태를 가지는 CheckBox 정의하기

최근 GUI 응용 프로그램에서도 종종 볼 수 있는 3가지 상태(체크 해제, 체크된 상태 그리고 중간 상태)를 처리할 수 있는 CheckBox도 정의하여 사용 가능하다. 당연히 2가지 상태(체크 해제, 체크된 상태) 처리가 기본이므로 필요에 따라 구분하여 사용하면 좋을 것이다. 또한 3가지 상태 처리를 위한 CheckBox는 다음과 같이 2개의 모드가 존재하기 때문에 그 차이를 확인해 둘 필요가 있다.

- **wx.CHK_3STATE만 지정한 경우**: 프로그램에서 세 가지 상태 설정이 가능하지만 사용자는 체크 해제 및 체크 상태만 이용 가능
- **wx.CHK_3STATE와 wx.CHK_ALLOW_3RD_STATE_FOR_USER를 지정한 경우**: 프로그램뿐만 아니라 사용자측에서도 3가지 상태를 모두 이용 가능

다음 예제에서 체크3을 클릭하더라도 체크된 상태와 해제 상태만 존재하고 중간 상태는 발생하지 않는다(프로그램에서 설정 가능). 이와 달리 체크4를 클릭하면 중간 상태도 나타나는 것을 실행결과로부터 확인할 수 있을 것이다.

Python 3.6.x

```
import wx

application = wx.App()
frame = wx.Frame(None, wx.ID_ANY, "CheckBox: 3 state", size=(300,200))

panel = wx.Panel(frame, wx.ID_ANY)
panel.SetBackgroundColour("#AFAFAF")

checkbox_1 = wx.CheckBox(panel, wx.ID_ANY, "체크1")
checkbox_2 = wx.CheckBox(panel, wx.ID_ANY, "체크2")
checkbox_3 = wx.CheckBox(panel, wx.ID_ANY, "체크3", style=wx.CHK_3STATE)
```

```
checkbox_4 = wx.CheckBox(panel, wx.ID_ANY, "체크4", style=wx.CHK_3STATE | wx.CHK_ALLOW_3RD_STATE_FOR_USER)

layout = wx.BoxSizer(wx.VERTICAL)
layout.Add(checkbox_1, flag=wx.GROW)
layout.Add(checkbox_2, flag=wx.GROW)
layout.Add(checkbox_3, flag=wx.GROW)
layout.Add(checkbox_4, flag=wx.GROW)

panel.SetSizer(layout)

frame.Show()
application.MainLoop()
```

■ 실행 결과 ■

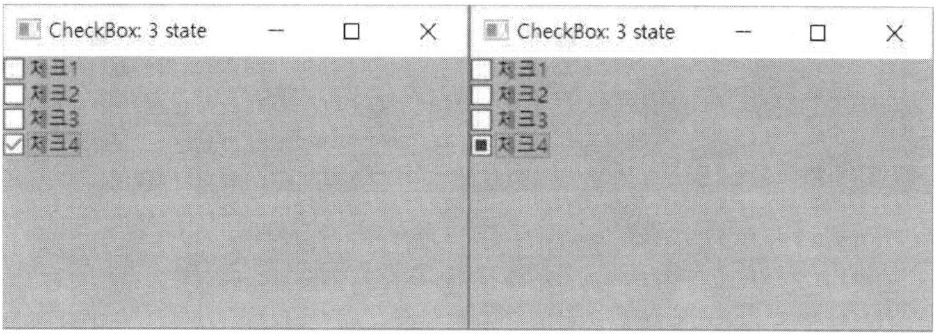

마찬가지로 위 예제에서 대해서도 상태 값의 설정과 취득이 가능하지만 3가지 상태가 설정된 CheckBox의 경우에 체크 해제된 상태는 0, 체크된 상태는 1, 그리고 중간 상태는 2라는 값을 가지게 된다.

주의할 것은 3가지 상태가 설정되지 않은 CheckBox에 대해서 다음과 같이 Set3StateValue 또는 Get3StateValue 메서드를 실행하면 오류가 발생한다. 각자 실행시켜 그 결과를 확인하기 바란다.

```
checkbox_2.Set3StateValue(0)
checkbox_3.Set3StateValue(1)
checkbox_4.Set3StateValue(2)

#print (checkbox_1.Get3StateValue())
print (checkbox_2.Get3StateValue())
print (checkbox_3.Get3StateValue())
print (checkbox_4.Get3StateValue())
```

11.7.4 RadioButton의 사용

CheckBox와 유사하나 실제 많이 사용되는 RadioButton은 4지선다식 객관식 문제 유형과 같은 구조를 표현할 때 유용하다. CheckBox의 경우에는 여러 항목을 선택 가능하지만 RadioButton의 경우에는 하나의 항목만 선택할 수 있다. RadioButton과 유사한 기능을 제공하는 RadioBox는 다음 절을 참고하기 바란다.

■ RadioButton의 생성

다음은 하나의 패널에 RadioButto 객체 4개를 추가하여 사용하는 예제로, RadioButton의 생성자에는 인수를 부모 창, 식별자, 레이블의 순서로 지정하면 객체를 생성할 수 있다.

Python 3.6.x

```
import wx

application = wx.App()
frame = wx.Frame(None, wx.ID_ANY, "RadioButton Demo", size=(300,200))

panel = wx.Panel(frame, wx.ID_ANY)
panel.SetBackgroundColour("#AFAFAF")

```

```
radiobutton_1 = wx.RadioButton(panel, wx.ID_ANY, "라디오버튼 1")
radiobutton_2 = wx.RadioButton(panel, wx.ID_ANY, "라디오버튼 2")
radiobutton_3 = wx.RadioButton(panel, wx.ID_ANY, "라디오버튼 3")
radiobutton_4 = wx.RadioButton(panel, wx.ID_ANY, "라디오버튼 4")

layout = wx.BoxSizer(wx.VERTICAL)
layout.Add(radiobutton_1, flag=wx.GROW)
layout.Add(radiobutton_2, flag=wx.GROW)
layout.Add(radiobutton_3, flag=wx.GROW)
layout.Add(radiobutton_4, flag=wx.GROW)

panel.SetSizer(layout)

frame.Show()
application.MainLoop()
```

■ 실행 결과 ■

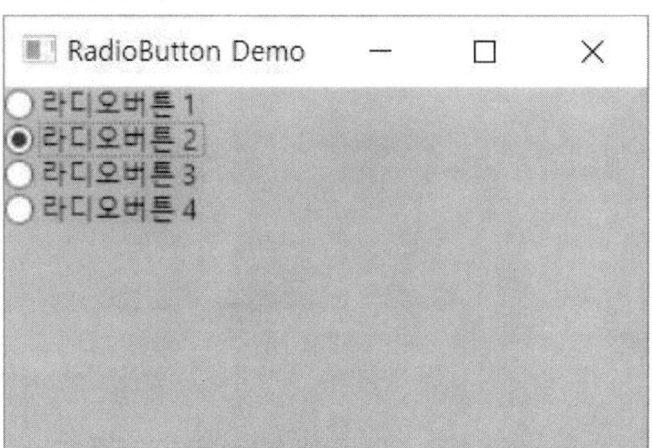

RadioButton 객체의 동작 역시 체크 유무 상태를 다음과 같이 제어할 수 있다.

```
radiobutton_3.Disable()
#radiobutton_3.Enable()
```

그리고 원하는 RadioButton 객체를 대상으로 툴팁을 연결하여 풍선 도움말을 화면에 출력시키는 것도 가능하다.

```
radiobutton_3.SetToolTip("항목3을 체크하였습니다.")
```

■ 이벤트 처리의 연결

일반적인 Button 객체에 대한 이벤트 처리 방법과 동일하게 이벤트 처리를 위한 Bind 메서드를 사용하면 된다. Bind 메서드의 인수 정보는 동일하게 이벤트 유형, 이벤트 발생 시 호출할 함수의 순서로 값을 전달하면 된다.

Python 3.6.x

```
import wx

def selected_radiobutton_1(event):
    frame.SetStatusText("Selected! radiobutton_1")

def selected_radiobutton_2(event):
    frame.SetStatusText("Selected! radiobutton_2")

def selected_radiobutton(event):
    if event.GetId() == 3333:
        frame.SetStatusText("Selected! radiobutton_3")
    elif event.GetId() == 4444:
        frame.SetStatusText("Selected! radiobutton_4")

application = wx.App()
frame  =  wx.Frame(None,  wx.ID_ANY,  "RadioButton:  Event",
```

```
size=(300,200))
frame.CreateStatusBar()

panel = wx.Panel(frame, wx.ID_ANY)
panel.SetBackgroundColour("#AFAFAF")

radiobutton_1 = wx.RadioButton(panel, wx.ID_ANY, "라디오버튼1")
radiobutton_2 = wx.RadioButton(panel, wx.ID_ANY, "라디오버튼2")
radiobutton_3 = wx.RadioButton(panel, 3333, "라디오버튼3")
radiobutton_4 = wx.RadioButton(panel, 4444, "라디오버튼4")

radiobutton_1.Bind(wx.EVT_RADIOBUTTON, selected_radiobutton_1)
radiobutton_2.Bind(wx.EVT_RADIOBUTTON, selected_radiobutton_2)
frame.Bind(wx.EVT_RADIOBUTTON, selected_radiobutton, radiobutton_3)
frame.Bind(wx.EVT_RADIOBUTTON, selected_radiobutton, radiobutton_4)

layout = wx.BoxSizer(wx.VERTICAL)
layout.Add(radiobutton_1, flag=wx.GROW)
layout.Add(radiobutton_2, flag=wx.GROW)
layout.Add(radiobutton_3, flag=wx.GROW)
layout.Add(radiobutton_4, flag=wx.GROW)

panel.SetSizer(layout)

frame.Show()
application.MainLoop()
```

■ 실행 결과 ■

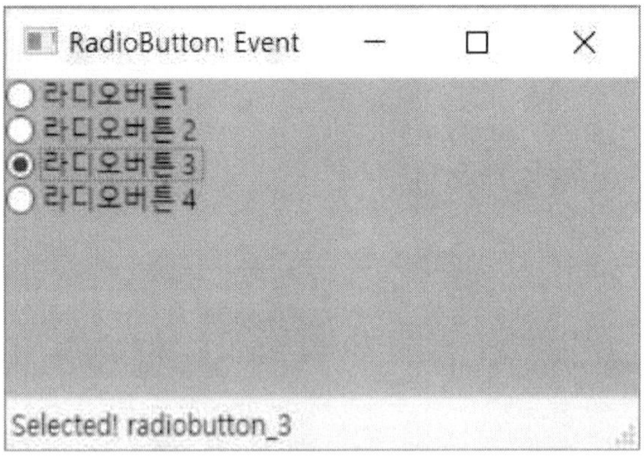

버튼의 선택 상태를 설정하거나 상태 정보를 취득할 때는 SetValue와 GetValue 메서드를 다음과 같이 이용하면 될 것이다.

```
radiobutton_1.SetValue(True)
radiobutton_2.SetValue(True)
radiobutton_3.SetValue(True)
radiobutton_4.SetValue(True)

print (radiobutton_1.GetValue())
print (radiobutton_2.GetValue())
print (radiobutton_3.GetValue())
print (radiobutton_4.GetValue())
```

■ 버튼 그룹화를 통한 선택 처리

앞서 소개한 예제의 경우에는 묵시적으로 4개의 RadioButton이 하나의 그룹으로 지정된 것으로 처리된다. 이러한 이유 때문에 하나의 라디오버튼만 선택 가능했다. 그러나 버튼 그룹이 이와 같이 묵시적으로 지정된 경우에는 상황에 맞지 않을 경우가 발생할 수 있다. 이때 style 속성 값에 RB_GROUP을 지정하게 되면 또 다른 동작을 하도록 제어할 수 있다. 한마디로 정리하자면 style 속성에서 RB_GROUP으로 지정된 라디오버튼만 그룹으로 인식하게 된다는 의미이기도 하다.

이전 예제에서 다음과 같이 style 속성을 지정하고 다시 프로그램을 실행시켜 보도록 한다. 버튼1과 2가 하나의 그룹, 버튼3과 4는 또 다른 버튼 그룹으로 기능하게 될 것이다. 즉 style 속성에서 RB_GROUP을 지정할 때마다 새로운 그룹이 생성된다는 것을 알 수 있을 것이다.

```
radiobutton_1 = wx.RadioButton(panel, wx.ID_ANY, "라디오버튼1", style=wx.RB_GROUP)
radiobutton_2 = wx.RadioButton(panel, wx.ID_ANY, "라디오버튼2")
radiobutton_3 = wx.RadioButton(panel, wx.ID_ANY, "라디오버튼3", style=wx.RB_GROUP)
radiobutton_4 = wx.RadioButton(panel, wx.ID_ANY, "라디오버튼4")
```

〓 실행 결과 〓

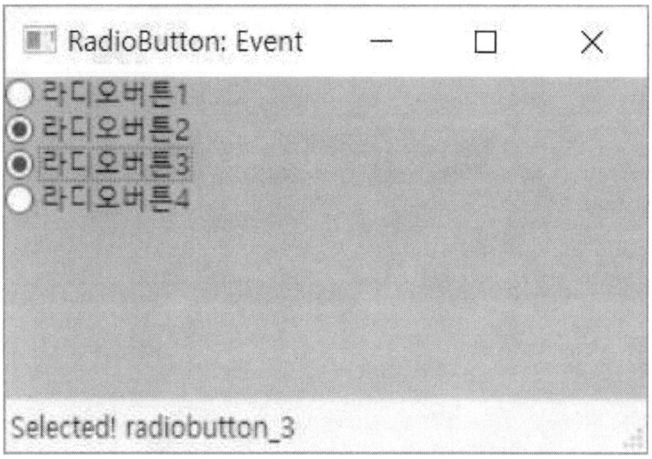

11.7.5 RadioBox의 사용

이번에는 RadioButton의 확장 버전에 해당하는 RadioBox에 대해 살펴보자. RadioButton과는 다음과 같은 차이점이 있다.

- StaticBoxSizer와 같이 제목이 있는 테두리로 장식 처리
- 그룹 내의 값의 설정이나 상태의 취득이 용이
- 버튼 요소가 동적인 경우에 사용하기 좋음

■ 수평 또는 수직방향으로 배치하기

기본적인 사용 방법은 BoxSizer와 유사하며 생성자의 초기화 인수는 부모 윈도우, 식별자, 레이블(제목), 버튼 요소 배열, 배치 방향 지정의 순서로 지정하면 된다. 배치방향의 값은 wx.RA_HORIZONTAL 또는 wx.RA_VERTICAL 중 하나를 지정하면 된다.

Python 3.6.x

```
import wx

application = wx.App()
frame = wx.Frame(None, wx.ID_ANY, "RadioBox Demo", size=(300,200))

panel = wx.Panel(frame, wx.ID_ANY)

button_array = ("부산", "대구", "대전", "서울")
radio_box = wx.RadioBox(panel, wx.ID_ANY, "서비스 대리점", choices=button_array, style=wx.RA_HORIZONTAL)

layout = wx.BoxSizer(wx.VERTICAL)
layout.Add(radio_box)

panel.SetSizer(layout)

frame.Show()
application.MainLoop()
```

〓 실행 결과 〓

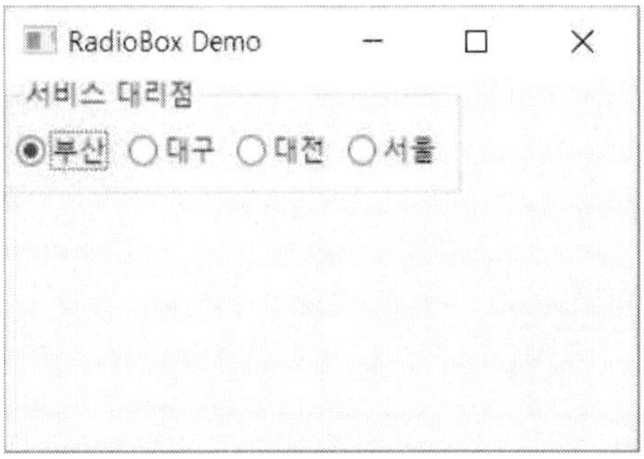

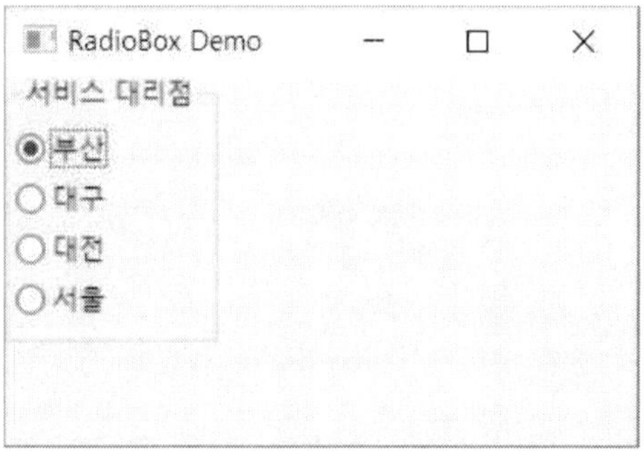

■ 줄 바꾸기 효과 설정

일정한 요소 수에서 줄 바꿈을 허용하여 배치하는 것도 가능하다. 버튼 요소의 수가 너무 많을 때에는 이 방법이 유효한 수단이 될 수 있다. 설정 방법은 객체의 초기화 시에 다음과 같이 majorDimension의 값을 통해 지정할 수 있다. 다음 예제의 경우는 수평 방향으로 배치하는 항목이 4개 이상일 경우에는 줄을 바꿔 다음 행에서 배치를 하도록 처리를 해준다.

```
radio_box = wx.RadioBox(panel, wx.ID_ANY, "python-izm.com",
choices=button_array, majorDimension=4, style=wx.RA_HORIZONTAL)
```

〓 실행 결과 〓

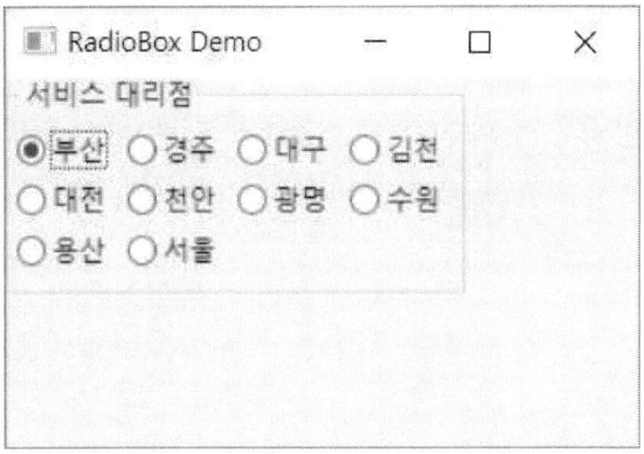

■ 기타 설정

라디오 버튼의 라벨을 변경하려면 다음과 같이 SetItemLabel 또는 SetString 메서드를 이용할 수 있다. SetString의 경우는 항목의 인덱스를 지정하고 변경 내용을 연이어 지정하면 된다.

```
radio_box.SetItemLabel(1, "광주")
radio_box.SetString(2, "전주")
```

라디오 버튼의 동작에 대한 활성화 상태 설정은 다음과 같이 EnableItem 메서드를 이용하여 원하는 항목의 인덱스와 함께 True 또는 False를 지정하면 된다.

```
radio_box.EnableItem(1, False)
```

원하는 라디오버튼 객체에 툴팁을 연결하여 설정하려면 다음과 같이 SetIemToolTip 메서드를 이용하면 된다. 참고로 항목의 인덱스 번호는 당연하지만 첫 번째 항목부터 0으로 시작한다.

```
radio_box.SetItemToolTip(1, "부산 대리점 및 서비스센터")
```

■ 이벤트 처리

라디오 버튼에 이벤트를 설정하려면 이 경우에도 Bind 메서드를 사용한다. 인수는 이벤트 유형, 이벤트 발생시 호출 할 함수의 순서로 값을 지정하며, 다음 예제는 호출 함수 내부에서 선택된 버튼의 요소 이름을 출력한다.

다음 예제에서는 이벤트 처리를 담당하는 selected_button 함수를 선언하여 event 객체를 넘겨받고, 화면에 선택한 항목의 이름을 출력하여 나타낸다.

Python 3.6.x

```
import wx

def selected_button(event):
    obj = event.GetEventObject()
    frame.SetStatusText("Selected! " + obj.GetStringSelection())

application = wx.App()
frame = wx.Frame(None, wx.ID_ANY, "RadioBox: Event", size=(300,200))
frame.CreateStatusBar()

panel = wx.Panel(frame, wx.ID_ANY)
panel.SetBackgroundColour("#AFAFAF")
button_array = ("사상", "부산진", "동래", "해운대")
radio_box = wx.RadioBox(panel, wx.ID_ANY, "부산 대리점",
```

```
    choices=button_array, style=wx.RA_VERTICAL)

radio_box.Bind(wx.EVT_RADIOBOX, selected_button)

layout = wx.BoxSizer(wx.VERTICAL)
layout.Add(radio_box)

panel.SetSizer(layout)

frame.Show()
application.MainLoop()
```

〓 실행 결과 〓

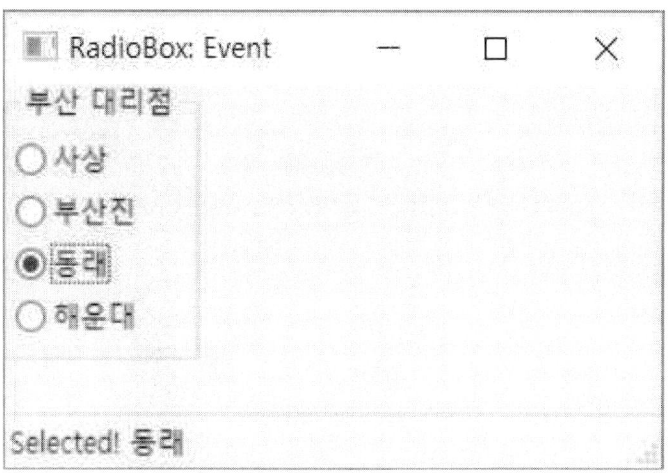

라디오 버튼의 선택 상태를 설정하거나 취득할 때는 SetSelection 메서드를 이용하여 다음과 같이 원하는 항목의 인덱스로 지정하거나, SetStringSelection 메서드를 이용하여 요소 이름을 지정할 수 있다.

또한, 선택한 값을 얻으려면 GetSelection 및 GetStringSelection 메서드에서 인덱스로 취득하거나 요소 이름으로 가져올 지를 구분하여 사용하면 될 것이다.

```
radio_box.SetSelection(0)
radio_box.SetSelection(1)
radio_box.SetStringSelection("RB3")
radio_box.SetStringSelection("RB4")

print (radio_box.GetSelection())
print (radio_box.GetStringSelection())
```

그리고 다음과 같이 GetCount 메서드에서 RadioBox 내의 요소 수를 확인할 수 있으며 GetColumnCount 메서드를 이용하면 RadioBox 내의 열의 수를, 그리고 GetRowCount 메서드를 이용하면 RadioBox 내의 행의 수를 각각 취득 할 수 있다.

```
button_array = ("RB1", "RB2", "RB3", "RB4", "RB5", "RB6", "RB7",
"RB8", "RB9", "RB10")
radio_box    =    wx.RadioBox(panel,    wx.ID_ANY,    "Buttons",
choices=button_array, majorDimension=4, style=wx.RA_HORIZONTAL)

print (radio_box.GetCount())          # 10
print (radio_box.GetColumnCount())    # 4
print (radio_box.GetRowCount())       # 3
```

11.7.6 ComboBox의 사용

이제 GUI 응용 프로그램 작성에 있어서 화면 공간을 효율적으로 사용할 수 있는 ComboBox에 대해 살펴보자. wxPython 패키지가 제공하는 ComboBox는 다양한 용도로 활용 가능하고 여러 종류가 있지만 그 중 단순한 형식의 ComboBox는 다음과 같은 특징이 있다.

- 선택이 처음부터 모두 확인 가능
- 다른 종류의 콤보박스와 비교하여 배치 공간이 넓음

- 사용자가 값을 입력 가능
- Windows 환경에서만 사용 가능

■ ComboBox의 사용

생성자의 초기화 인수는 부모 창, 식별자, 레이블, 요소 배열, 콤보박스 종류의 순서로 지정하면 된다. 다음 예제에서는 콤보박스의 종류를 지정하기 위해 style 속성에서 wx.B_SIMPLE을 지정한 예이다.

Python 3.6.x

```
import wx

application = wx.App()
frame = wx.Frame(None, wx.ID_ANY, "ComboBox Demo", size=(300,200))

panel = wx.Panel(frame, wx.ID_ANY)
panel.SetBackgroundColour("#AFAFAF")

element_array = ("element_1", "element_2", "element_4", "element_3", "element_5")
combobox_1 = wx.ComboBox(panel, wx.ID_ANY, "아무거나 선택하세요", choices=element_array, style=wx.CB_SIMPLE)

layout = wx.BoxSizer(wx.VERTICAL)
layout.Add(combobox_1, flag=wx.GROW)

panel.SetSizer(layout)

frame.Show()
application.MainLoop()
```

〓 실행 결과 〓

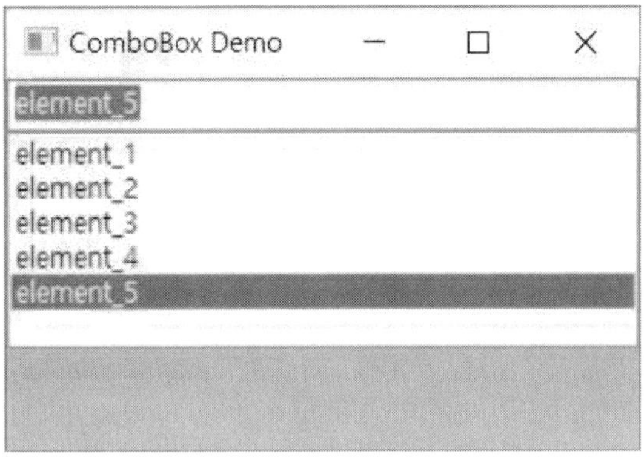

■ 드롭다운 방식으로 설정하여 사용하기

콤보박스를 드롭다운 방식으로 설정하여 이용하는 것도 가능한데 특징을 요약하면 다음과 같다.

- 작은 배치 공간에 많은 항목을 추가 가능
- 사용자가 값을 입력 가능

드롭다운 방식으로 설정하려면 생성자의 style 속성을 CB_DROPDOWN으로 변경하기만 하면 된다.

```
element_array = ("element_1", "element_2", "element_4", "element_3", "element_5")
combobox_1 = wx.ComboBox(panel, wx.ID_ANY, "아무거나 선택하세요", choices=element_array, style=wx.CB_DROPDOWN)
```

〓 실행 결과 〓

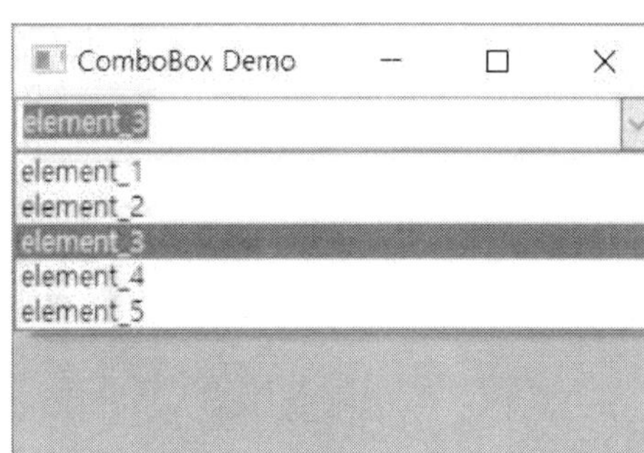

또한 콤보박스를 편집 불가능한 상태로 설정하는 것도 가능하다. style 속성의 값을 다음과 같이 wx.CB_READONLY로 변경하면 된다.

```
element_array = ("element_1", "element_2", "element_4", "element_3", "element_5")
combobox_1 = wx.ComboBox(panel, wx.ID_ANY, "아무거나 선택하세요", choices=element_array, style=wx.CB_READONLY)
```

■ 정렬 기능의 설정

다음은 항목들을 의도적으로 순서를 나열한 상태로, style 속성에 추가로 CB_SORT를 지정하면 요소를 정렬시킬 수도 있다. 화면에 각 항목 요소들이 표시될 때는 1, 2, 3, 4, 5의 정렬된 순서대로 자동 정렬되어 표시되는 것을 확인할 수 있을 것이다.

```
element_array = ("element_1", "element_2", "element_4", "element_3", "element_5")
combobox_1 = wx.ComboBox(panel, wx.ID_ANY, "아무거나 선택하세요", choices=element_array, style=wx.CB_SIMPLE | wx.CB_SORT)
```

■ 요소 항목의 추가와 삭제

이미 존재하는 콤보박스의 내용에 추가로 항목 요소를 추가하는 경우에는 Append 메서드를 이용하면 된다. 그리고 모든 요소를 바꾸거나 한꺼번에 등록할 때는 SetItems 메서드를 사용하면 편리하다.

Python 3.6.x

```
import wx

application = wx.App()
frame = wx.Frame(None, wx.ID_ANY, "ComboBox Demo2", size=(300,200))

panel = wx.Panel(frame, wx.ID_ANY)
panel.SetBackgroundColour("#AFAFAF")

```

```
element_array = ("element_1", "element_2", "element_3", "element_4", "element_5")
combobox_1 = wx.ComboBox(panel,wx. ID_ANY, "", choices=element_array, style=wx.CB_SIMPLE)
combobox_2 = wx.ComboBox(panel,wx. ID_ANY, "", choices=element_array, style=wx.CB_SIMPLE)

combobox_1.Append("element_6")

new_array = ("서울", "대구", "부산")
combobox_2.SetItems(new_array)

layout = wx.BoxSizer(wx.HORIZONTAL)
layout.Add(combobox_1, 1, wx.GROW)
layout.Add(combobox_2, 1, wx.GROW)

panel.SetSizer(layout)

frame.Show()
application.MainLoop()
```

〓 실행 결과 〓

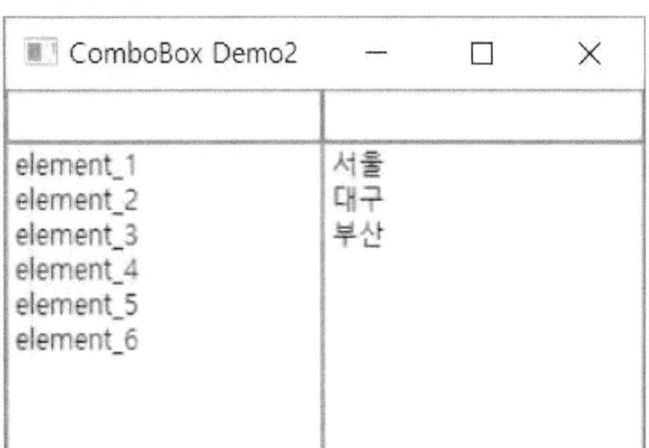

콤보박스의 요소 항목을 삭제하기 위해서는 다음과 같이 항목 요소의 인

덱스를 지정하여 Delete 메서드를 이용하면 된다. 만약 모든 항목 요소를 삭제하고자 할 때는 Clear 메서드를 이용하면 된다.

```
combobox_1.Delete(1)
combobox_2.Clear()
```

또한, 콤보박스의 모든 요소(항목의 이름)를 얻으려면 GetItems 메서드를 이용하면 취득할 수 있다. 그리고 요소의 개수를 취득하는 경우에는 GetCount 메서드를 이용하면 된다.

```
print ("---------------------------------------")
for i in combobox_1.GetItems():
    print (i)

print ("---------------------------------------")
print (combobox_1.GetCount())
```

콤보박스의 특정 항목 요소를 선택 상태로 변경할 때는 요소의 인덱스로 지정하여 SetSelection 메서드를 이용하고, 요소 이름을 지정(변경)하는 경우에는 SetStringSelection 메서드를 이용한다.

마지막으로 선택된 값을 얻으려면 GetSelection 및 GetStringSelection에서 인덱스로 취득하거나 요소 이름으로 가져올 지를 구분하면 된다. 또한 사용자 입력이 가능한 콤보박스의 경우, 입력된 텍스트 값은 GetValue 메서드로 취득 가능하다.

```
combobox_1.SetSelection(3)
combobox_1.SetStringSelection("element_5")

print (combobox_1.GetSelection())
print (combobox_1.GetStringSelection())
```

■ 이벤트 처리

이벤트 처리의 등록은 Button의 경우와 동일하게 Bind 함수를 사용한다.

왼쪽 콤보박스의 경우 항목 선택 시 이벤트 객체를 발생하게 되고, 오른쪽 콤보박스의 경우에는 텍스트 입력이 이뤄지면 이벤트 객체를 발생하게 된다. 다음 예제를 실행시켜 보자.

Python 3.6.x

```
import wx

def combobox_event(event):
    obj = event.GetEventObject()
    frame.SetStatusText("combobox_1:" + obj.GetStringSelection())

def text_event(event):
    obj = event.GetEventObject()
    frame.SetStatusText("combobox_2:" + obj.GetValue())

application = wx.App()
frame = wx.Frame(None, wx.ID_ANY, "ComboBox: Event", size=(300,200))
frame.CreateStatusBar()

panel = wx.Panel(frame, wx.ID_ANY)
panel.SetBackgroundColour("#AFAFAF")

element_array = ("element_1", "element_2", "element_3", "element_4", "element_5")
combobox_1 = wx.ComboBox(panel,wx. ID_ANY, "", choices=element_array, style=wx.CB_SIMPLE)
combobox_2 = wx.ComboBox(panel,wx. ID_ANY, "", choices=element_array, style=wx.CB_SIMPLE)

combobox_1.Bind(wx.EVT_COMBOBOX, combobox_event)
combobox_2.Bind(wx.EVT_TEXT, text_event)

layout = wx.BoxSizer(wx.HORIZONTAL)
layout.Add(combobox_1, 1, wx.GROW)
```

```
layout.Add(combobox_2, 1, wx.GROW)

panel.SetSizer(layout)

frame.Show()
application.MainLoop()
```

■ 실행 결과 ■

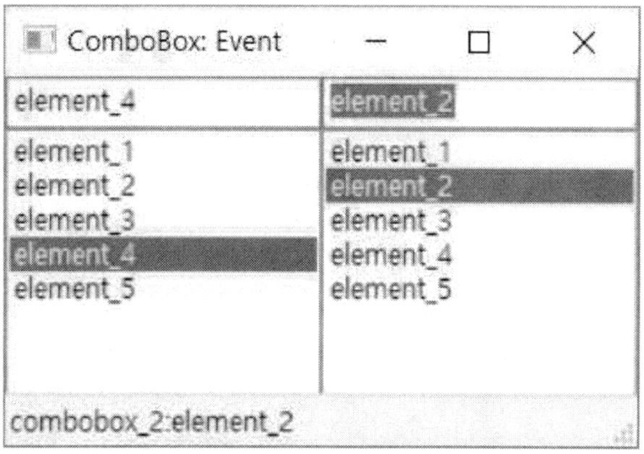

■ 데이터를 삽입하거나 취득하기

콤보박스에 항목 요소를 추가 할 때 화면에 표시될 문자열과는 별도로 내부 데이터는 그대로 유지시키는 것이 가능하다. 대표 포털의 이름을 화면에 표시하고 ID(여기서는 URL)를 내부 데이터로 묻어 두는 등의 활용이 가능하게 되어 매우 편리하다. 상태 표시줄에는 항목 요소를 선택할 때마다 내부적으로 숨어있는 클라이언트 데이터, 즉 URL 정보가 표시된다.

Python 3.6.x

```
import wx

def combobox_event(event):
    obj = event.GetEventObject()
    frame.SetStatusText(obj.GetClientData(obj.GetSelection()))

```

```
application = wx.App()
frame = wx.Frame(None, wx.ID_ANY, "ComboBox Demo3", size=(300,200))
frame.CreateStatusBar()

panel = wx.Panel(frame, wx.ID_ANY)
panel.SetBackgroundColour("#AFAFAF")

combobox_1 = wx.ComboBox(panel, wx.ID_ANY, "", style=wx.CB_SIMPLE)

combobox_1.Append("wxPython", "https://wxpython.org/")
combobox_1.Append("google", "http://www.google.co.kr/")
combobox_1.Append("yahoo", "http://www.yahoo.co.jp/")
combobox_1.Append("bing", "http://www.bing.com/")

combobox_1.Bind(wx.EVT_COMBOBOX, combobox_event)

layout = wx.BoxSizer(wx.HORIZONTAL)
layout.Add(combobox_1, flag=wx.GROW)

panel.SetSizer(layout)
frame.Show()
application.MainLoop()
```

〓 실행 결과 〓

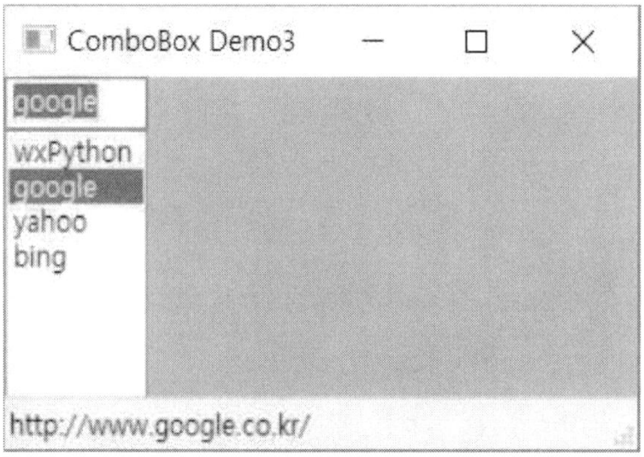

11.7.7 TextCtrl의 사용

TextCtrl은 GUI 환경에서 사용자로부터 텍스트 값을 입력 받을 수 있는 그래픽 부품이며 사용하는 방법에 따라 다양한 용도로 이용 가능하다.

■ TextCtrl의 사용

패널에 텍스트 컨트롤을 추가하는 기본 예제는 다음과 같다. 생성자의 인수는 부모 창, 식별자의 순서로 지정할 수 있지만 추가로 초기 값에 해당하는 텍스트 내용을 지정하거나 style 속성에서 예제와 같이 텍스트의 정렬 방법을 지정하는 것도 가능하다.

Python 3.6.x

```
import wx

application = wx.App()
frame = wx.Frame(None, wx.ID_ANY, "TextCrtl Demo", size=(300,200))

panel = wx.Panel(frame, wx.ID_ANY)
panel.SetBackgroundColour("#AFAFAF")

text_1 = wx.TextCtrl(panel, wx.ID_ANY)
text_2 = wx.TextCtrl(panel, wx.ID_ANY, "텍스트 내용2", style=wx.TE_LEFT)
text_3 = wx.TextCtrl(panel, wx.ID_ANY, "텍스트 내용3", style=wx.TE_CENTER)
text_4 = wx.TextCtrl(panel, wx.ID_ANY, "텍스트 내용4", style=wx.TE_RIGHT)

layout = wx.BoxSizer(wx.HORIZONTAL)
layout.Add(text_1, flag=wx.GROW)
layout.Add(text_2, flag=wx.GROW)
layout.Add(text_3, flag=wx.GROW)
layout.Add(text_4, flag=wx.GROW)
```

```
# 폰트 설정
font = wx.Font(20, wx.FONTFAMILY_DEFAULT, wx.FONTSTYLE_NORMAL, wx.FONTWEIGHT_NORMAL)
text_4.SetFont(font)

# 문자 및 배경색 설정
text_4.SetForegroundColour("#FF0000")
text_4.SetBackgroundColour("#0000FF")

panel.SetSizer(layout)

frame.Show()
application.MainLoop()
```

■ 실행 결과 ■

위 예제에서 텍스트 컨트롤의 글꼴(글꼴 크기 및 볼드체)을 변경하기 위해 SetFont 메서드를 사용하고 있다. 그리고 텍스트 컨트롤의 글자 색 변경은 SetForegroundColour를 이용하여 원하는 색상을 지정하면 된다. 또한 배경색을 변경할 필요가 있는 경우에는 SetBackgroundColour 메서드를 이용하면 된다.

예제에서 텍스트 컨트롤을 입력이 되지 않는 비활성화 상태로 지정할 필요가 있는 경우 해당 부품 객체에 대해 Disable 메서드를 지정하고, 해제가 필요하면 Enable 메서드를 지정하면 된다.

화면에 표시되는 텍스트의 내용은 style 속성 제어를 통해 왼쪽, 오른쪽, 중앙 정렬을 시키는 것도 가능하다. 제어 값은 TE_LEFT, TE_CENTER, TE_RIGHT 중의 하나를 지정하면 된다. text_1과 같이 따로 정렬에 대한 방법을 지정하지 않은 경우에는 디폴트로 왼쪽정렬이 적용된다.

■ 다중 라인 설정

텍스트 컨트롤을 여러 줄에 걸쳐 화면에 표시하고자 하는 경우에는 style 속성에서 다음과 같이 TE_MULTILINE 값을 지정하면 된다.

```
text_1 = wx.TextCtrl(panel, wx.ID_ANY, style=wx.TE_MULTILINE)
```

text_1의 style 속성 값의 지정으로 여러 줄의 입력이 가능해지며 텍스트 표시공간은 우측 편에 스크롤바가 자동으로 생성되는 것을 확인할 수 있을 것이다. 따로 지정 없이 객체를 생성하여 사용할 경우에는 기본적으로 한 줄 입력이 적용된다.

〓 실행 결과 〓

■ 텍스트 값의 조작

사용자로부터의 텍스트 입력을 받을 수 있지만 기타 조작도 가능하다. 우선 SetValue 메서드는 기존의 텍스트 값을 인수로 지정한 값으로 바꿀 수 있다. 그리고 WriteText와 AppendText 메서드는 기존의 텍스트 값의 왼쪽 및 오른쪽에 각각 인수로 지정된 값을 추가하게 된다.

Clear 메서드는 기존의 텍스트 값을 모두 삭제하고, Remove 메서드는 인수로 지정된 인덱스의 위치에 있는 기존의 텍스트 값을 삭제하게 된다. 마지막으로 Replace 메서드는 인덱스에 해당하는 텍스트 값을 인수로 지정한 문자열로 교체한다. 다음 코드의 결과를 확인해보자.

```
text_1 = wx.TextCtrl(panel, wx.ID_ANY, "텍스트1")
text_2 = wx.TextCtrl(panel, wx.ID_ANY, "텍스트2")
text_3 = wx.TextCtrl(panel, wx.ID_ANY, "텍스트3")
text_4 = wx.TextCtrl(panel, wx.ID_ANY, "텍스트4")
text_5 = wx.TextCtrl(panel, wx.ID_ANY, "텍스트5")
text_6 = wx.TextCtrl(panel, wx.ID_ANY, "텍스트6")

text_1.SetValue("text_1")
text_2.WriteText("text_2")
text_3.AppendText("text_3")
text_4.Clear()
text_5.Remove(2, 3)
text_6.Replace(0, 3, "Text")
```

〓 실행 결과 〓

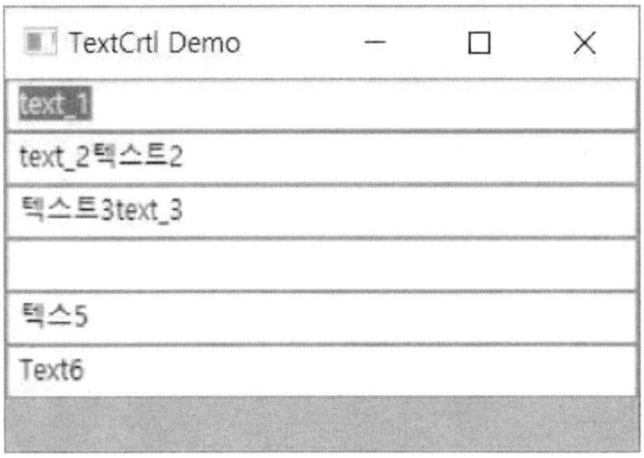

반대로 이미 지정된 텍스트의 내용을 읽어오기 위해서는 GetValue 메서드를 이용하면 된다. 그리고 텍스트 영역이 선택되어 있는 경우에 대한 내용 읽기는 GetStringSelection 메서드를 이용하여 가져올 수 있다. 또한 GetRange 메서드를 이용하면 다음과 같이 인수로 지정된 인덱스에 해당하는 텍스트 값을 가져오는 것도 가능하다.

```
text_1 = wx.TextCtrl(panel, wx.ID_ANY, "텍스트 내용1")
text_2 = wx.TextCtrl(panel, wx.ID_ANY, "텍스트 내용2")
text_3 = wx.TextCtrl(panel, wx.ID_ANY, "텍스트 내용3")

print (text_1.GetValue())
print (text_2.GetStringSelection())
print (text_3.GetRange(2, 5))
```

또 다른 예로 SelectAll 메서드를 사용하여 입력된 텍스트 값을 선택 상태로 만들 수 있으며, GetSelection 메서드는 선택 상태에 있는 텍스트 값의 인덱스를 반환받을 수 있다.

```
text_1 = wx.TextCtrl(panel, wx.ID_ANY, "텍스트 내용1")

text_1.SelectAll()
print text_1.GetSelection()
```

마지막으로 텍스트 컨트롤의 입력 문자수를 제한할 필요가 있는 경우에는 SetMaxLength 메서드를 지정하면 된다. 다음 예제 코드에서와 같이 사용자 인터페이스 환경에서 입력 문자의 수를 10자로 제한하게 되면 SetValue 메서드의 인수에서 지정하는 텍스트 값이 이를 초과하더라도 제한된 문자의 수에 맞춰 화면에 출력될 것이다.

```
text_1 = wx.TextCtrl(panel, wx.ID_ANY)
text_2 = wx.TextCtrl(panel, wx.ID_ANY)

text_1.SetMaxLength(10)
text_2.SetMaxLength(10)
text_2.SetValue("12345678901")
```

11.7.8 MenuBar의 사용

MenuBar는 GUI 응용 프로그램의 상단에 표시되며 종료 및 저장 등의 다양한 액션처리의 기점이기도 하다. 아울러 Menu와 MenuItem를 이용하여 메뉴 구성에 대한 방법을 살펴보도록 한다.

■ MenuBar의 사용과 메뉴 구성

MenuBar의 인스턴스 메서드 Append를 이용하여 준비된 Menu 객체들을 추가하고 전체 구성된 내용을 Frame의 SetMenuBar 메서드를 통해 메뉴 모음을 설정하는 기본적인 예는 다음과 같다.

Python 3.6.x

```
import wx

application = wx.App()
frame = wx.Frame(None, wx.ID_ANY, "MenuBar Demo", size=(300,200))

panel = wx.Panel(frame, wx.ID_ANY)
panel.SetBackgroundColour("#AFAFAF")

menu_file = wx.Menu()
menu_edit = wx.Menu()

menu_bar = wx.MenuBar()
```

```
menu_bar.Append(menu_file, "파일")
menu_bar.Append(menu_edit, "편집")

frame.SetMenuBar(menu_bar)
frame.Show()
application.MainLoop()
```

이 단계까지 구성한 내용을 실행시켜 보면 다음과 같을 것이다. 아직 메뉴 내용 구성을 위한 MenuItem 객체를 추가하지 않은 상태이므로 메뉴 부분을 클릭해도 아무것도 표시되지 않을 것이다.

〓 실행 결과 〓

주 메뉴 구성은 **[파일]**과 **[편집]**으로 되어 있으므로 각각의 주 메뉴에 메뉴 항목을 추가시키기 위해서는 Menu 클래스의 Append 메서드를 사용하여 메뉴 항목을 추가시켜 나가면 된다. 메서드의 인수는 식별자, 제목의 순서로 다음과 같이 지정하면 된다.

```
menu_file = wx.Menu()
menu_file.Append(1, "저장")
menu_file.Append(2, "종료")

menu_edit = wx.Menu()
menu_edit.Append(3, "복사")
menu_edit.Append(4, "붙여넣기")
```

■ 실행 결과 ■

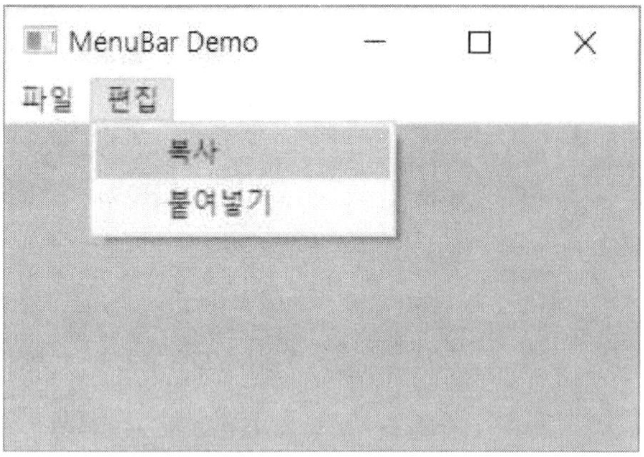

다음과 같이 메뉴 항목을 용도별로 구분하기 위해 구분선을 추가하여 표시하기 위해서는 AppendSeparator 메서드를 원하는 위치에 기술해 주면 된다.

```
menu_edit = wx.Menu()
menu_edit.Append(3, "복사")
menu_edit.AppendSeparator()
menu_edit.Append(4, "붙여넣기")
```

■ 실행 결과 ■

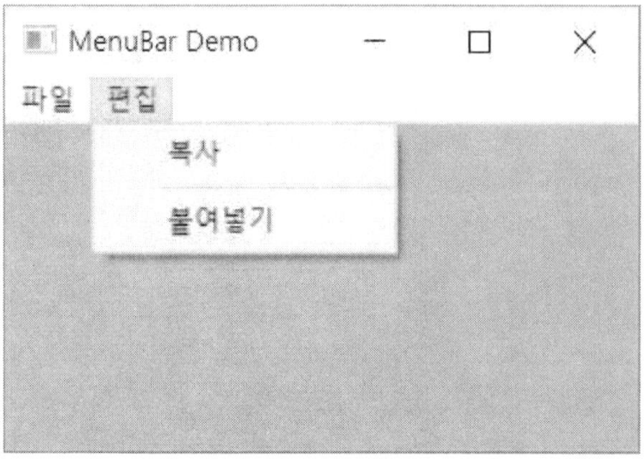

동일한 방법으로 **[편집]** 메뉴에 체크박스 형태의 메뉴 항목을 다음과 같이 추가하는 것도 가능하다. 미리 체크된 상태를 지정하기 위해서는 다음과 같이 Check 메서드의 인수를 원하는 값으로 설정하면 된다.

```
menu_edit = wx.Menu()
menu_edit.Append(3, "복사")
menu_edit.Append(4, "붙여넣기")
menu_edit.AppendSeparator()
check_item = menu_edit.AppendCheckItem(5, "체크 메뉴항목")
check_item.Check(True)
```

〓 실행 결과 〓

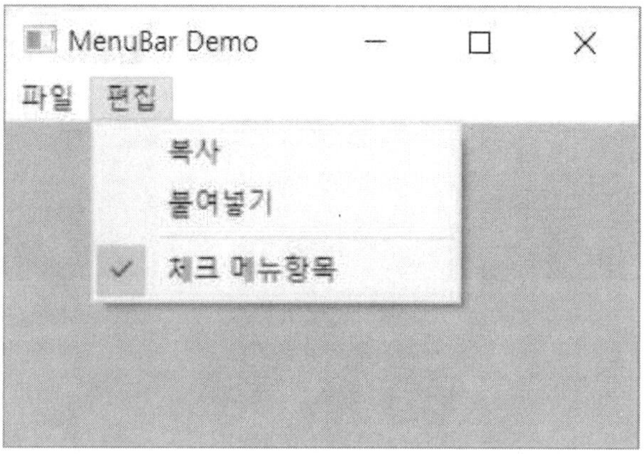

체크박스와 유사하게 라디오 버튼 형식의 메뉴항목을 추가하기 위해서는 AppendRadioItem 메서드를 설정하는 것도 가능하다.

```
menu_edit = wx.Menu()
menu_edit.Append(3, "복사")
menu_edit.Append(4, "붙여넣기")
menu_edit.AppendSeparator()

check_item = menu_edit.AppendCheckItem(5, "체크 메뉴항목")
check_item.Check(True)
menu_edit.AppendRadioItem(6, "라디오 버튼 메뉴항목1")
menu_edit.AppendRadioItem(7, "라디오 버튼 메뉴항목2")
```

〓 실행 결과 〓

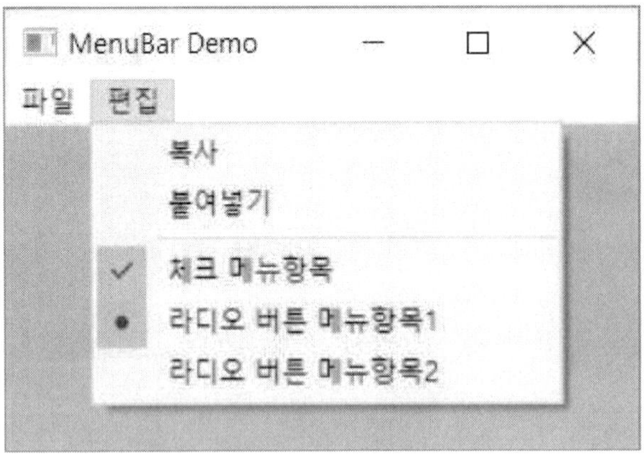

AppendSubMenu 메서드를 사용하여 [**편집**] 메뉴 등에 하위 메뉴항목을 추가로 구성하는 것도 가능하다. 메뉴 구성을 계층화하여 표시함으로써 화면을 깔끔하게 설계할 수 있을 것이다.

```
menu_edit = wx.Menu()
menu_edit.Append(3, "복사")
menu_edit.Append(4, "붙여넣기")

menu_edit_do = wx.Menu()
menu_edit_do.Append(5, "undo")
menu_edit_do.Append(6, "redo")
menu_edit.AppendSubMenu(menu_edit_do, "추가 조작")
```

〓 실행 결과 〓

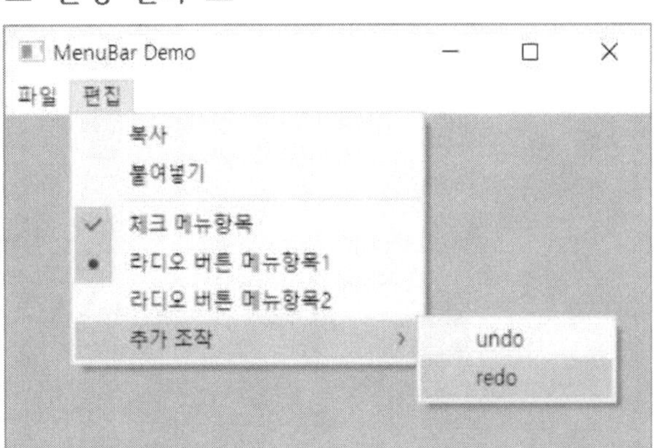

■ 메뉴의 이벤트 처리

메뉴에 이벤트를 설정할 때도 Bind 메서드를 이용하며 지정하는 인수는 이벤트 유형, 이벤트 발생 시 호출 할 함수의 순서로 값을 전달하면 호출된 함수 내부에서 원하는 처리를 하도록 할 수 있다. 다음 예제의 경우는 이벤트가 발생하면 선택된 메뉴 항목의 ID를 화면에 출력해 준다.

Python 3.6.x

```
import wx

def selectMenu(event):
    frame.SetStatusText("MenuSelected! " + str(event.GetId()))

application = wx.App()
frame = wx.Frame(None, wx.ID_ANY, "MenuBar: Event", size=(300,200))
frame.CreateStatusBar()

panel = wx.Panel(frame, wx.ID_ANY)
panel.SetBackgroundColour("#AFAFAF")

menu_file = wx.Menu()
save_item = menu_file.Append(1, "저장")
exit_item = menu_file.Append(2, "종료")

menu_edit = wx.Menu()
copy_item  = menu_edit.Append(3, "복사")
paste_item = menu_edit.Append(4, "붙여넣기")

menu_bar = wx.MenuBar()
menu_bar.Append(menu_file, "파일")
menu_bar.Append(menu_edit, "편집")

frame.Bind(wx.EVT_MENU, selectMenu)

```

```
frame.SetMenuBar(menu_bar)

frame.Show()
application.MainLoop()
```

〓 실행 결과 〓

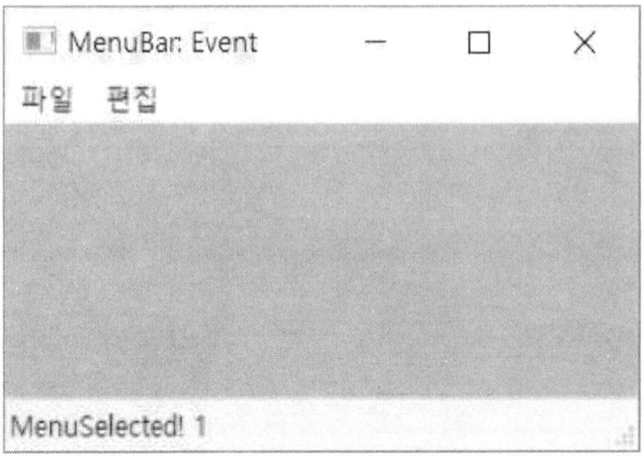

11.7.9 StaticLine의 사용

GUI 응용 프로그램을 작성하다 보면 버튼이나 텍스트가 아닌 단순히 원하는 위치에 선을 긋고 싶은 경우도 있을 것이다. 이럴 때 유용한 GUI 컨트롤 부품이 StaticLine 클래스이다.

부품들을 배치하는 과정에서 다음 예제와 같이 라인을 추가하려는 위치를 결정하고 해당 위치에 StaticLine을 기술하면 된다. 이때 StaticLine 자체를 조작하는 경우가 거의 없으므로 생성자에는 부모의 창(여기서는 panel 객체)만 지정하는 것으로 충분하다.

Python 3.6.x

```
import wx

application = wx.App()
```

```
frame = wx.Frame(None, wx.ID_ANY, "StaticLine Demo", size=(300,200))

panel = wx.Panel(frame, wx.ID_ANY)
panel.SetBackgroundColour("#AFAFAF")

button_1 = wx.Button(panel, wx.ID_ANY, "봄")
button_2 = wx.Button(panel, wx.ID_ANY, "여름")
button_3 = wx.Button(panel, wx.ID_ANY, "가을")
button_4 = wx.Button(panel, wx.ID_ANY, "겨울")

layout = wx.BoxSizer(wx.VERTICAL)
layout.Add(button_1)
layout.Add(button_2)
layout.Add(wx.StaticLine(panel), flag=wx.GROW)
layout.Add(button_3)
layout.Add(button_4)

panel.SetSizer(layout)

frame.Show()
application.MainLoop()
```

■ 실행 결과 ■

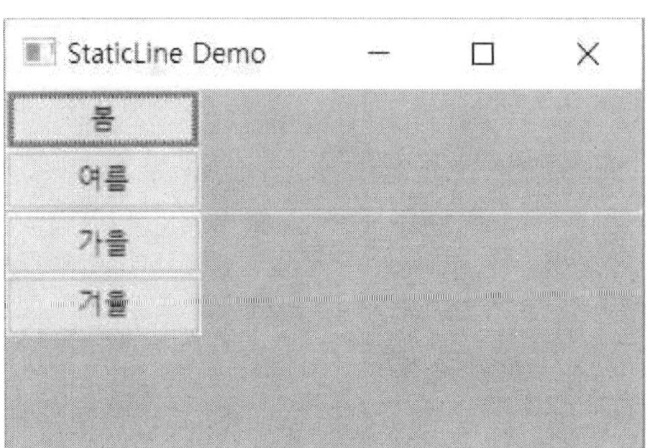

11.7.10 ToggleButton의 사용

ToggleButton은 외형으로만 보면 일반 버튼과 크게 다르지 않다. 그러나 ON 및 OFF 상태를 설정하는 기능적인 차이를 가지고 있으며, 단일 컨트롤 부품으로 두 가지 상태를 처리하는 기능적인 부품이라는 점에서 차이를 보인다.

■ ToggleButton의 생성

다음 예제에서와 같이 패널에 토글 버튼을 추가하여 보자. ToggleButton의 생성자를 초기화 시키는 인수는 부모 창, 식별자, 레이블의 순서로 지정하면 된다.

Python 3.6.x

```
import wx

application = wx.App()
frame = wx.Frame(None, wx.ID_ANY, "ToggleButton Demo", size=(300,200))

panel = wx.Panel(frame, wx.ID_ANY)
panel.SetBackgroundColour("#AFAFAF")

t_button_1 = wx.ToggleButton(panel, wx.ID_ANY, "토글버튼1")
t_button_2 = wx.ToggleButton(panel, wx.ID_ANY, "토글버튼2")
t_button_3 = wx.ToggleButton(panel, wx.ID_ANY, "토글버튼3")

layout = wx.BoxSizer(wx.VERTICAL)
layout.Add(t_button_1)
layout.Add(t_button_2)
layout.Add(t_button_3)

panel.SetSizer(layout)

```

```
frame.Show()
application.MainLoop()
```

■ 실행 결과 ■

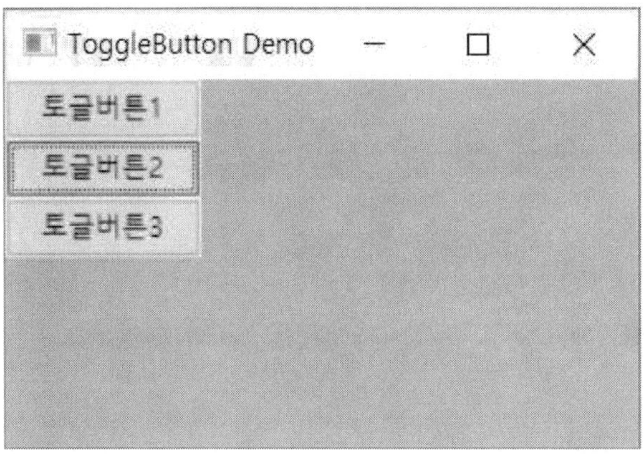

토글버튼을 누르게 되면 ON 상태로 설정되지만 일반적인 버튼과 거의 구분이 힘들다. 그러나 일반적인 버튼은 클릭되는 순간에 한 가지의 상태 정보만을 가지지만 토글버튼은 한 개로 두 가지 상태를 처리할 수 있다는 장점을 가지고 있다.

토글버튼의 라벨(토글 버튼에 표시되는 문자)를 변경하고자 한다면 다음과 같이 SetLabel 메서드를 사용한다.

```
t_button_2.SetLabel("togglebutton2")
```

그리고 생성자의 세 번째 인수에서 속성 style를 이용하여 다음 예와 같이 그 크기를 변경시키는 것도 가능하다. 그 외의 동일한 유형의 메서드로는 SetSize, SetMaxSize, SetMinSize에서도 설정 가능하지만, Sizer의 설정에 의존하는 경우도 있으므로 주의하도록 하자.

```
t_button_1 = wx.ToggleButton(panel, wx.ID_ANY, "토글버튼1")
t_button_2 = wx.ToggleButton(panel, wx.ID_ANY, "토글버튼2", size=(150,50))
t_button_3 = wx.ToggleButton(panel, wx.ID_ANY, "토글버튼3")

#t_button_2.SetSize((150, 50))
#t_button_2.SetMaxSize((150, 50))
#t_button_2.SetMinSize((150, 50))
```

토글 버튼의 글자체를 변경할 때는 SetFont 메서드를 사용하여 Font 객체를 지정해주면 된다. 토글버튼 동작의 활성화 제어 역시 Disable과 Enable 메서드를 사용하며, 필요에 따라 툴팁을 연결하거나 Hide 메서드(화면에서 숨김), Show 메서드(화면에 표시)를 사용하는 것은 다른 컨트롤 부품과 동일하므로 적절하게 이용하도록 하자.

■ 이벤트 처리와 상태의 설정

토글버튼에 이벤트를 설정할 때도 Bind 메서드를 이용하면 되며 지정하는 인수의 정보는 버튼의 경우와 동일하다. 다음 예제를 참고하기 바란다.

Python 3.6.x

```
import wx

def click_togglebutton_1(event):
    frame.SetStatusText("Click! t_button_1")

def click_togglebutton_2(event):
    frame.SetStatusText("Click! t_button_2")

def click_togglebutton(event):
    if event.GetId() == 1234:
        frame.SetStatusText("Click! t_button_3")
    elif event.GetId() == 5678:
        frame.SetStatusText("Click! t_button_4")
```

```

application = wx.App()
frame = wx.Frame(None, wx.ID_ANY, "ToggleButton: Event", size=(300,200))
frame.CreateStatusBar()

panel = wx.Panel(frame, wx.ID_ANY)
panel.SetBackgroundColour("#AFAFAF")

t_button_1 = wx.ToggleButton(panel, wx.ID_ANY, "토글버튼1")
t_button_2 = wx.ToggleButton(panel, wx.ID_ANY, "토글버튼2")
t_button_3 = wx.ToggleButton(panel, 1234, "토글버튼3")
t_button_4 = wx.ToggleButton(panel, 5678, "토글버튼4")

t_button_1.Bind(wx.EVT_TOGGLEBUTTON, click_togglebutton_1)
t_button_2.Bind(wx.EVT_TOGGLEBUTTON, click_togglebutton_2)
frame.Bind(wx.EVT_TOGGLEBUTTON, click_togglebutton, t_button_3)
frame.Bind(wx.EVT_TOGGLEBUTTON, click_togglebutton, t_button_4)

layout = wx.BoxSizer(wx.VERTICAL)
layout.Add(t_button_1)
layout.Add(t_button_2)
layout.Add(t_button_3)
layout.Add(t_button_4)

panel.SetSizer(layout)

frame.Show()
application.MainLoop()
```

■ 실행 결과 ■

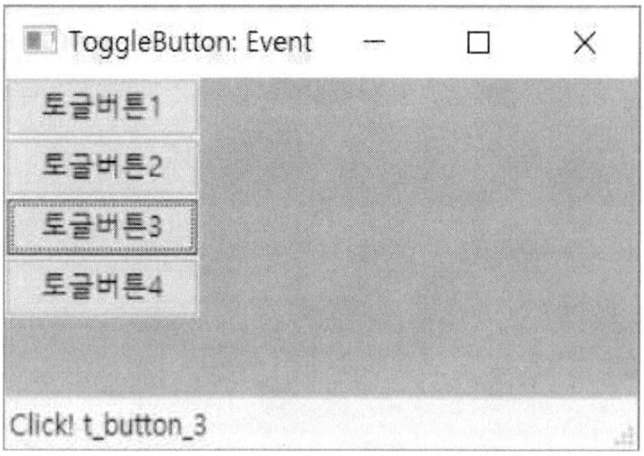

또한 버튼과 동일하게 토글버튼의 상태(ON 또는 OFF)를 설정할 때는 SetValue 메서드를 사용하고 상태 값을 취득하기 위해서는 GetValue 메서드를 이용하면 된다.

```
t_button_1.SetValue(True)
t_button_2.SetValue(True)
t_button_3.SetValue(False)
t_button_4.SetValue(False)

print (t_button_1.GetValue())
print (t_button_2.GetValue())
print (t_button_3.GetValue())
print (t_button_4.GetValue())
```

11.7.11 Slider의 사용

볼륨 조정이나 RGB 값을 설정할 때 흔히 사용되는 Slider 클래스는 수치 지정 등의 목적으로 이용되기도 한다.

■ 수평 또는 수직 방향으로 슬라이더 배치
다음 예제에서 알 수 있듯이 Slider의 생성자에 부모 창을 지정하기만 하면 슬라이더 객체를 이용할 수 있다. 필요한 경우에는 두 번째 인수 값으로 sytle 속성을 지정하여 화면 배치를 제어할 수 있다.

기본 생성자로 만들어진 슬라이더 객체는 디폴트로 가로 방향으로 배치되는 슬라이더가 작성되며 임의로 배치 방향을 결정하고자 하는 경우에는 속성 값으로 SL_HORIZONTAL 또는 SL_VERTICAL로 설정하면 된다.

Python 3.6.x

```
import wx

application = wx.App()
frame = wx.Frame(None, wx.ID_ANY, "Slider Demo", size=(300,200))

panel = wx.Panel(frame, wx.ID_ANY)

#slider = wx.Slider(panel)
slider = wx.Slider(panel, style=wx.SL_HORIZONTAL)
#slider = wx.Slider(panel, style=wx.SL_VERTICAL)

layout = wx.BoxSizer(wx.VERTICAL)
layout.Add(slider, flag=wx.GROW)

panel.SetSizer(layout)
frame.Show()
application.MainLoop()
```

■ 실행 결과 ■

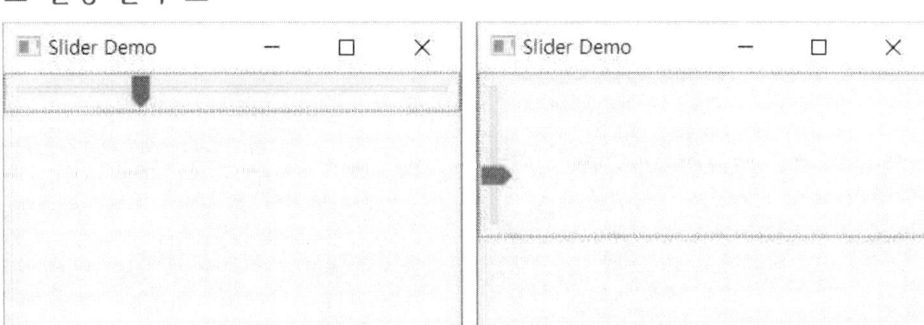

위 실행결과를 보면 슬라이더의 조정 탭을 건드려도 어느 정도로 변하는지에 대한 최소 정보가 없으므로 다음과 같이 style 속성으로 SL_LABELS를 지정하게 되면 슬라이더 상단에 상태 라벨이 표시되도록 할 수 있다.

```
slider = wx.Slider(panel, style=wx.SL_LABELS)
```

또한 기준이 되는 눈금을 표시하기 위해 style 속성을 SL_AUTOTICKS으로 지정하는 것도 가능하다. 일반적으로 기본 눈금 폭은 최소로 설정되기 때문에 적절한 폭을 설정하여 변경할 때는 다음과 같이 SetTickFreq 메서드를 같이 기술해주면 더 좋을 것이다.

```
slider = wx.Slider(panel, style=wx.SL_AUTOTICKS)

slider.SetTickFreq(10)
```

그러나 style 속성을 하나만 지정해야 한다면 매우 불편할 것이다. wxPython에서는 다음과 같이 복합 스타일을 지정하는 것도 가능하므로 참고하기 바란다.

```
slider = wx.Slider(panel, style=wx.SL_HORIZONTAL | wx.SL_LABELS
| wx.SL_AUTOTICKS)
```

〓 실행 결과 〓

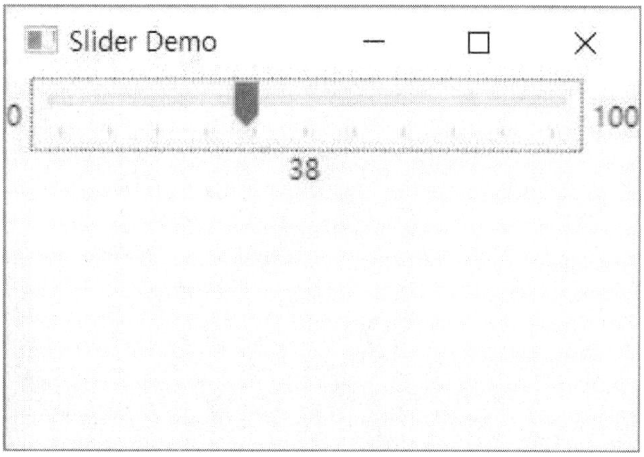

GUI 응용 프로그램에서 상황에 따라서는 슬라이더의 최소값 또는 최대값 정보를 취득하거나 설정할 필요가 있다. 이럴 때는 GetMin과 GetMax 메서드를 이용하거나 SetMin과 SetMax 메서드를 적절하게 이용하면 된다.

```
slider = wx.Slider(panel, style=wx.SL_LABELS)

print slider.GetMin()
print slider.GetMax()
slider.SetMin(100)
slider.SetMax(500)
```

또한 슬라이더의 조정 탭을 변경한 상태에서 해당 위치의 값을 취득할 때는 GetValue 메서드를, 원하는 위치로 값을 설정하고자 할 때는 SetValue 메서드를 이용하면 된다. 참고로 최소값 및 최대값을 초과하는 값을 설정한 경우에는 최소값과 최대값에 맞춰 자동 조정된다.

```
slider.SetValue(20)
print slider.GetValue()
```

■ 이벤트 처리

슬라이더에도 Bind 메서드를 통해 이벤트 설정 및 처리가 가능하다. 다음 예제를 참고하기 바란다.

Python 3.6.x

```
import wx

def slider_value_change(event):
    obj = event.GetEventObject()
    frame.SetStatusText("Slider value is " + str(obj.GetValue()))

application = wx.App()
frame = wx.Frame(None, wx.ID_ANY, "Slider: Event",
```

```
              size=(300,200))
frame.CreateStatusBar()

panel = wx.Panel(frame, wx.ID_ANY)
panel.SetBackgroundColour("#AFAFAF")

slider = wx.Slider(panel)

slider.Bind(wx.EVT_SLIDER, slider_value_change)

layout = wx.BoxSizer(wx.VERTICAL)
layout.Add(slider, flag=wx.GROW)

panel.SetSizer(layout)

frame.Show()
application.MainLoop()
```

■ 실행 결과 ■

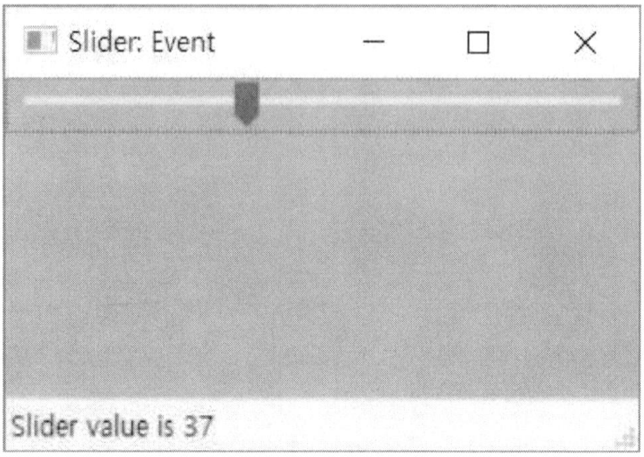

11.7.12 SpinButton의 사용

스핀 버튼은 다른 이름으로 업다운(Up-Down) 컨트롤이라고 불린다. 이름에서 알 수 있듯이 수치 등의 값을 상하 스크롤시키는 형태의 제어가 가능하다. 참고로 SpinButton 클래스의 경우 비교적 작은 수치를 조정하는데 주로 사용되며, 앞에서 소개한 Slider의 경우에는 큰 숫자들을 제어하는데 적합하다.

■ SpinButton의 생성

스핀 버튼의 기능적 동작을 구분하기 위해 다음 예제에서와 같이 생성자의 sytle 속성에서 SP_HORIZONTAL으로 지정하면 가로 방향으로 스핀 버튼이 배치된다. 그러나 명시적으로 속성을 지정하지 않은 경우에는 디폴트로 가로 방향 배치가 기본적으로 적용된다. 수직 방향으로 배치할 때는 속성을 SP_VERTICAL으로 지정하면 된다.

Python 3.6.x

```
import wx

application = wx.App()
frame = wx.Frame(None, wx.ID_ANY, "SpinButton", size=(300,200))

panel = wx.Panel(frame, wx.ID_ANY)
panel.SetBackgroundColour("#AFAFAF")

#spin_button = wx.SpinButton(panel)
spin_button = wx.SpinButton(panel, style=wx.SP_HORIZONTAL)
#spin_button = wx.SpinButton(panel, style=wx.SP_VERTICAL)

layout = wx.GridSizer(3, 1, 0, 0)
layout.Add(spin_button, flag=wx.GROW | wx.ALL, border=10)

panel.SetSizer(layout)

frame.Show()
application.MainLoop()
```

〓 실행 결과 〓

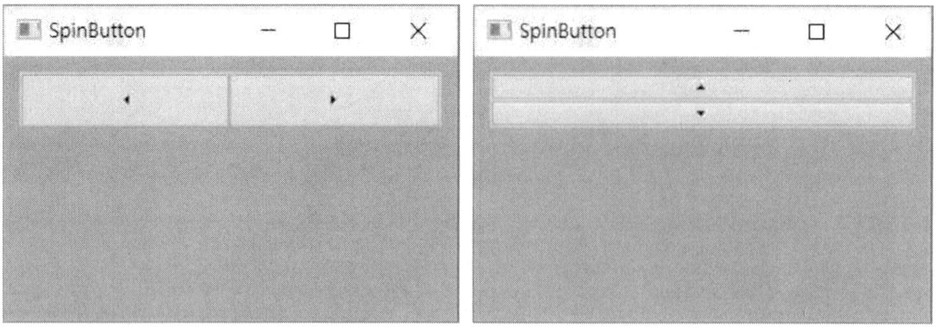

스핀 버튼은 슬라이더와 다르게 독자적으로 값을 표시 할 수 있는 기능은 없고 내부적으로 값을 보유하고 있으므로 이 값을 취득하거나 설정할 필요가 있을 때는 SetValue 및 GetValue 메서드를 이용해야 한다. 그리고 설정하는 값이 최소값보다 작으면 최소값으로, 최대값을 넘어서는 값으로 설정하더라도 자동으로 최대값에 맞춰 변경되므로 참고하기 바란다.

```
spin_button = wx.SpinButton(panel)

spin_button.SetValue(20)
print (spin_button.GetValue())
```

Slider와 마찬가지로 스핀 버튼에 설정되어 있는 최소값 및 최대값 취득에는 GetMin 또는 GetMax 메서드를 이용한다. 그리고 설정 메서드로 SetMin과 SetMax를 사용하면 된다.

```
spin_button = wx.SpinButton(panel)

print spin_button.GetMin()
print spin_button.GetMax()
spin_button.SetMin(100)
spin_button.SetMax(500)

spin_button.Bind(wx.EVT_SPIN, spin_value_change)
```

■ 이벤트 처리

스핀 버튼에 이벤트를 설정할 때도 Bind 메서드를 이용한다. 다음 예제를 참고하라.

Python 3.6.x

```
import wx

def spinbutton_value_change(event):
    obj = event.GetEventObject()
    frame.SetStatusText("SpinButton value is " + str(obj.GetValue()))

application = wx.App()
frame = wx.Frame(None, wx.ID_ANY, "SpinButton: Event", size=(300,200))
frame.CreateStatusBar()

panel = wx.Panel(frame, wx.ID_ANY)
panel.SetBackgroundColour("#AFAFAF")

spin_button = wx.SpinButton(panel)

spin_button.Bind(wx.EVT_SPIN, spinbutton_value_change)

layout = wx.GridSizer(3, 1, 0, 0)
layout.Add(spin_button, flag=wx.GROW | wx.ALL, border=10)

panel.SetSizer(layout)

frame.Show()
application.MainLoop()
```

■ 실행 결과 ■

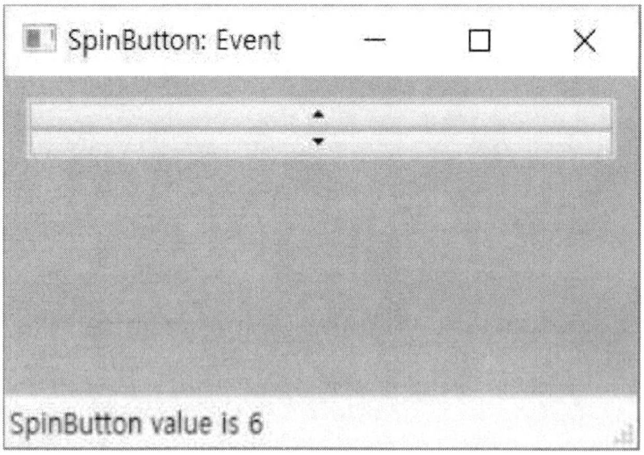

Slider와 마찬가지로 스핀 버튼에 설정되어 있는 최소값 및 최대값 취득에는 GetMin 또는 GetMax 메서드를 이용한다. 그리고 설정 메서드로 SetMin과 SetMax를 사용하면 된다.

```
spin_button = wx.SpinButton(panel)

print spin_button.GetMin()
print spin_button.GetMax()
spin_button.SetMin(100)
spin_button.SetMax(500)

spin_button.Bind(wx.EVT_SPIN, spin_value_change)
```

11.7.13 ListBox의 사용

ListBox는 여러 요소 데이터 중에서 하나 이상을 선택 할 수 있으며 단순한 데이터 표시에 적합하고 여러 요소를 육안으로 확인하면서 항목을 선택할 수 있게 해준다.

■ 단일 선택 리스트 생성

단일 선택 목록 상자가 가장 기본적인 형태이다. 세 번째 인수는 choices

속성에 표시 할 요소를 전달하고 style 속성에서 LB_SINGLE을 지정하게 되면 여러 항목 중에서 항상 하나의 값만을 선택할 수 있는 리스트가 작성된다. 참고로 따로 명시하지 않은 상황에서는 기본 스타일로 단일 선택 리스트이다. 그리고 이미 선택한 요소에서 다른 요소를 선택하게 되면 이전에 선택한 요소는 선택 해제되고 현재 선택한 요소가 활성화된 상태로 남게 된다.

Python 3.6.x

```
import wx

application = wx.App()
frame = wx.Frame(None, wx.ID_ANY, "ListBox Demo", size=(300,200))

panel = wx.Panel(frame, wx.ID_ANY)
panel.SetBackgroundColour("#AFAFAF")

element_array = ("element_5", "element_2", "element_4", "element_3", "element_1")
#listbox = wx.ListBox(panel, wx.ID_ANY, choices=element_array)
listbox = wx.ListBox(panel, wx.ID_ANY, choices=element_array, style=wx.LB_SINGLE)

layout = wx.GridSizer(1, 1)
layout.Add(listbox, flag=wx.GROW | wx.ALL, border=10)

panel.SetSizer(layout)

frame.Show()
application.MainLoop()
```

〓 실행 결과 〓

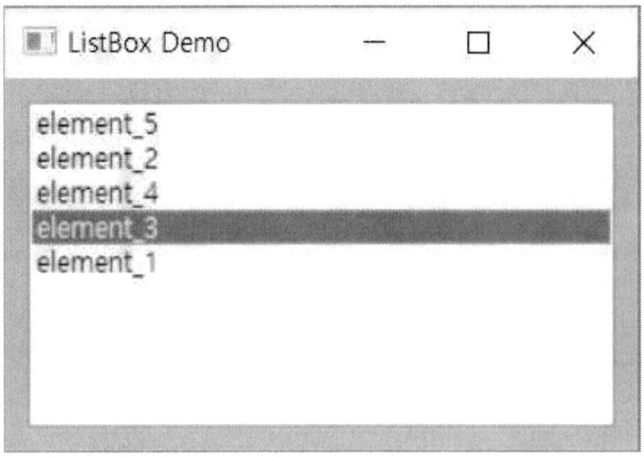

■ 다중 선택 리스트 생성

여러 항목을 선택 가능한 상태로 변경할 때는 다음과 같이 style 속성에서 LB_MULTIPLE로 지정하면 여러 개의 요소를 선택할 수 있게 된다. 따라서 클릭할 때마다 요소가 선택되며 다시 클릭을 하게 되면 선택 상태가 해제되는 동작을 하게 된다. 앞의 예제에서 11번째 줄을 다음과 같이 수정하여 실행해보자.

```
11  listbox = wx.ListBox(panel, wx.ID_ANY, choices=element_array, style=wx.LB_MULTIPLE)
```

〓 실행 결과 〓

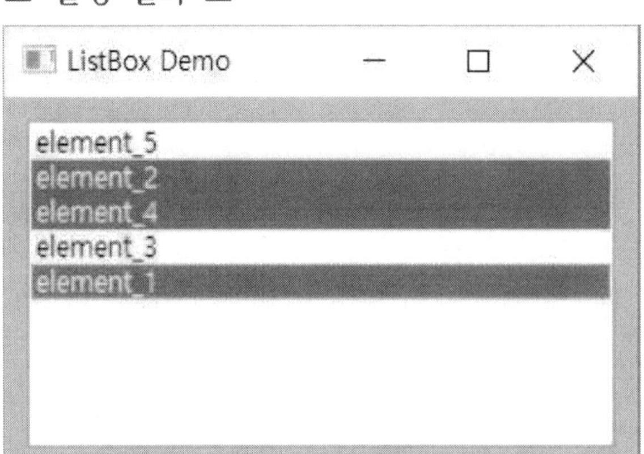

이와 유사하게 속성 값을 LB_EXTENDED로 지정하여도 여러 요소를 선택할 수 있다. 이 스타일은 Shift 키와 Ctrl 키를 조합하여 여러 요소를 선택할 때 매우 유용하다. 이 경우에는 단순히 클릭을 하는 것만으로 여러 요소를 선택할 수 없으나 특수 키를 함께 이용할 때 다중 선택이 가능한 상태로 처리된다.

```
listbox = wx.ListBox(panel, wx.ID_ANY,
choices=element_array, style=wx.LB_EXTENDED)
```

〓 실행 결과 〓

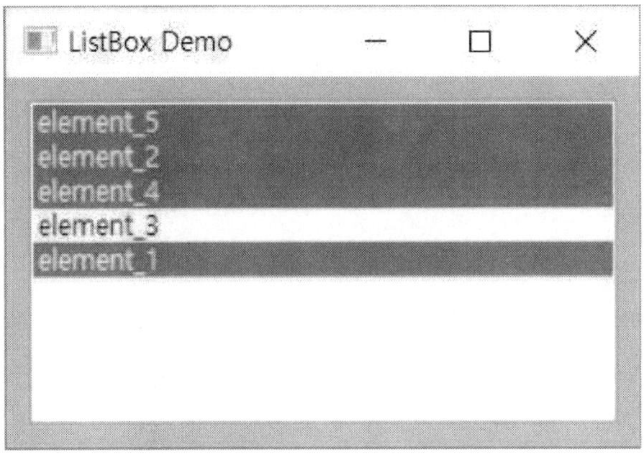

■ 스크롤바의 등록

요소가 많아지는 경우 또는 극단적으로 요소 이름이 긴 경우에 목록 상자의 표시 영역에 맞지 않는 경우가 발생한다. 이럴 때는 스크롤바를 화면에 추가시켜 모든 요소의 내용을 제대로 확인할 수 있도록 해 둘 필요가 있을 것이다. style 속성에 지정 가능한 모드는 다음과 같다.

- LB_HSCROLL: 목록 상자의 가로 폭에 맞지 않은 경우에만 가로 스크롤 붙이기
- LB_ALWAYS_SB: 요소 수에 관계없이 항상 세로 스크롤 붙이기
- LB_NEEDED_SB: 목록 상자의 높이에 맞지 않은 경우에만 세로 스크롤 붙이기

```
element_array = ("element_5", "element_2", "element_4",
"element_3", "element_1", "long_long__element")
listbox_1 = wx.ListBox(panel, wx.ID_ANY, size=(100,200),
choices=element_array, style=wx.LB_HSCROLL)
listbox_2 = wx.ListBox(panel, wx.ID_ANY, size=(100,200),
choices=element_array, style=wx.LB_ALWAYS_SB)
listbox_3 = wx.ListBox(panel, wx.ID_ANY, size=(100,200),
choices=element_array, style=wx.LB_NEEDED_SB)
```

〓 실행 결과 〓

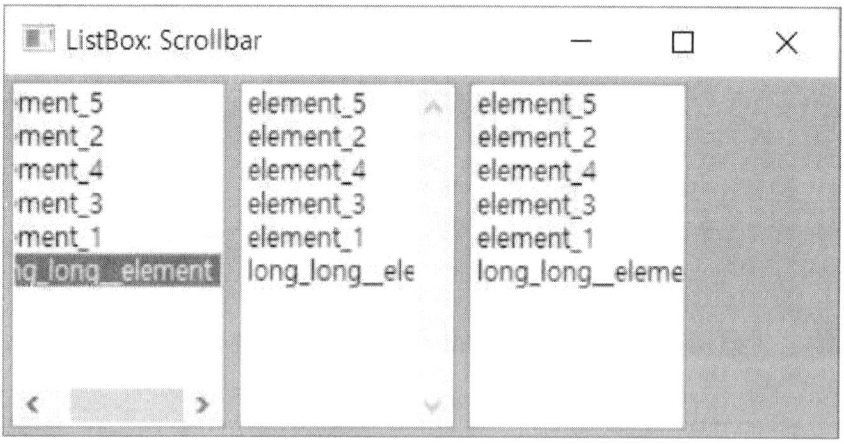

목록 상자에 표시되는 항목들에 대해 자동 정렬을 시킬 수 있도록 정렬 기능을 추가하는 것도 가능하다. 다음과 같이 style에 CB_SORT를 지정하면 요소를 정렬시킨 상태로 화면에 표시할 수 있다.

```
element_array = ("element_5", "element_2", "element_4",
"element_3", "element_1")
listbox = wx.ListBox(panel, wx.ID_ANY, choices=element_array,
style=wx.LB_SORT)
```

목록 상자의 스타일을 다양하게 제어할 수 있을 뿐만 아니라 설정 방법을 둘 이상의 조건으로 조합하여 복합 스타일로 설정하는 것도 가능하다. 설정 방법이 여러 개일 때는 다음과 같이 '|'를 사용하여 내용을 나열하면

된다. 다음 예는 특수 키를 이용한 다중 선택이 가능하고 수평 스크롤바와 수직 스크롤바와 함께 정렬 기능을 제공하겠다는 의미이다.

```
element_array = ("1", "2", "4", "3", "5", "6", "8", "7", "9")
listbox = wx.ListBox(panel, wx.ID_ANY, choices=element_array,
style=wx.LB_EXTENDED | wx.LB_HSCROLL | wx.LB_NEEDED_SB |
wx.LB_SORT)
layout = wx.GridSizer(1, 1, 0, 0)
```

■ 요소의 추가와 삭제

목록 상자가 가지고 있는 기존 내용에 새로운 요소를 추가하는 경우는 다음과 같이 Append 메서드를 이용하면 되고 모든 요소를 바꾸는 경우에는 SetItems 메서드를 이용하면 된다.

```
element_array = ("element_5", "element_2", "element_4",
"element_3", "element_1")
listbox_1 = wx.ListBox(panel, wx.ID_ANY, choices=element_array)
listbox_2 = wx.ListBox(panel, wx.ID_ANY, choices=element_array)

listbox_1.Append("element_6")

new_array = ("요소1", "요소2", "요소3")
listbox_2.SetItems(new_array)
```

〓 실행 결과 〓

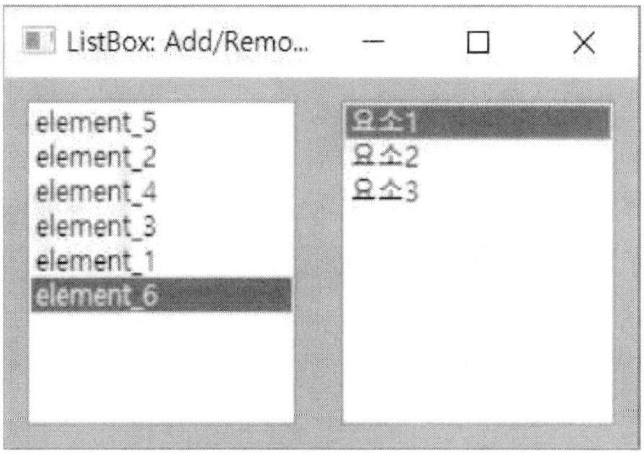

목록 상자가 저장하고 있는 기존의 내용 중에서 지정된 요소를 제거하려면 해당 위치의 인덱스를 지정하여 Delete 메서드로 처리할 수 있다. 만약 모든 요소를 일괄 삭제하려면 Clear 메서드를 이용하면 된다.

```
element_array = ("element_5", "element_2", "element_4",
"element_3", "element_1")
listbox_1 = wx.ListBox(panel, wx.ID_ANY, choices=element_array)
listbox_2 = wx.ListBox(panel, wx.ID_ANY, choices=element_array)

listbox_1.Delete(1)
listbox_2.Clear()   # 전 요소의 삭제
```

목록 상자가 저장하고 있는 모든 요소를 취득하려는 경우에는 GetItems 메서드를 호출하면 되고 요소 수를 취득하는 경우에는 GetCount 메서드를 이용하면 된다.

```
element_array = ("element_5", "element_2", "element_4",
"element_3", "element_1")
listbox = wx.ListBox(panel, wx.ID_ANY, choices=element_array)

print ("----------------------------------------")
for i in listbox.GetItems():
    print (i)

print ("----------------------------------------")
print (listbox.GetCount())
```

목록 상자에서 특정 항목이 선택된 상태로 변경할 때는 해당 위치의 인덱스를 지정하여 SetSelection 메서드를 호출하면 된다. 요소 이름을 지정하는 경우에는 SetStringSelection 메서드를 이용하면 된다.

항목 중에서 선택한 값을 취득할 때는 단일 선택 모드일 때는 GetSelection, 다중 선택 모드일 경우에는 GetSelections 메서드를 호출하면 선택된 항목 요소의 인덱스 값이 반환된다.

```
element_array = ("element_5", "element_2", "element_4",
"element_3", "element_1")
listbox_1 = wx.ListBox(panel, wx.ID_ANY, choices=element_array)
listbox_2 = wx.ListBox(panel, wx.ID_ANY, choices=element_array,
style=wx.LB_EXTENDED)

listbox_1.SetSelection(3)
listbox_1.SetStringSelection("element_5")
print (listbox_1.GetSelection())

listbox_2.SetSelection(3)
listbox_2.SetStringSelection("element_5")
print (listbox_2.GetSelections())
```

■ 이벤트 처리

이벤트를 설정할 때도 Bind 메서드를 이용한다. 다음 예제의 경우, listbox_1에 적용된 이벤트 정의는 목록 상자의 요소가 선택되면 발생하고 listbox_2에 적용된 이벤트 처리는 항목 요소가 더블 클릭되면 이벤트 상황으로 처리가 되는 것을 확인할 수 있을 것이다.

Python 3.6.x

```
import wx

def listbox_select(event):
    obj = event.GetEventObject()
    frame.SetStatusText("listbox_1:" + obj.GetStringSelection())

def listbox_double_click(event):
    obj = event.GetEventObject()
    frame.SetStatusText("listbox_2:" + obj.GetStringSelection())

application = wx.App()
```

```
frame = wx.Frame(None, wx.ID_ANY, "ListBox: Event", size=(300,200))
frame.CreateStatusBar()

panel = wx.Panel(frame, wx.ID_ANY)
panel.SetBackgroundColour("#AFAFAF")

element_array = ("element_5", "element_2", "element_4", "element_3", "element_1")
listbox_1 = wx.ListBox(panel, wx.ID_ANY, choices=element_array)
listbox_2 = wx.ListBox(panel, wx.ID_ANY, choices=element_array)

listbox_1.Bind(wx.EVT_LISTBOX, listbox_select)
listbox_2.Bind(wx.EVT_LISTBOX_DCLICK, listbox_double_click)

layout = wx.GridSizer(1, 2, 0, 0)
layout.Add(listbox_1, flag=wx.GROW | wx.ALL, border=10)
layout.Add(listbox_2, flag=wx.GROW | wx.ALL, border=10)

panel.SetSizer(layout)
frame.Show()
application.MainLoop()
```

〓 실행 결과 〓

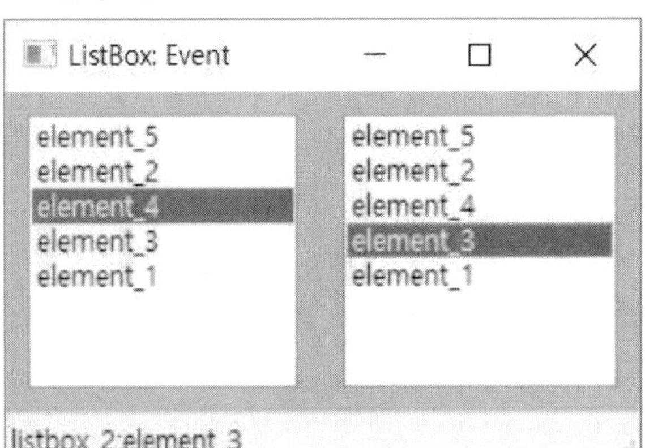

ComboBox와 유사하게 목록 상자에서도 요소를 추가 할 때 화면에 표시되는 문자열과는 별도로 내부 데이터를 유지하는 것이 가능하다. 다음 예제를 참고하기 바란다.

Python 3.6.x

```
import wx

def listbox_select(event):
    obj = event.GetEventObject()
    frame.SetStatusText(obj.GetClientData(obj.GetSelection()))

application = wx.App()
frame = wx.Frame(None, wx.ID_ANY, "ListBox: Event2", size=(300,200))
frame.CreateStatusBar()

panel = wx.Panel(frame, wx.ID_ANY)
panel.SetBackgroundColour("#AFAFAF")

listbox = wx.ListBox(panel, wx.ID_ANY)

listbox.Append("wxPython", "https://wxpython.org/")
listbox.Append("google", "http://www.google.co.kr/")
listbox.Append("yahoo", "http://www.yahoo.co.jp/")
listbox.Append("bing", "http://www.bing.com/")

listbox.Bind(wx.EVT_LISTBOX, listbox_select)

layout = wx.GridSizer(1, 1, 0, 0)
layout.Add(listbox, flag=wx.GROW | wx.ALL, border=10)

panel.SetSizer(layout)
frame.Show()
application.MainLoop()
```

■ 실행 결과 ■

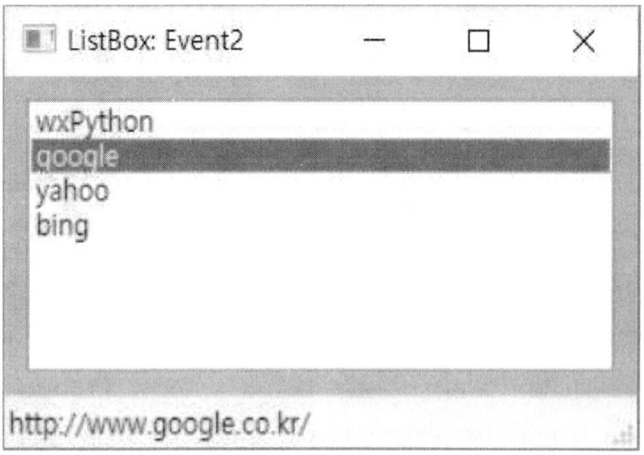
ListBox: Event2
wxPython
google
yahoo
bing
http://www.google.co.kr/

제12장 기타 외부 라이브러리

Python 표준 라이브러리만으로 프로그래밍이 전부 가능하면 좋겠지만 목표로 하는 기능 구현을 달성하려면 상대적으로 시간과 노력이 필요하게 된다. 이번 장에서는 실제 응용 프로그램을 개발할 때 유용하게 이용할 수 있는 기타 라이브러리 등을 소개하고 그 이용 방법을 살펴보도록 한다.

12.1 PDF 생성을 위한 ReportLab

PDF 파일 생성 및 이용에 대한 수요는 매우 많다. 공개된 라이브러리도 여러 가지가 있지만 여기서는 ReportLab에 대해 간략하게 소개한다. 먼저 아래 링크를 참고하여 필요한 파일을 다운로드하고 설치를 진행하면 된다.

```
https://bitbucket.org/rptlab/reportlab
```

설치 방법은 매우 간단하다. 8.3절의 내용을 참고하여 pip 도구를 이용하면 되므로 여기서는 reportlab-3.4.0-cp36-cp36m-win_amd64.whl 파일을 선택하여 적절한 폴더에 다운로드를 하고 다음과 같이 pip 도구를 이용해 설치를 진행하면 된다.

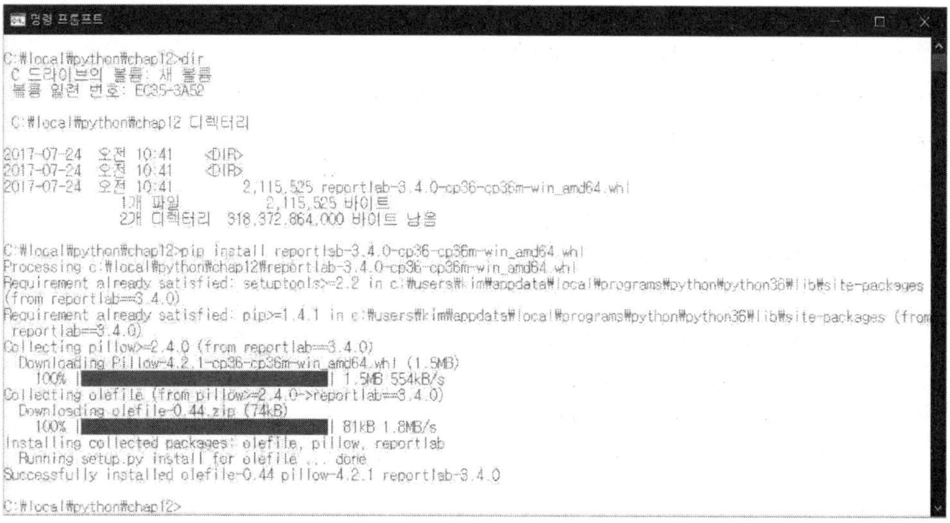

12.1.1 PDF 생성 예

먼저 PDF를 생성하는 간단한 예제 코드를 살펴보도록 하자.

Python 3.6.x

```
from reportlab.pdfgen import canvas
from reportlab.pdfbase import pdfmetrics
from reportlab.pdfbase.cidfonts import UnicodeCIDFont
#from reportlab.lib.units import cm
from reportlab.pdfbase.ttfonts import TTFont

pdfFile = canvas.Canvas('./python_pdf.pdf')
pdfFile.saveState()

pdfFile.setAuthor('python-programmer')
pdfFile.setTitle('PDF 생성')
pdfFile.setSubject('Sample')

# A4
pdfFile.setPageSize((21.0*cm, 29.7*cm))
# B5
# pdfFile.setPageSize((18.2*cm, 25.7*cm))

pdfFile.setFillColorRGB(0, 0, 100)
pdfFile.rect(2*cm, 2*cm, 6*cm, 6*cm, stroke=1, fill=1)
pdfFile.setFillColorRGB(0, 0, 0)

pdfFile.setLineWidth(1)
pdfFile.line(10*cm, 20*cm, 10*cm, 10*cm)

pdfmetrics.registerFont(TTFont('gulim', 'C:/Windows/Fonts/gulim.ttc'))
pdfFile.setFont('gulim', 12)
pdfFile.drawString(5*cm, 25*cm, '가나다라마바사')
```

```

pdfFile.restoreState()
pdfFile.save()
```

〓 실행 결과 〓

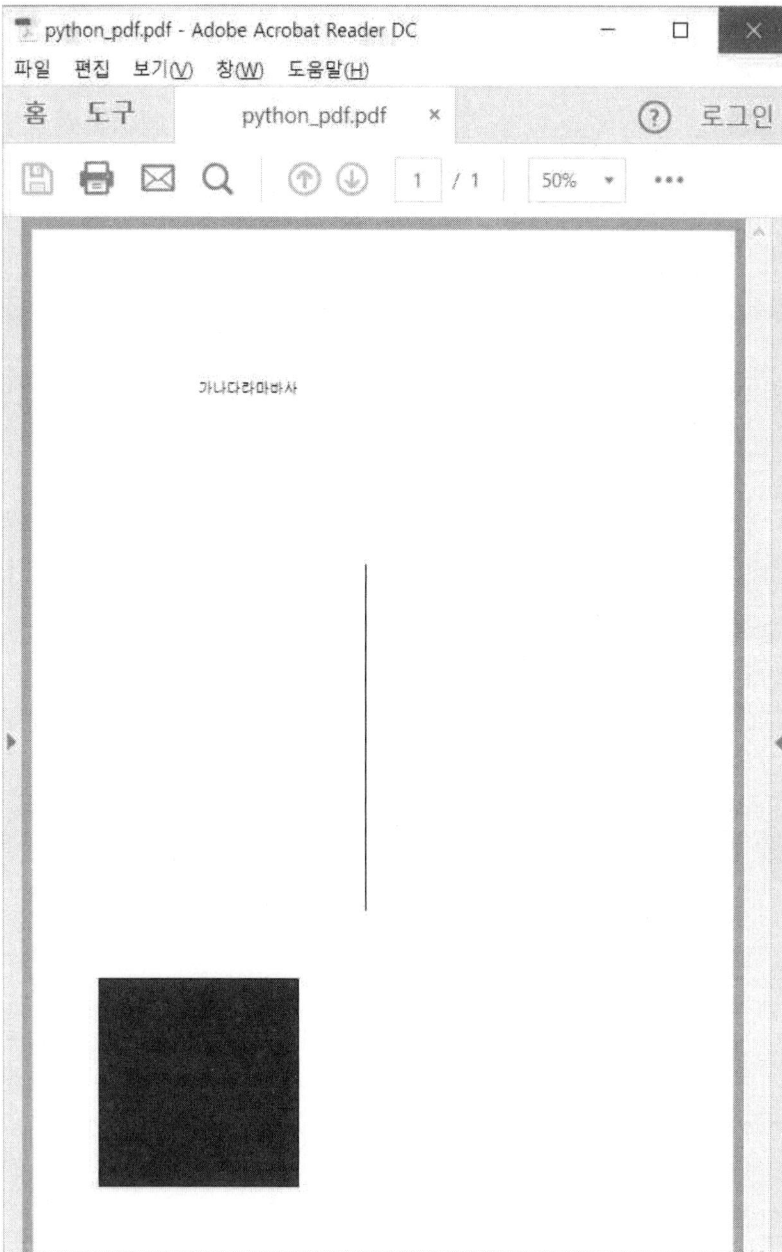

예제 코드를 간략하게 살펴보도록 하자. 다음과 같이 ReportLab 패키지로부터 필요한 패키지를 로드하고 PDF 파일을 생성할 경로를 지정하고 있다. 참고로 아시아권의 폰트도 지원하고 있지만 여기서는 TTF(True Type Font)를 이용하기 위해 TTFont 패키지를 로드하고 있다.

```
from reportlab.pdfgen import canvas
from reportlab.pdfbase import pdfmetrics
from reportlab.pdfbase.cidfonts import UnicodeCIDFont
#from reportlab.lib.units import cm
from reportlab.pdfbase.ttfonts import TTFont

pdfFile = canvas.Canvas('./python_pdf.pdf')
pdfFile.saveState()
```

다음으로 PDF의 파일 정보를 설정하고 있다. 이것은 선택 사항이지만 설정하여 두면 파일의 속성에서 정보를 열람할 수 있다. 그리고 PDF 파일의 크기를 지정할 필요가 있는데 여기서는 A4 사이즈로 생성하고 있지만 필요하다면 B5 등의 사이즈로 변경하여도 된다.

```
pdfFile.setAuthor('python-programmer')
pdfFile.setTitle('PDF 생성')
pdfFile.setSubject('Sample')

# A4
pdfFile.setPageSize((21.0*cm, 29.7*cm))
# B5
# pdfFile.setPageSize((18.2*cm, 25.7*cm))
```

이번에는 생성된 PDF 파일의 하단에 있는 파란색 사각형을 그리고 이어서 setLineWidth 메서드로 선 두께를 설정하고 선을 작도하고 있다.

```
pdfFile.setFillColorRGB(0, 0, 100)
pdfFile.rect(2*cm, 2*cm, 6*cm, 6*cm, stroke=1, fill=1)
pdfFile.setFillColorRGB(0, 0, 0)
```

```

pdfFile.setLineWidth(1)
pdfFile.line(10*cm, 20*cm, 10*cm, 10*cm)
```

마지막으로 PDF 파일 상단에서 문자를 출력하는 부분이다. 여기서는 Gulim체를 지정하여 한글 출력을 시도하고 있다. 참고로 Windows 운영체제의 경우에는 예제 코드의 경로에서 설치된 폰트를 참조할 수 있으므로 다른 폰트로 변경할 때는 참고하기 바란다. 그리고 코드 마지막 라인에서 생성된 파일을 저장하고 종료 처리를 하고 있다.

```
pdfmetrics.registerFont(TTFont('gulim', 'C:/Windows/Fonts/gulim.ttc'))
pdfFile.setFont('gulim', 12)
pdfFile.drawString(5*cm, 25*cm, '가나다라마바사')

pdfFile.restoreState()
pdfFile.save()
```

12.2 영상처리를 위한 PIL

Python에서의 영상처리는 PIL(Python Imaging Library) 패키지가 자주 사용된다. 이 라이브러리는 다양한 기능을 제공하고 있지만 여기서는 간단한 사용법만 소개하도록 한다. 우선 아래 링크에서 필요한 파일을 확인하고 설치를 진행하면 되는데 기본 설정으로도 큰 문제없이 사용할 수 있을 것이다. 현재 지원 버전은 Python 2.7이 최신 버전이다.

```
http://www.pythonware.com/products/pil/
```

12.2.1 이미지 파일 정보의 취득

다음 예제는 지정된 이미지 파일에 대한 기본 정보를 확인하는 예이다. 이미지 파일의 헤더 정보를 참조하여 이미지 포맷, 크기 및 모드 정보를 확인할 수 있다. 참고로 이미지 모드의 경우 트루 컬러의 경우에는 RGB로 표시되고, 그레이 스케일의 경우에는 L 등으로 표시될 것이다.

Python 2.7.x

```
import Image

img = Image.open('c:/local/python/chap12/pasture.jpg')

print img.format
print img.size
print img.mode
```

〓 실행 결과 〓

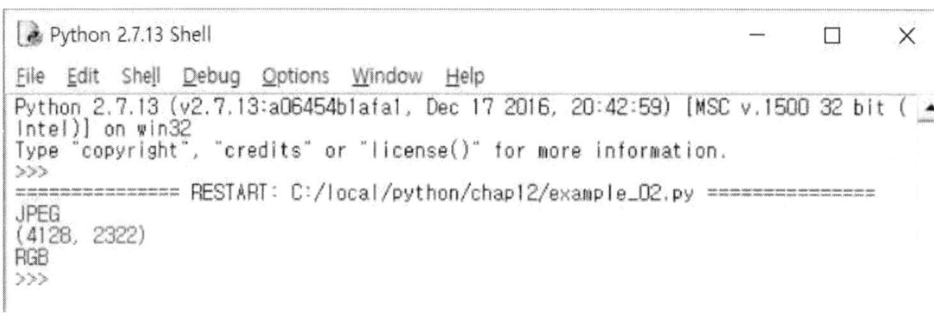

12.2.2 이미지 포맷의 변경

대상으로 하는 이미지 파일 형식을 원하는 다른 이미지 형식으로 변경할 때는 다음과 같이 할 수 있다. 예제에서는 이미지 파일을 복사하거나 비트맵과 같은 다른 이미지 포맷으로 변경하여 저장하고 있다.

Python 2.7.x

```
import Image

img = Image.open('c:/local/python/chap12/pasture.jpg')

```

```
img.save('c:/local/python/chap12/copy.jpg')
img.save('c:/local/python/chap12/pasture.bmp', 'bmp')
img.save('c:/local/python/chap12/pasture.gif', 'gif')
```

〓 실행 결과 〓

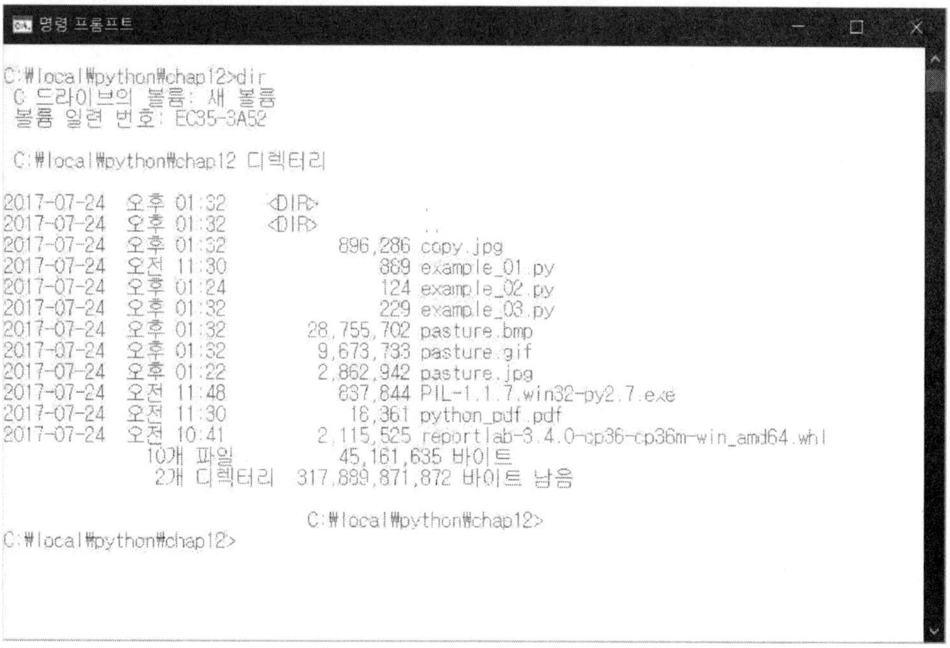

12.2.3 이미지 파일의 가공

Python에서는 간단한 이미지 파일을 가공할 수 있다. 다음은 원본 이미지를 좌우 반전, 상하 반전, 그리고 썸네일 이미지 크기를 지정(여기서는 축소)하여 새로 생성하는 예제이다. 각자 실행 결과를 확인해 보기 바란다.

Python 2.7.x

```
import Image

img = Image.open('c:/local/python/chap12/pasture.jpg')

# 좌우 이미지 반전
left_right_image = img.transpose(Image.FLIP_LEFT_RIGHT)
left_right_image.save('c:/local/python/chap12/pasture_left_right.jpg')

# 상하 이미지 반전
top_buttom_image = img.transpose(Image.FLIP_TOP_BOTTOM)
top_buttom_image.save('c:/local/python/chap12/pasture_top_bottom.jpg')

# 썸네일 이미지의 크기를 지정하여 생성
img.thumbnail((125, 25))
img.save('c:/local/python/chap12/pasture_thum.jpg')
```

〓 실행 결과 〓

12.3 실행 파일 생성을 위한 py2exe

Python 스크립트(확장자 .py 파일)를 Windows 실행 파일인 exe 형식으로 변환시키는 것도 가능하다. 이를 위한 py2exe는 다음 링크에서 취득할 수 있다. 설정은 모두 기본으로 두고 설치를 진행하여도 된다.

```
http://sourceforge.net/projects/py2exe/files/py2exe/
```

12.3.1 exe 변환 예

Python 스크립트 파일을 exe 실행 형식으로 변환할 때는 기본적으로 다음과 같은 상황을 고려한다.

- Python: Python 실행 환경(이미 설치)
- py2exe: 변환 라이브러리
- test.py: 원본 소스 파일. 파일 이름은 임의 또는 별도 준비
- setup.py: 설치 스크립트 파일 이름은 임의 또 별도 지정

첫 번째와 두 번째는 이미 준비된 것으로 가정하고 3번째와 4번째에 해당하는 준비가 필요하다. 우선 원본 지정을 위한 소스 스크립트를 test.py로 다음을 참고하여 작성하도록 하자.

Python 2.7.x

```
# test.py
import datetime

now = str(datetime.datetime.today())
out = open('nowtime.txt', 'w')
out.write(now)
out.close()
```

위 예제는 실행하면 nowtime.txt라는 파일에 현재 시간을 출력하는 간단한 프로그램이다. 다음은 설치 스크립트 setup.py를 다음과 같이 준비한다.

Python 2.7.x

```
from distutils.core import setup
import py2exe

option = {
    "compressed"    :   1    ,
    "optimize"      :   2    ,
    "bundle_files"  :   1
}
setup(
    options = {
        "py2exe"    :   option
    },
    console = [
        {"script"   :   "test.py"}
    ],

    zipfile = None
)
```

모두 준비가 완료되면 명령 줄에서 다음과 같이 명령을 실행하면 된다. Python 2.7 버전 환경에서 테스트를 하므로 다음과 같이 절대경로로 Python 인터프리터를 지정하고 옵션 py2exe를 지정하여 프로그램을 실행한다.

```
C:\Python27\python setup.py py2exe
```

명령 실행 후 콘솔에서 처리 경과가 출력되므로 잠시 기다리자. 변환 처리 종료 후, dist 및 build 디렉토리가 생성되어 있을 것이다. 변환된 exe는 dist 디렉토리에 test.exe라는 파일명으로 저장되어 있을 것이다. test.exe 파일을 실행하고 동일한 디렉토리에 nowtime.txt라는 파일 이름으로 현재 시간이 출력되면 성공이다.

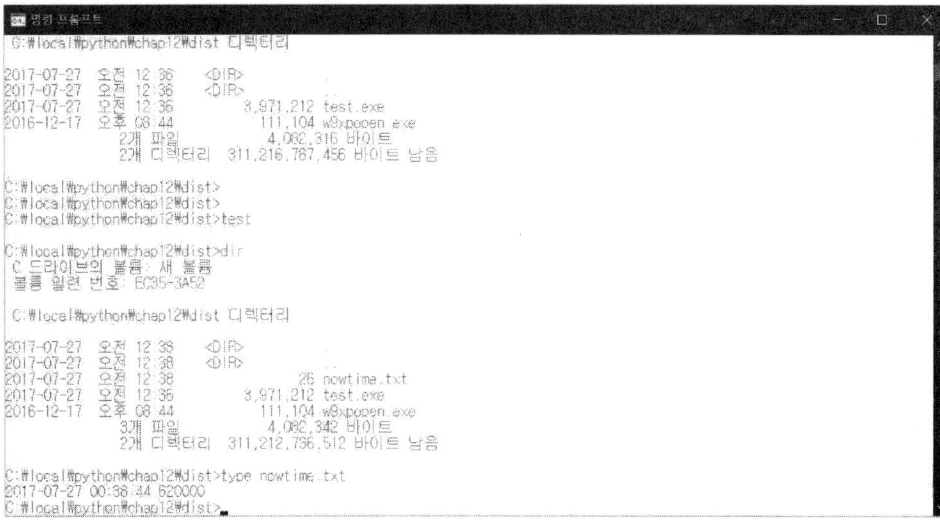

12.3.2 변환 옵션

설치 스크립트 변환 옵션에 대해 자세히 살펴보자. 변환에 사용한 setup.py 파일의 내용 중에서 다음과 같이 기술되어 있었다.

```
option = {
    "compressed"    :   1   ,
    "optimize"      :   2   ,
    "bundle_files"  :   1
}
```

위 파일에서 3개의 옵션을 지정하고 있으며 내용은 다음과 같다.

- compressed: 출력을 압축할지 여부 지정
- optimize: 최적화 여부 지정
- bundle_files: exe인 런타임 dll을 포함하거나 포함하지 않을지 여부 지정

일반적으로 compressed 및 optimize 옵션은 문제없이 동작하겠지만 마지막 bundle_files 옵션의 경우는 상황에 따라 구분해서 사용할 필요가 있다.

런타임 dll을 포함하지 않는 경우(bundle_files: 2)에는 exe와 dll이 나누어 생성되기 때문에 프로그램 본체(exe)가 경량으로 생성된다. 만약 런타임 dll을 포함하는 경우 (bundle_files: 1)에는 exe와 dll을 포함하여 단일 파일로 출력되지만 파일 크기가 커지므로 사용 목적에 맞춰 생성하기 바란다. 참고로 dll 파일 단독으로 2MB 이상의 크기이다.

12.4 데이터베이스의 연결

데이터베이스 연결은 비즈니스 응용 프로그램을 작성하는데 있어서 가장 중요하다고 볼 수 있다. 이용 가능한 데이터베이스는 Oracle, MySQL, PostgreSQL 등 다양하지만 여기서는 다음 3종류의 데이터베이스 연결 방

법에 대해 간략하게 설명한다.

기본적으로 전용 드라이버를 설치하고 필요한 모듈을 로드하는 과정을 제외하면 어떠한 데이터베이스를 사용하여도 사용법은 거의 차이가 없다.

- SQLite: 단일 파일로 구성된 경량 데이터베이스
- PostgreSQL: MySQL보다 다기능인 것으로 알려져 왔으나 현재는 특별한 차이 없음
- MySQL: PostgreSQL보다 빠른 것으로 알려져 있지만 현재는 거의 차이가 없음

12.4.1 테이블 구조 예

예제에서 사용하는 데이터베이스의 구성 테이블 구조는 다음과 같이 단순한 구조로 되어 있다고 가정하고 설명하도록 한다.

```
• 테이블 이름: test_table
      ○ 필드1: code (varchar)
      ○ 필드2: name (varchar)
```

DOS창을 열고 다음과 같이 sqlite_test.db 파일을 작성하여 본다.

12.4.2 SQLite

우선 경량 데이터베이스 SQLite의 연결 방법에 대해 살펴보자. 단일 파일에서 데이터베이스를 구성하고 응용 프로그램에 통합하여 사용할 수 있다는 장점이 있고 매우 간단하다.

■ 드라이버의 다운로드

Python 버전 2.5부터는 SQLite 관련 라이브러리가 표준으로 지원되고 있으므로 별도의 데이터베이스 연동을 위한 드라이버 설치가 필요하지 않다.

■ insert 예제

Python 2.7.x

```
1   import sqlite3
2   connector = sqlite3.connect("sqlite_test.db")
3
4   sql = "insert into test_table values('1', 'python1')"
5   connector.execute(sql)
6   sql = "insert into test_table values('2', 'python2')"
7   connector.execute(sql)
8   sql = "insert into test_table values('3', 'python3')"
9   connector.execute(sql)
10
11  connector.commit()
12  connector.close()
```

위 예제에서 SQLite의 정의된 데이터베이스의 테이블과 연결하기 위해서는 두 번째 줄과 같이 미리 sqlite3 모듈을 로드할 필요가 있다. sqlite_test.db 데이터베이스에 연결되고 인수로 지정된 파일이 존재하지 않으면 자동으로 작성된다.

다음으로 테이블 구조에서 정의한 것과 같이 지정된 SQL문을 실행하고 데이터 변경 사항이 적용되도록 commit 연산이 되도록 commit() 함수를 호출하고 마지막에 종료 처리를 위해 close() 함수를 호출하고 있다.

■ select 예제

sqlite3 모듈을 로드한 뒤에 데이터베이스에 연결한 후 내용을 읽기 위해 다음과 같이 커서 객체를 생성하고 select 문을 실행하면 된다. 취득한 커서 객체에 대해 fetchall 메서드를 적용하면 그 결과는 튜플로 반환되므로 반복문을 이용하여 결과를 출력하고 있다.

Python 2.7.x

```
import sqlite3
connector = sqlite3.connect("sqlite_test.db")
cursor = connector.cursor()
cursor.execute("select * from test_table order by code")

result = cursor.fetchall()

for row in result:
    print "===== Hit! ====="
    print "code -- " + unicode(row[0])
    print "name -- " + unicode(row[1])

cursor.close()
connector.close()
```

■ 실행 결과 ■

```
Python 2.7.13 Shell
File Edit Shell Debug Options Window Help
Python 2.7.13 (v2.7.13:a06454b1afa1, Dec 17 2016, 20:42:59) [MSC v.1500 32 bit (
Intel)] on win32
Type "copyright", "credits" or "license()" for more information.
>>>
=============== RESTART: C:/local/python/chap12/example_06.py ===============
===== Hit! =====
code -- 1
name -- python1
===== Hit! =====
code -- 2
name -- python2
===== Hit! =====
code -- 3
name -- python3
>>>
```

12.4.3 PostgreSQL

위에서 설명한 SQLite와 달리 정통 데이터베이스 중 하나인 PostgreSQL에 대해 살펴보자. Python을 지원하는 PostgreSQL 드라이버는 여러 가지가 있지만 여기서는 psycopg2를 사용하는 것으로 가정하고 설명하도록 한다.

■ 드라이버의 다운로드

PostgreSQL 데이터베이스를 이용하기 위해서는 드라이버 psycopg2가 필요하다. 이 드라이버는 다음 링크에서 다운로드 받을 수 있다. 적절한 버전과 플랫폼을 선택하기 바란다.

```
http://initd.org/psycopg/download/
```

pip 도구를 이용하여 설치가 가능하므로 다음과 같이 DOS창에서 설치를 하여도 무방하다. 설치 과정과 테이블 생성에 대한 과정은 부록 C를 참고하기 바란다.

```
>>> pip install psycopg2
```

■ insert 예제

Python 3.6.x

```
import psycopg2

connector = psycopg2.connect(host="localhost", database="pdb", user="postgres", password="pgpwd")
cursor = connector.cursor()

sql = "insert into test_table values('4', 'python4')"
cursor.execute(sql)
sql = "insert into test_table values('5', 'python5')"
cursor.execute(sql)
sql = "insert into test_table values('6', 'python6')"
```

```
cursor.execute(sql)

connector.commit()

cursor.close()
connector.close()
```

PostgreSQL 데이터베이스 접속을 위해서는 psycopg2 모듈을 다음과 같이 로드하면 된다. 그리고 데이터베이스 접속 절차는 psycopg2 모듈에서 제공하는 connect 메서드를 통해 가능하다. 메서드의 인수는 호스트 이름, 데이터베이스 이름, 사용자 이름, 사용자 암호 순서로 지정하면 된다. 정상적으로 데이터베이스에 접속이 되었다면 cursor 메서드를 이용해 커서 객체를 취득하고 이후 SQL문을 실행하고 commit 연산을 처리하는 등의 과정은 앞에서와 동일하다.

```
import psycopg2

connector = psycopg2.connect(host="localhost", database="pdb", user="postgres", password="pgpwd")
cursor = connector.cursor()
```

■ select 예제

데이터베이스의 테이블로부터 넘겨받은 테이블의 값이 커서 객체를 통해 튜플 형태로 반환받는 것은 동일하다. 다만 PostGres 데이터베이스에서 테이블을 생성할 때 이미 인코딩 방식을 UTF8로 지정한 상태이므로 출력문에서는 별도의 변환과정을 거치지 않고 직접 출력을 하고 있다.

Python 3.6.x

```
import psycopg2

connector = psycopg2.connect(host="localhost", database="pdb", user="postgres", password="pgpwd")
cursor = connector.cursor()
```

```
cursor.execute("select * from test_table order by code")

result = cursor.fetchall()

for row in result:
    print ("===== Hit! =====")
    #print ("code -- " + unicode(row[0]))
    print ("code -- " + row[0])
    print ("code -- " + row[1])
    #print ("name -- " + unicode(row[1]))

cursor.close()
connector.close()
```

〓 실행 결과 〓

```
Python 3.6.1 Shell
File Edit Shell Debug Options Window Help
Python 3.6.1 (v3.6.1:69c0db5, Mar 21 2017, 18:41:36) [MSC v.1900 64 bit (AMD64)]
 on win32
Type "copyright", "credits" or "license()" for more information.
>>>
=============== RESTART: C:₩local₩python₩chap12₩example_08.py ===============
===== Hit! =====
code -- 4
code -- python4
===== Hit! =====
code -- 5
code -- python5
===== Hit! =====
code -- 6
code -- python6
>>>
```

12.4.4 MySQL

PostgreSQL 이외에 MySQL 역시 정통 데이터베이스 중 하나로 유명하다. Python을 지원하는 MySQL 드라이버는 여러 종류가 있지만 여기서는 「MySQL for Python」을 사용하는 것으로 한다.

■ 드라이버 다운로드

「MySQL for Python」 드라이버는 다음 링크에서 내려 받을 수 있다. 개발환경에 적절한 버전과 플랫폼을 확인하고 설치하기 바란다.

```
http://sourceforge.net/projects/mysql-python/files/mysql-python/
```

개발환경에서 MySQL 데이터베이스 시스템이 설치되어 있지 않은 경우에는 부록 D를 참고하기 바란다. MySQL을 설치하는 과정이 복잡하게 보일 수 있으나 각 단계별 설치 과정에 따라 설치를 진행하면 된다. 그리고 SQL문을 이용하여 mysql_db 데이터베이스 생성과 함께 데이터베이스 접속을 위한 테이블 생성(이름은 test_table) 예도 설명되어 있으므로 참고 바란다.

■ insert 예제

MySQLdb 모듈을 로드한 다음에 데이터베이스에 접속하는 기본 절차는 거의 동일하다. connect 메서드의 인수는 호스트 이름, 데이터베이스 이름, 사용자 이름, 사용자 암호, 문자 코드의 순서로 전달하면 커서 객체를 취득할 수 있다. 이후 SQL문을 실행하고 데이터 업데이트를 하는 과정은 동일하다.

Python 2.7.x

```python
import MySQLdb

connector = MySQLdb.connect(host="localhost", db="mysql_db", user="root", passwd="mspwd", charset="utf8")
cursor = connector.cursor()

sql = "insert into test_table values('7','python7')"
cursor.execute(sql)
sql = "insert into test_table values('8','python8')"
cursor.execute(sql)
sql = "insert into test_table values('9','python9')"
cursor.execute(sql)
```

```

connector.commit()

cursor.close()
connector.close()
```

■ select 예제

위에서 소개한 예제를 편의상 2번 실행한 상태에서 다음 예제를 실행하면 커서 객체로부터 반환 받은 튜플의 결과를 화면에 출력하면 다음과 같다. 테이블의 내용을 추가 또는 삭제하는 등의 경우에는 SQL 관련 문서를 참고하기 바란다.

Python 2.7.x

```
import MySQLdb

connector = MySQLdb.connect(host="localhost", db="mysql_db",
user="root", passwd="mspwd", charset="utf8")
cursor = connector.cursor()
cursor.execute("select * from test_table order by code")

result = cursor.fetchall()

for row in result:
    print "===== Hit! ====="
    print "code -- " + row[0].encode('utf-8')
    print "name -- " + row[1].encode('utf-8')

cursor.close()
connector.close()
```

■ 실행 결과 ■

```
Python 2.7.13 Shell
File Edit Shell Debug Options Window Help
Python 2.7.13 (v2.7.13:a06454b1afa1, Dec 17 2016, 20:42:59) [MSC v.1500 32 bit (
Intel)] on win32
Type "copyright", "credits" or "license()" for more information.
>>>
=============== RESTART: C:₩local₩python₩chap12₩example_09.py ===============
>>>
=============== RESTART: C:₩local₩python₩chap12₩example_10.py ===============
===== Hit! =====
code -- 7
name -- python7
===== Hit! =====
code -- 7
name -- python7
===== Hit! =====
code -- 8
name -- python8
===== Hit! =====
code -- 8
name -- python8
===== Hit! =====
code -- 9
name -- python9
===== Hit! =====
code -- 9
name -- python9
>>> |
```

12.5 Excel의 연결

최근에는 사물인터넷 활용에 따른 다양한 응용 프로그램을 개발할 기회가 많아졌다. 각종 센서로부터 넘겨받은 데이터를 필요한 경우에는 Excel에 저장해 두고 2차 가공을 하여 의미 있는 데이터로 처리하는 등의 필요성을 인식하면 Excel에 내용을 저장하거나 읽는 수단은 매우 큰 도움이 될 것이다. Python에서도 Excel 조작이 가능한 라이브러리가 제공되고 있으며 그 중 하나가 python-excel 라이브러리이다.

python-excel 라이브러리는 xlrd, xlwt, xlutils이라는 3개의 패키지가 존재하며 필요에 따라 선택하여 설치하고 사용하면 좋을 것이다. 여기서는 다음 패키지의 사용법에 대해 간략하게 살펴보도록 한다.

- xlrd: Excel 파일을 로드하기 위한 라이브러리
- xlwt: Excel 파일에 쓰기 위한 라이브러리

12.5.1 Excel의 내용을 읽기

excel-python 라이브러리에서 Excel 파일을 로드하기 위해 xlrd 패키지를 사용하므로 xlrd 패키지는 다음 링크에서 다운로드 가능하다. 설치 설정은 모두 기본으로 두고 진행해도 좋다.

```
http://pypi.python.org/pypi/xlrd
```

버전에 맞는 whl 파일을 선택하여 설치해도 좋지만 이미 pip 도구를 이용하여 자동 인스톨이 가능하므로 다음과 같이 DOS창에서 pip 도구를 실행시켜도 좋다.

```
>>> pip install xlrd
```

■ 워크북 열기

우선 Excel 통합 문서를 열어 test_book.xlsx라는 이름으로 작업 폴더에 저장해 둔다. 참고로 이전 Excel 문서의 경우에는 파일 확장자가 xls로 되어 있으므로 주의가 필요하다. 기본적으로 Excel로 되어 있는 어떤 문서라도 상관없지만 파일 확장자에 주의를 기울여 파일명을 지정하면 된다.

Python 3.6.x

```
import xlrd

book = xlrd.open_workbook('test_book.xlsx')
```

■ 시트 수와 시트 이름 얻어내기

다음 예제에서처럼 Excel 파일을 열고 book 객체를 이용하여 nsheets 값을 참조하면 시트의 수를 참조하여 반환받을 수 있다. 그리고 sheet_names() 메서드를 이용하면 워크북의 모든 시트 이름을 검색할 수 있다.

Python 3.6.x

```
import xlrd

book = xlrd.open_workbook('test_book.xlsx')

print ('-------------------------------')
print (book.nsheets)

print ('-------------------------------')
for name in book.sheet_names():
    print (name)
```

〓 실행 결과 〓

```
Python 3.6.1 Shell
File Edit Shell Debug Options Window Help
Python 3.6.1 (v3.6.1:69c0db5, Mar 21 2017, 18:41:36) [MSC v.1900 64 bit (AMD64)]
 on win32
Type "copyright", "credits" or "license()" for more information.
>>>
=============== RESTART: C:/local/python/chap12/example_12.py ===============
-------------------------------
1
-------------------------------
Sheet1
>>>
```

예제의 경우는 Excel 문서가 하나의 작업 시트만 존재하는 경우에 해당되지만 필요하다면 워크북의 작업 시트 등을 추가하여 실행시킬 수 있다.

■ 지정된 작업 시트 얻어내기

Excel의 워크북의 색인에서 특정 시트를 취득하고자 하는 경우는 다음 예제와 같이 인덱스를 지정하여 sheet_by_index 메서드를 호출하거나 시트 이름을 지정하여 가져오는 경우에는 sheet_by_name 메서드를 호출하면 된다. 다음 예제를 실행하면 통합문서에서 가져온 작업 시트의 이름을 출력해 준다.

Python 3.6.x

```
import xlrd
book = xlrd.open_workbook('test_book.xlsx')

print (book.sheet_by_index(0).name)
print (book.sheet_by_name('Sheet2').name)
```

■ 실행 결과 ■

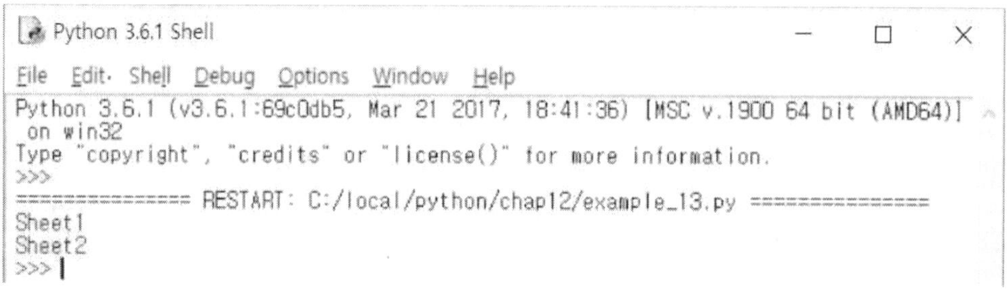

■ 작업 시트의 열 및 행의 수를 취득하기

작업 시트를 선택하고 선택된 작업 시트 sheet_1으로부터 ncols 값을 참조하면 열의 수를, nrows 값을 참조하면 행의 수를 취득할 수 있다.

Python 3.6.x

```
import xlrd
book = xlrd.open_workbook('test_book.xlsx')

sheet_1 = book.sheet_by_index(0)
print (sheet_1.ncols)
print (sheet_1.nrows)
```

■ 실행 결과 ■

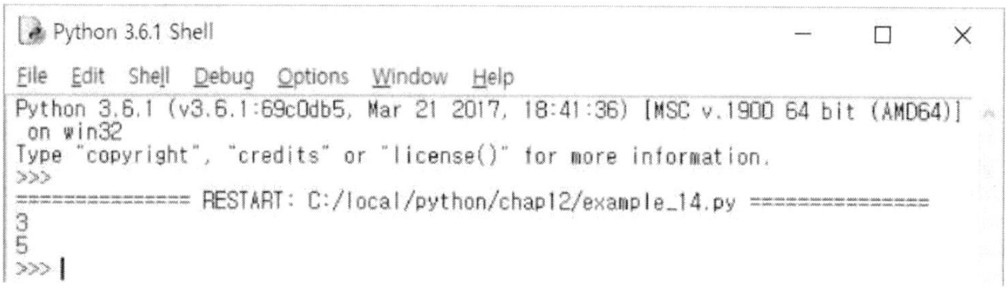

■ 셀의 값을 읽어오기

작업 시트의 셀 값을 검색하기 위해 cell 메서드의 인수에 행과 열을 전달하여 셀의 값을 참조할 수 있다. 다음 예제를 실행시키면 첫 번째 시트의 모든 셀의 내용을 출력시켜 줄 것이다.

Python 3.6.x

```
import xlrd

book = xlrd.open_workbook('test_book.xlsx')

sheet_1 = book.sheet_by_index(0)
for col in range(sheet_1.ncols):
    print ('---------------------------')
    for row in range(sheet_1.nrows):
        print (sheet_1.cell(row, col).value)
```

〓 실행 결과 〓

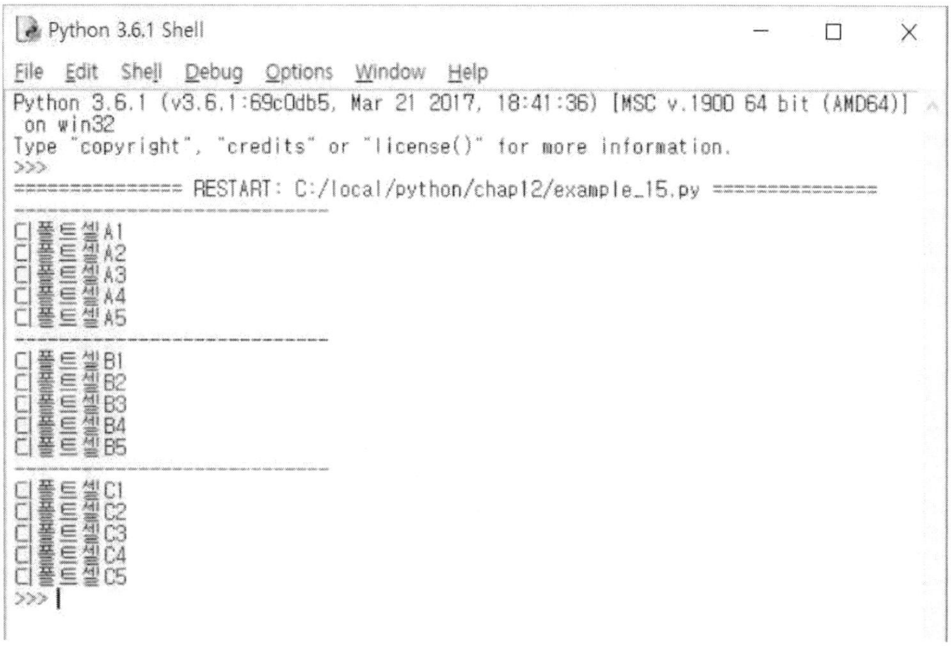

12.5.2 Excel에 내용을 쓰기

지금까지 Python에서 Excel 통합문서를 읽는 방법에 대해 확인하였다. 이제는 통합문서에 원하는 내용을 출력시키는 방법에 대해 알아보자. 이를 위한 패키지는 excel-python 라이브러리의 xlwt이다. pip 도구를 이용하여 다음과 같이 명령을 실행하면 간단하게 설치할 수 있을 것이다.

```
>>> pip install xlwt
```

■ 워크북의 저장과 시트의 추가
Excel 통합문서용 워크북을 생성하고 여기에 작업 시트를 추가한 다음에 저장하는 예제는 다음과 같다. 참고로 통합 문서에는 최소한 하나의 작업 시트가 필요하므로 주의가 필요하다.

Python 3.6.x

```
import xlwt

book = xlwt.Workbook()
book.add_sheet('NewSheet_1')
book.save('sample.xls')
```

■ 셀에 값을 설정하기
이번에는 통합 문서에 셀 값의 설정하여 저장하는 예제이다. 작업 시트에서 직접 설정하는 방법과 행을 검색하여 설정하는 방법 모두 이용 가능하다.

Python 3.6.x

```
import xlwt

book = xlwt.Workbook()

newSheet_1 = book.add_sheet('NewSheet_1')
```

```
newSheet_1.write(0, 0, 'A1')

newSheet_1_row_1 = newSheet_1.row(1)
newSheet_1_row_1.write(0, 'A2')
newSheet_1_row_1.write(1, 'B2')
newSheet_1_row_1.write(2, 'C2')
newSheet_1_row_1.write(3, 'D2')
newSheet_1_row_1.write(4, 'E2')

book.save('sample.xlsx')
```

작업 시트에 직접 셀의 값을 지정할 때는 다음과 같이 write 메서드를 이용하여 0행 0열의 위치에 원하는 값을 순서대로 지정하면 된다.

```
newSheet_1.write(0, 0, 'A1')
```

또 다른 방법으로 미리 행을 선택(여기서는 두 번째 행)하고 write 메서드에 열의 인덱스와 값을 순서대로 지정하면 된다. 이 경우는 하나의 행에 많은 값을 일괄 설정하는 경우에 유용할 것이다.

```
newSheet_1_row_1 = newSheet_1.row(1)
newSheet_1_row_1.write(0, 'A2')
newSheet_1_row_1.write(1, 'B2')
newSheet_1_row_1.write(2, 'C2')
newSheet_1_row_1.write(3, 'D2')
newSheet_1_row_1.write(4, 'E2')
```

■ 실행 결과 ■

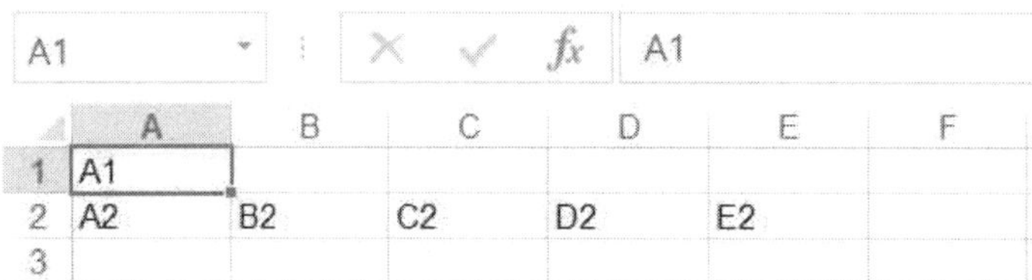

■ 열의 폭을 변경하기

작업 시트의 열의 너비(폭)를 설정하는 것도 가능하다. 좀 전의 예제에 다음의 코드를 추가하여 실행시켜 보라.

```
newSheet_1_column_1 = newSheet_1.col(2)
newSheet_1_column_1.width = 5000
```

Python 3.6.x

```
import xlwt

book = xlwt.Workbook()

newSheet_1 = book.add_sheet('NewSheet_1')
newSheet_1.write(0, 0, 'A1')

newSheet_1_row_1 = newSheet_1.row(1)
newSheet_1_row_1.write(0, 'A2')
newSheet_1_row_1.write(1, 'B2')
newSheet_1_row_1.write(2, 'C2')
newSheet_1_row_1.write(3, 'D2')
newSheet_1_row_1.write(4, 'E2')

newSheet_1_column_1 = newSheet_1.col(2)
newSheet_1_column_1.width = 5000

book.save('sample.xlsx')
```

위 예제 코드의 경우 원하는 라인을 취득한 다음 width 값을 이용하여 셀의 폭을 설정하고 있다. 저장된 파일을 열어 보면 C열 폭이 커진 것을 확인할 수 있을 것이다.

■ 실행 결과 ■

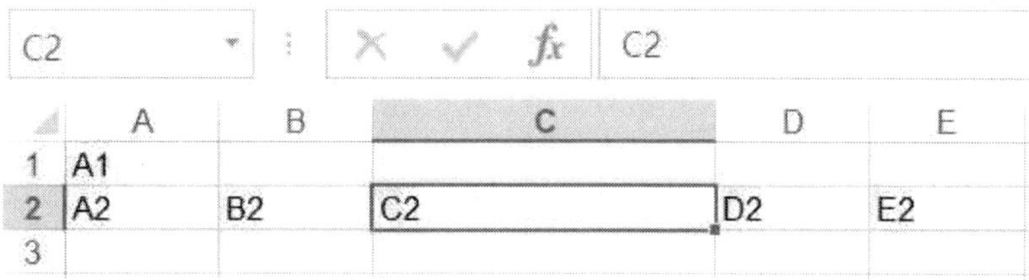

■ 폰트 변경

필요한 경우에는 셀의 글꼴 설정을 변경할 필요도 있을 것이다. 이때는 write 메서드의 세 번째와 네 번째 인수의 값을 Font 객체 및 스타일 정보 XFStyle 객체를 지정하면 된다. 다음 예는 셀 A1을 볼드체로 설정하고 셀 A2는 Arial 글꼴로 설정한 경우이다.

Python 3.6.x

```
import xlwt

book = xlwt.Workbook()
newSheet_1 = book.add_sheet('NewSheet_1')

c_font_1 = xlwt.Font()
c_font_1.bold = True
c_style_1 = xlwt.XFStyle()
c_style_1.font = c_font_1

c_font_2 = xlwt.Font()
c_font_2.name = 'Arial'
c_style_2 = xlwt.XFStyle()
c_style_2.font = c_font_2

newSheet_1.write(0, 0, 'Font-Bold', c_style_1)
newSheet_1.write(1, 0, 'Font-Arial', c_style_2)

book.save('sample.xls')
```

■ 보더의 설정

작업 시트의 셀에 테두리를 설정하기 위해서는 다음 예제와 같이 Borders 클래스를 이용하면 된다. 예제에서는 셀 B2에 테두리를 설정하였다.

Python 3.6.x

```
import xlwt

book = xlwt.Workbook()
newSheet_1 = book.add_sheet('NewSheet_1')

c_border = xlwt.Borders()
c_border.top = xlwt.Borders.THICK
c_border.bottom = xlwt.Borders.THICK
c_border.left = xlwt.Borders.THICK
c_border.right = xlwt.Borders.THICK

c_style = xlwt.XFStyle()
c_style.borders = c_border

newSheet_1.write(1, 1, 'Border' ,c_style)

book.save('sample.xls')
```

■ 셀의 배경색의 설정

작업 시트의 각 셀에 대한 색을 변경하기 위해서는 다음 예제와 같이 Pattern 클래스에서 설정 가능하다. 셀 B2는 빨간색, 셀 B3는 녹색, 셀 B4는 파란색으로 배경색을 설정하고 있다.

Python 3.6.x

```
import xlwt

book = xlwt.Workbook()
newSheet_1 = book.add_sheet('NewSheet_1')
```

```
pattern_1 = xlwt.Pattern()
pattern_1.pattern = xlwt.Pattern.SOLID_PATTERN
pattern_1.pattern_fore_colour = 0x0A
c_style_1 = xlwt.XFStyle()
c_style_1.pattern = pattern_1

pattern_2 = xlwt.Pattern()
pattern_2.pattern = xlwt.Pattern.SOLID_PATTERN
pattern_2.pattern_fore_colour = 0x11
c_style_2 = xlwt.XFStyle()
c_style_2.pattern = pattern_2

pattern_3 = xlwt.Pattern()
pattern_3.pattern = xlwt.Pattern.SOLID_PATTERN
pattern_3.pattern_fore_colour = 0x0C
c_style_3 = xlwt.XFStyle()
c_style_3.pattern = pattern_3

newSheet_1.write(1, 1, 'Color-red', c_style_1)
newSheet_1.write(2, 1, 'Color-green', c_style_2)
newSheet_1.write(3, 1, 'Color-blue', c_style_3)

book.save('sample.xls')
```

■ 문자의 위치 정렬

셀에 표시되는 문자의 위치 정렬을 제어하기 위해서는 Alignment 클래스를 이용하면 된다. 셀 B2는 좌측 정렬(기본 값), 셀 B3는 중앙 정렬, 셀 B4"는 우측 정렬로 설정한 예는 다음과 같다.

Python 3.6.x

```
import xlwt

```

```
book = xlwt.Workbook()
newSheet_1 = book.add_sheet('NewSheet_1')

alignment_1 = xlwt.Alignment()
alignment_1.horz = 1
c_style_1 = xlwt.XFStyle()
c_style_1.alignment = alignment_1

alignment_2 = xlwt.Alignment()
alignment_2.horz = 2
c_style_2 = xlwt.XFStyle()
c_style_2.alignment = alignment_2

alignment_3 = xlwt.Alignment()
alignment_3.horz = 3
c_style_3 = xlwt.XFStyle()
c_style_3.alignment = alignment_3

newSheet_1.write(1, 1, 'Align-left', c_style_1)
newSheet_1.write(2, 1, 'Align-center', c_style_2)
newSheet_1.write(3, 1, 'Align-right', c_style_3)

book.save('sample.xls')
```

■ Excel 함수의 삽입

당연히 Excel 함수의 삽입을 통해 연산 처리도 가능하다. 대표적인 Excel의 내장 함수인 SUM 함수를 삽입하는 예제는 다음과 같다. 셀 B2, B3, B4의 합계가 셀 B5에 표시하는 예는 다음과 같다.

Python 3.6.x

```
import xlwt

book = xlwt.Workbook()
```

```
newSheet_1 = book.add_sheet('NewSheet_1')

newSheet_1.write(1, 1, '1')
newSheet_1.write(2, 1, '10')
newSheet_1.write(3, 1, '100')
newSheet_1.write(4, 1, xlwt.Formula('sum(B2,B3,B4)'))

book.save('sample.xls')
```

〓 실행 결과 〓

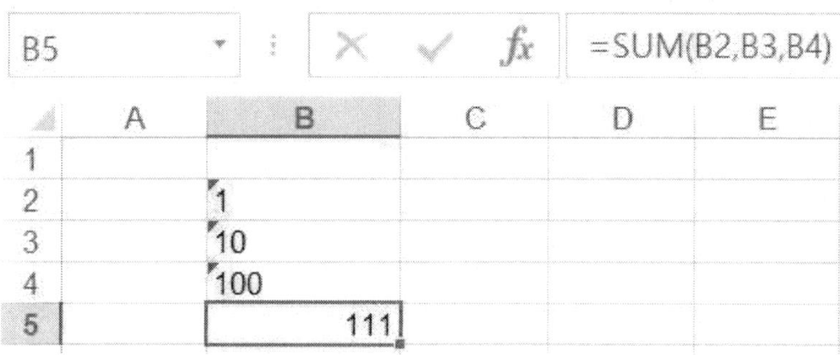

12.6 Arduino와 통신하기

최근에는 Arduino 보드를 활용한 다양한 응용이 가능해졌다. 비록 Arduino가 제한된 성능과 포트를 가지고 있다고 하지만 목적으로 하는 응용 시스템을 구축하는데 부족함이 없고 다양한 센서와의 인터페이스를 통해 컴퓨터와의 통신도 문제없이 처리를 할 수 있다.

Arduino와 컴퓨터 사이에서 시리얼 통신을 지원하기 위해서는 시리얼통신 전용 라이브러리가 필요하다. 다음과 같이 DOS창을 열고 pip 도구를 이용하여 pyserial 라이브러리를 먼저 설치하도록 하자.

```
>>> pip install pyserial
```

12.6.1 간단한 시리얼 통신

Arduino에서 보내온 데이터를 Python을 통해 전달 받아 출력시키는 예는 다음과 같다. Arduino IDE에서 시리얼 통신을 열고 시리얼 케이블을 경유하여 0.2초 단위로 문자열을 송신하고 다시 데이터를 수신하는 간단한 프로그램이다. 컴퓨터에 연결된 Arduino는 적절한 COM 포트(예제의 경우 COM7 포트를 가정)에 연결되어 있다고 가정한다.

```
void setup() {
    Serial.begin(9600);
}

void loop() {
    Serial.println("sample data from Arduino");
    delay(200);
    Serial.println(Serial.read());
}
```

다음에 준비할 것은 Arduino가 보내온 내용을 Python에서 그 내용을 읽어 화면에 출력하는 것이다. 여기서 주의할 점은 컴퓨터에 연결된 Arduino의 유효한 COM 포트를 Python에서도 동일한 COM 포트로 설정해 주어야 한다는 것이다.

Python 3.6.x

```
import serial

ser = serial.Serial()
ser.port = 'COM7' #시리얼 포트 선택
ser.baudrate = 9600 #통신속도 선택
ser.open() # 시리얼 포트 열기

while(True): # 무한 반복
    if(ser.inWaiting() > 0): # 수신 받은 데이터가 0개 보다 많으면
        obj = ser.readline()
```

```
        str = obj[:-2].decode()
        print(str)
```

한 가지 주의할 것은 Serial.readlin() 함수의 반환 객체가 문자열이 아니라 bytes형 데이터이다. 즉 Python 객체로서 각 문자의 ASCII 코드로 구성된 바이트 값의 배열이므로 이를 Python 문자열로 변환하기 위해 예제에서는 bytes.decode() 함수를 다음과 같이 이용하였다.

참고로 [:-2]와 같이 인덱스 값을 이용한 이유는 전송되어 온 문자열 뒤에 \r\n 문자를 포함하고 있기 때문에 이를 제외하기 위한 것이다.

```
        str = obj[:-2].decode()
```

■ 실행 결과 ■

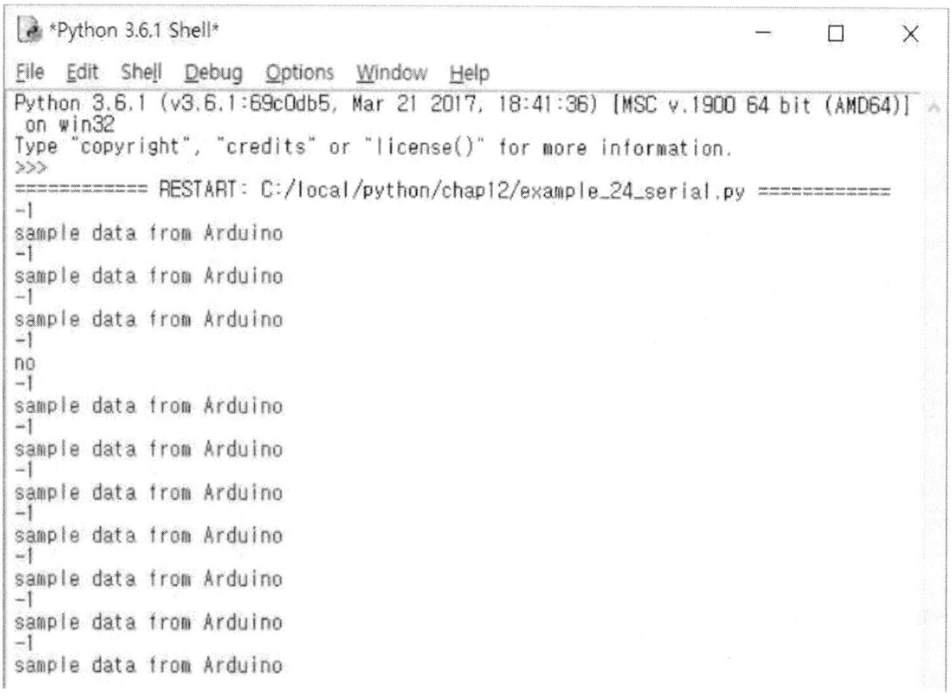

12.6.2 Python에서 Arduino LED 제어하기

앞 절에서 Python과 Arduino 사이에서 시리얼 통신이 가능한 것을 확인하였다. 이번에는 Arduino의 13번 pin에 LED가 연결되어 있고 Python에서 이 LED를 제어하는 간단한 예를 살펴보자. Arduino측에서는 예제 코드를 다음과 같이 수정하도록 하자.

```
void setup() {
    Serial.begin(9600);
    Serial.println("abcd");
    pinMode(13, OUTPUT);
}

void loop() {
    if( Serial.available() )
    digitalWrite(13, Serial.read());
}
```

Python에서 Arduino에 연결된 LED를 제어하는 방법은 매우 단순하다. 별도의 Python 스크립트 파일로 코드를 준비해도 좋으나 편의상 여기에서는 Python Shell 환경에서 직접 wirte 메서드를 이용하여 제어 값을 전송하여 보도록 하자. 인수로 지정하는 값은 배열이므로 단순하게 0 또는 1이 아니라 배열 기호를 이용하여 [0] 또는 [1]로 지정해 주어야 한다.

■ 실행 결과 ■

```
Python 3.6.1 Shell
File Edit Shell Debug Options Window Help
Python 3.6.1 (v3.6.1:69c0db5, Mar 21 2017, 18:41:36) [MSC v.1900 64 bit (AMD64)]
 on win32
Type "copyright", "credits" or "license()" for more information.
>>> import serial
>>>
>>> ser = serial.Serial('COM7')
>>>
>>> ser.write([0])
1
>>> ser.write([1])
1
>>> |
```

기본적인 시리얼 통신에 대한 간단한 예를 살펴보았지만 실제 문제에 응용하는데 큰 문제가 없을 것이다.

부록 A. Python 2.7.x 설치

Python 2.7.13 버전을 기준으로 선택한 버전의 링크를 클릭하여 링크된 페이지에서 "Windows xx MSI Installer"등을 선택한다. 마찬가지로 다운로드 한 파일을 적당한 폴더 위치에 저장하고 설치를 진행한다.

■ 인스톨 과정

기본적으로 모두 기본 설정으로 두고 설치를 진행해도 되므로 다음 각 절차에 따라 설치과정을 따르면 된다.

우선 어떤 사용자에게 설치할지 여부를 선택한다. "Install for all users"(기본 값)을 선택하고 [Next] 버튼을 누른다.

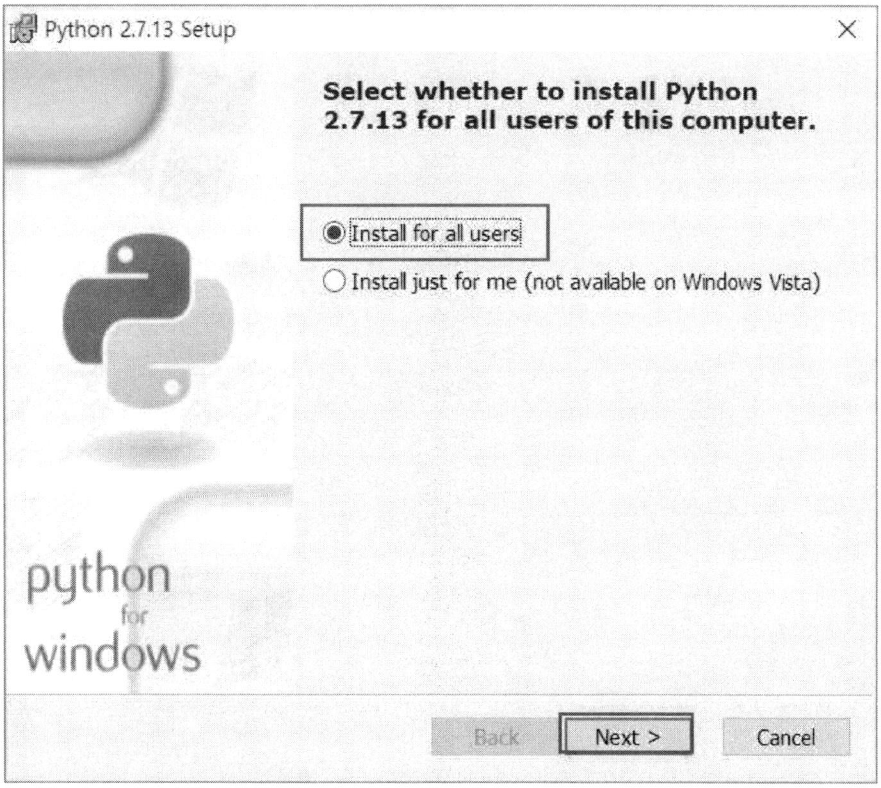

다음은 Python 본체를 설치할 폴더 위치를 선택한다. Python의 버전에 따라 초기 값이 다르지만 여기서는 기본 값이 C:\Python27이며 그대로 선택하고, [Next] 버튼을 누른다.

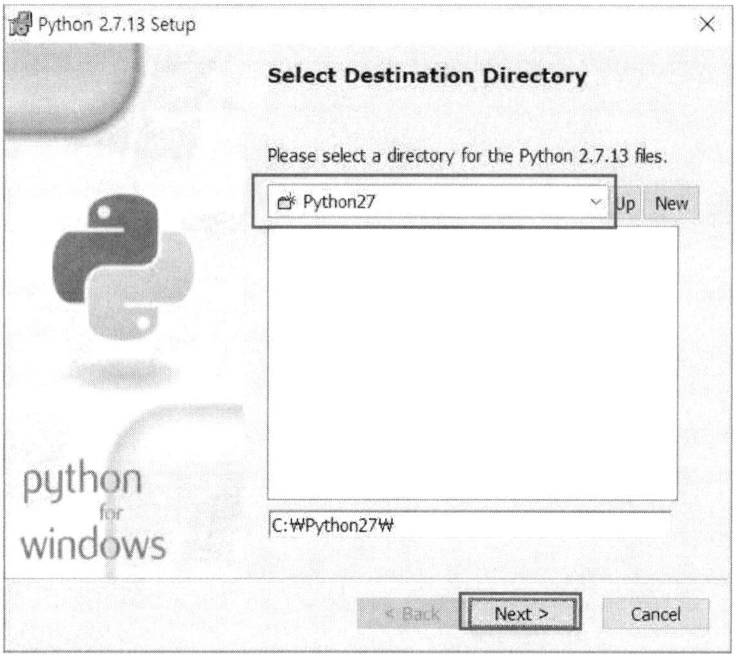

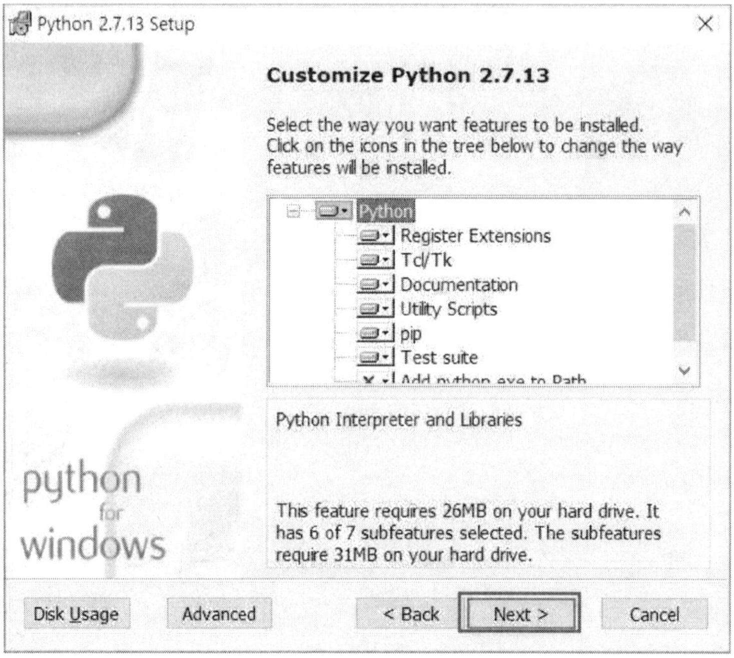

대부분 Python 본체 설치에 필요한 내용이므로 그대로 [Next] 버튼을 누르면 설치 프로세스가 시작되어 설치를 시작한다.

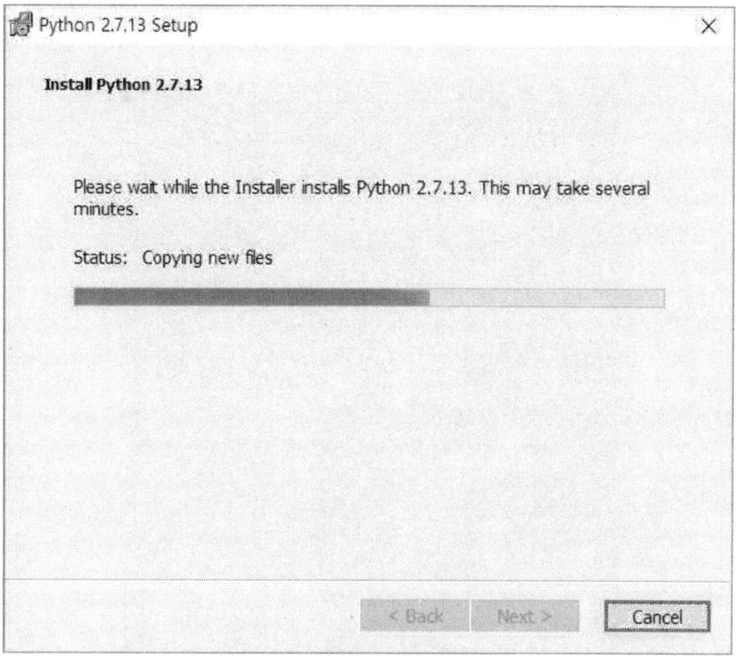

Python 설치가 완료되었으면 [Finish] 버튼을 눌러 설치를 종료한다.

설치가 완료된 이후에 Windows 시작 버튼을 눌러 확인하면 다음과 같이 설치가 완료된 것을 확인할 수 있을 것이다. 1장에서 설명한 설치 과정과 거의 동일하며 간단한 동작 테스트 과정도 같은 방법으로 진행하면 된다.

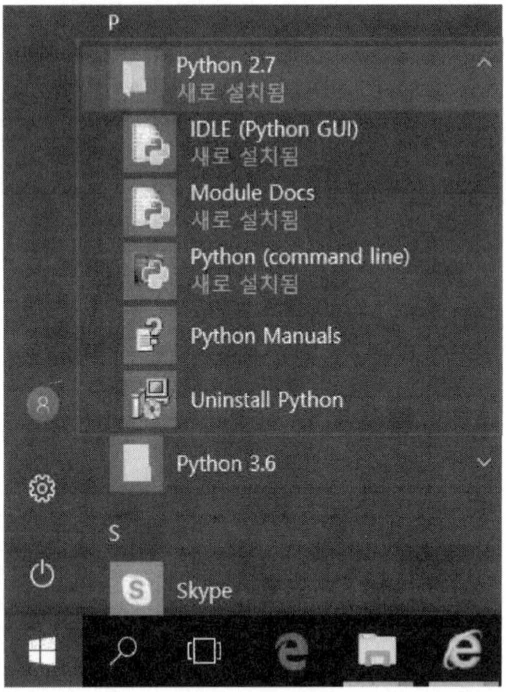

부록 B. 다른 언어와의 차이점

여기에서는 Python과 다른 프로그래밍 언어와의 비교를 통해 그 차이를 살펴보도록 하자. 필요한 소프트웨어 실행 환경은 소개하는 모든 언어가 사용 가능한 상태라고 가정하고 있으며 "Hello world"라는 문자열을 출력하는 단순 기능으로 비교할 뿐이지만 Python 언어의 단순함과 강력함을 느끼기에 충분할 것이다.

■ Python 언어

1. 다음과 같이 코드를 작성한 후 sample.py라 저장하자.

```
print 'Hello world'
```

2. 프로그램의 실행

```
python sample.py
```

〓 실행 결과 〓

```
Hello World
```

■ Ruby

1. 다음과 같이 코드를 작성한 후 sample.rb라 저장하자.

```
puts "Hello world"
```

2. 프로그램의 실행

```
ruby sample.rb
```

〓 실행 결과 〓

```
Hello World
```

■ Perl

1. 다음과 같이 코드를 작성한 후 sample.pl라고 저장하자.

```
puts "Hello world\n";
```

2. 프로그램의 실행

```
perl sample.pl
```

〓 실행 결과 〓

```
Hello World
```

■ Java

1. 다음과 같이 코드를 작성한 후 Sample.java라고 저장한다

```
public class Sample {
    public static void main(String[] args) {
        System.out.println("Hello World");
    }
}
```

2. 프로그램의 컴파일

```
javac Sample.java
```

3. 프로그램의 실행

```
java Sample
```

〓 실행 결과 〓

```
Hello World
```

■ C 언어

1. 다음과 같이 sample.c 코드를 작성한다.

```
#include <stdio.h>

int main(void) {
    printf(“Hello World”);

    return 0;
}
```

2. 프로그램의 컴파일

```
gcc -o sample sample.c
```

3. 프로그램의 실행

```
./sample
```

〓 실행 결과 〓

```
Hello World
```

■ Swift

1. 다음과 같이 sample.swift 코드를 작성한다.

```
print("Hello world")
```

2. 프로그램의 컴파일

```
swiftc sample.swift
```

3. 프로그램의 실행

```
./sample
```

〓 실행 결과 〓

```
Hello World
```

■ Go

1. 다음과 같이 sample.go 코드를 작성한다.

```
package main

import "fmt“

func main() {
    fmt.Println("Hello world")
}
```

2. 프로그램의 실행

```
go run sample.go
```

〓 실행 결과 〓

```
Hello World
```

■ HTML5

1. 다음과 같이 sample.html 코드를 작성한다.

```
<!DOCTYPE html>
<html lang="ja">
    <head>
        <meta charset="UTF-8">
        <title>타이틀</title>
    </head>
    <body>
        Hello World
    </body>
</html>
```

2. Web 브라우저를 이용하여 sample.html을 연다.

〓 실행 결과 〓

```
Hello World
```

■ JavaScript in HTML5

1. 다음과 같이 sample.html 코드를 작성한다.

```
<!DOCTYPE html>
<html lang="ja">
    <head>
        <meta charset="UTF-8">
        <title>타이틀</title>
    </head>
    <body>
        <script>
            alert('Hello World');
        </script>
    </body>
</html>
```

2. Web 브라우저를 이용하여 sample.html을 연다.

〓 실행 결과 〓

```
Hello World
```

■ PHP

1. 다음과 같이 sample.php 코드를 작성한다.

```
<?php
    echo 'Hello World'
?>
```

2. 로컬 환경에서 sample.php를 실행한다.

```
php sample.php
```

▬ 실행 결과 ▬

```
Hello World
```

사실 간단하게 실행할 수 있다고 해서 반드시 “좋은 프로그래밍 언어이다”라는 명제는 성립되지 않는다. 작성하는 프로그램의 규모가 커질수록 작업 처리에 더 긴 작업 시간이 소요되는 것은 당연하다. 개발자에 따라서는 Python과 같은 동적 타입의 언어보다 정적 타입의 언어가 더 촘촘한 프로그램을 작성할 수 있을 거라고 생각하는 사람도 있다. 중요한 것은 다양한 프로그래밍 언어를 접해보고 목적에 따라 선별적으로 프로그래밍 언어를 구사하는 것이 보다 효율적일 것이다.

부록 C. PostGres 설치와 테이블 생성

■ PostGres 데이터베이스 설치

필요한 파일은 다음 링크에서 다운로드 가능하다. 운영체제의 버전에 주의하여 설치 파일을 선택하면 되며 여기서는 postgresql-9.6.3-3-windows-x64.exe 파일을 이용하는 것으로 한다.

```
https://www.postgresql.org/download/
```

설치파일은 적절한 폴더에 저장하고 실행을 시키면 다음과 같이 초기 화면이 나타날 것이다.

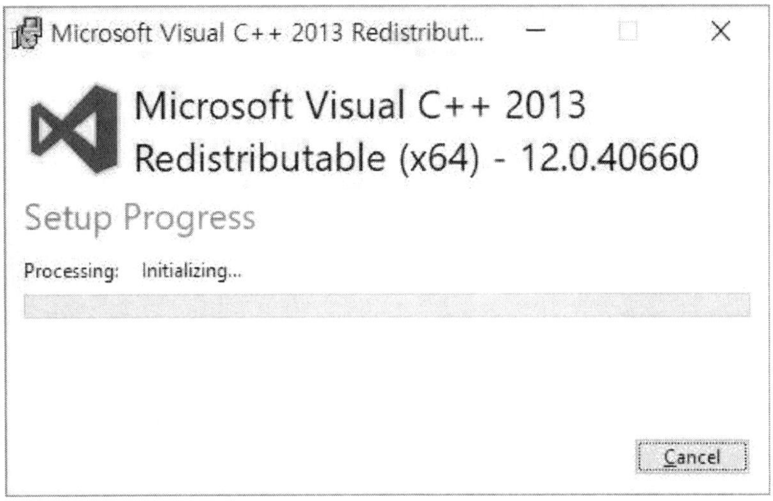

잠시 기다리면 설치 준비를 마치고 설치 과정으로 넘어갈 것이다. 대부분은 기본 설정으로 선택하고 진행하여도 관계없지만, 실제 데이터베이스에 접근할 때는 데이터베이스의 이름과 패스워드 등의 기본 정보가 필요하므로 별도로 메모해 둘 필요가 있다.

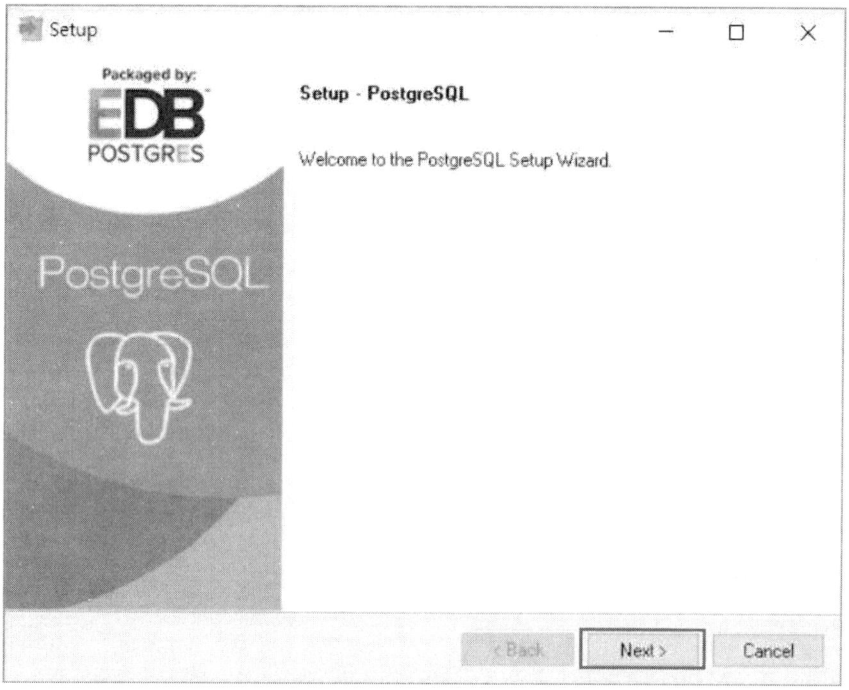

데이터베이스의 설치 위치는 디폴트 상태로 두고 [Next] 버튼을 누른다.

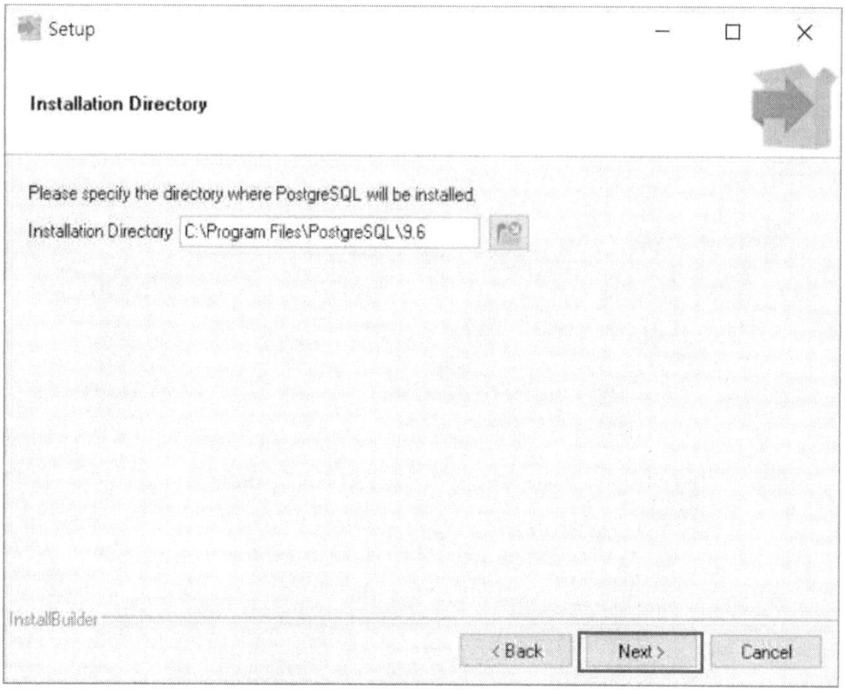

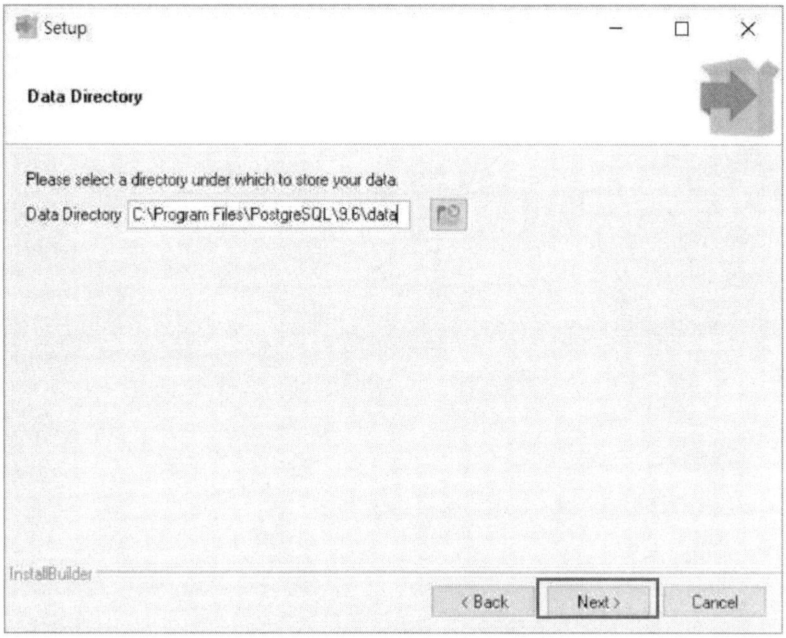

다음은 데이터베이스 계정에 대한 암호 설정 단계이며, 본 교재에서는 pgpwd로 설정하였으며, 예제에서 이를 이용하여 데이터베이스에 접근하게 될 것이다.

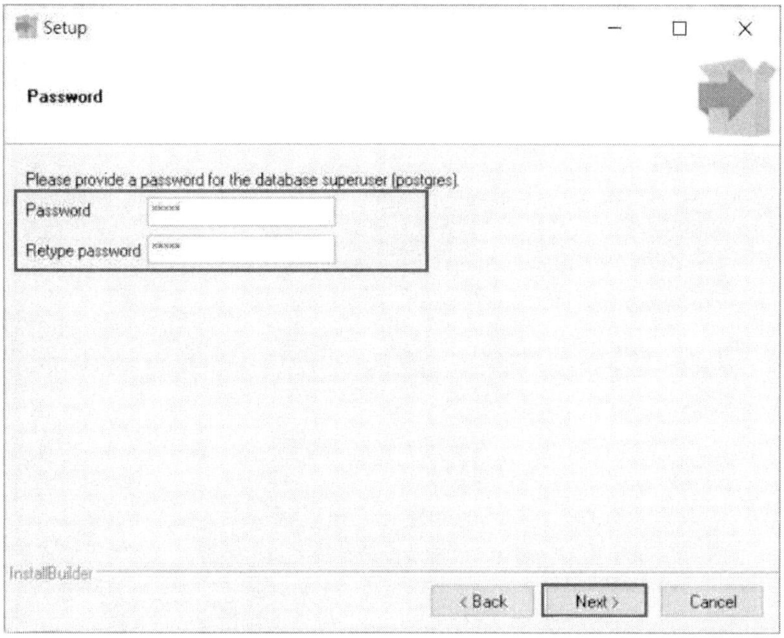

데이터베이스의 포트는 다음과 같이 5432번을 디폴트로 사용한다. 다음 단계로 설치를 진행한다. 이후 몇 가지 단계가 남아 있지만 기본 상태로 계속 진행하면 된다.

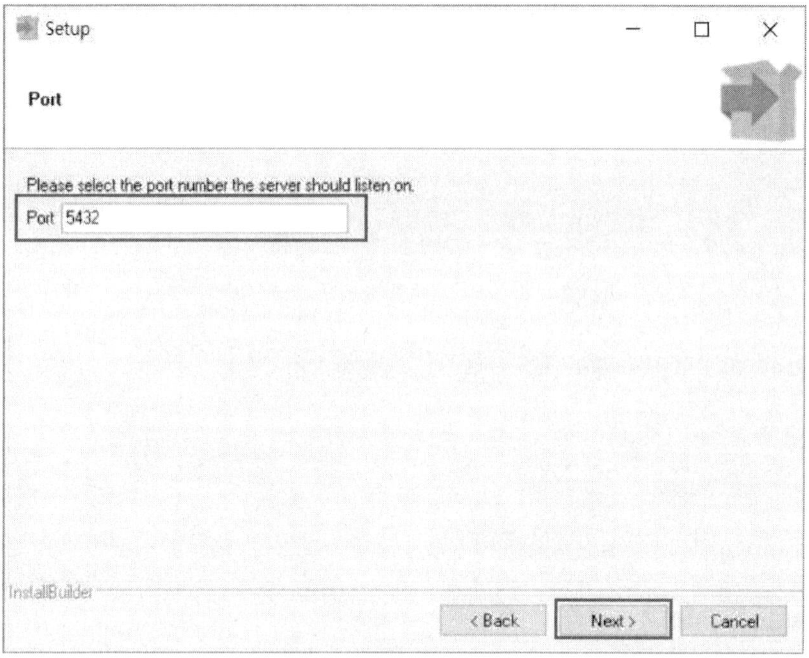

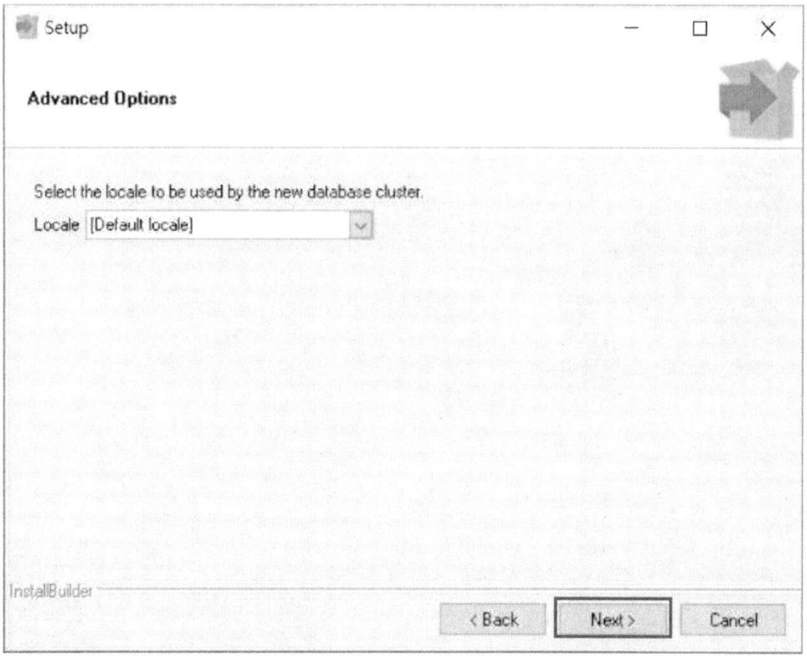

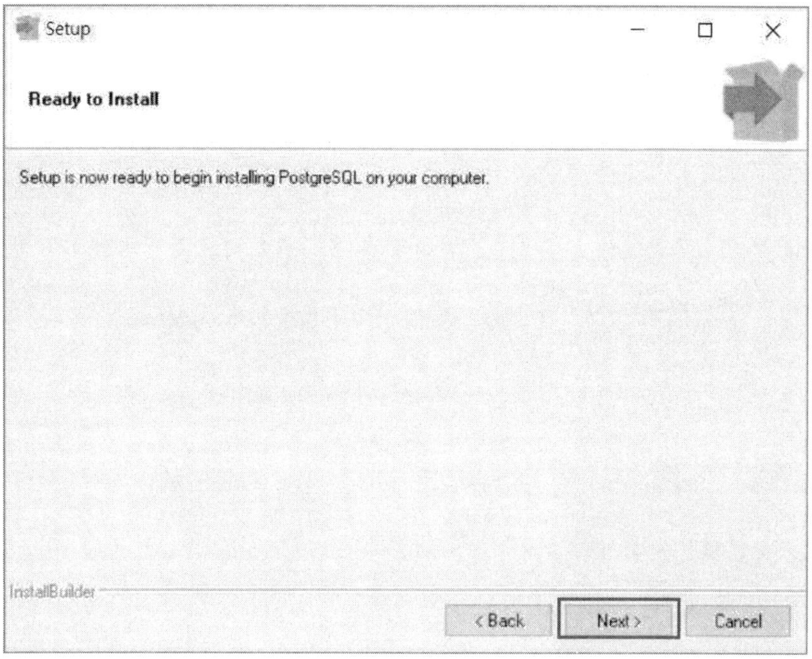
Setup
Ready to Install
Setup is now ready to begin installing PostgreSQL on your computer.
InstallBuilder
< Back
Next >
Cancel

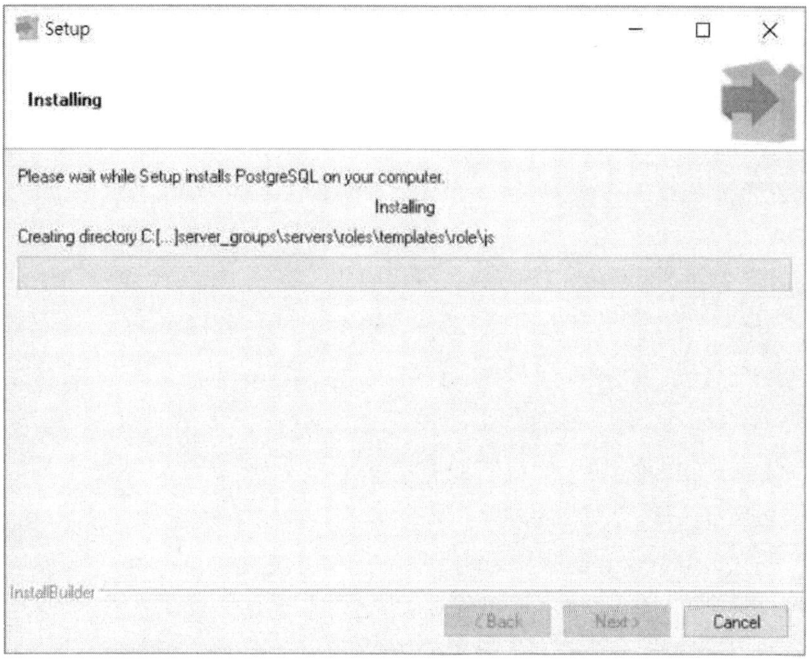
Setup
Installing
Please wait while Setup installs PostgreSQL on your computer.
Installing
Creating directory C:[...]server_groups\servers\roles\templates\role\js
InstallBuilder
< Back
Next >
Cancel

설치과정의 마지막 단계로서 화면의 체크 표시는 해제하고 종료 버튼을 누르면 설치 과정은 모두 완료된다. 참고로 PostGres 데이버테이스에 접근하기 위한 드라이버는 본문에서 Python용으로 설치를 하게 추가 설치는 더 이상 필요 없을 것이다.

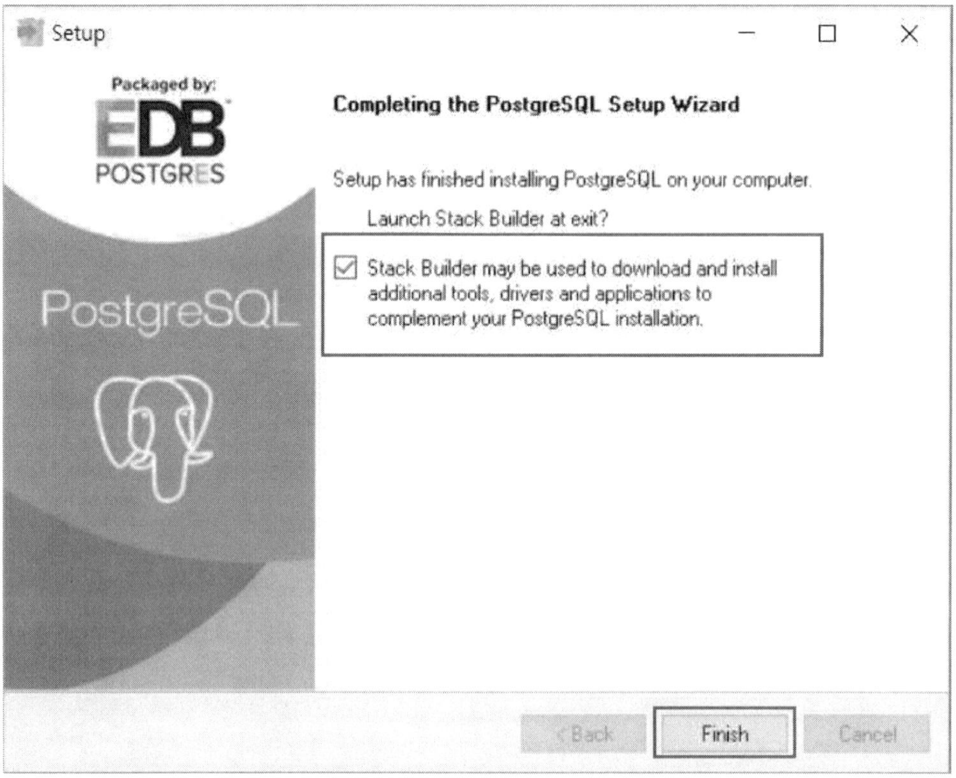

■ 데이터베이스 실행과 테이블 생성

이제 데이터베이스를 기동시켜 테이블을 생성시키는 과정을 살펴보도록 하자. 먼저 Windows의 시작 버튼을 눌러 카테고리 P 아래에 설치된 PostGres를 확인할 수 있을 것이다.

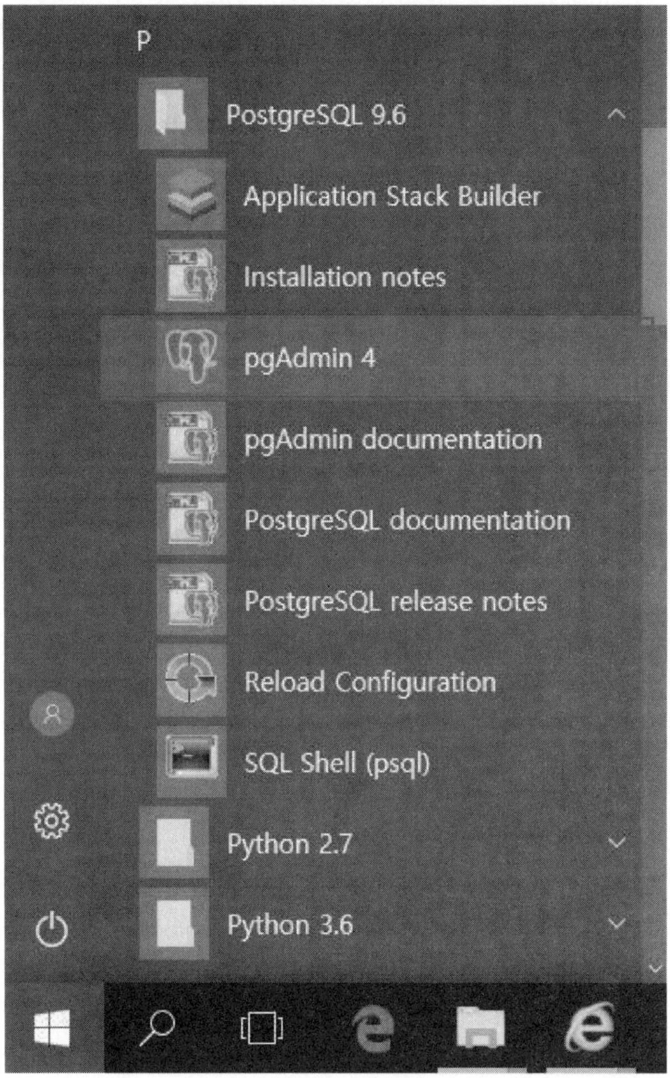

여기서 [pgAdmin 4]를 선택하여 실행시키면 된다. 실행 화면 좌측을 보면 [PostgresSQL 9.6] 부분이 보일 것이다. 이 부분을 마우스로 더블 클릭하면 패스워드를 요구하는 화면이 뜰 것이다. 설치 과정에서 pgpwd로 암호를 설정하였다면 이 암호를 입력하면 되고 다른 암호를 입력하였다면 메모해둔 암호를 입력하면 된다.

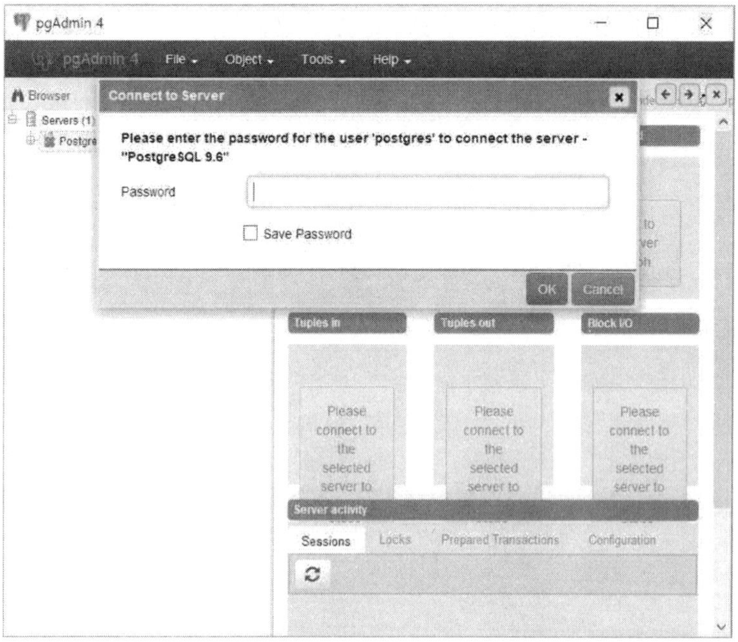

이제 데이터베이스를 생성하여 보자. 다음 화면에서와 같이 [Databases(1)] 부분에 마우스 커서를 두고 오른쪽 버튼을 눌러 **[Create]** →**[Database...]** 순서로 실행을 하면 된다.

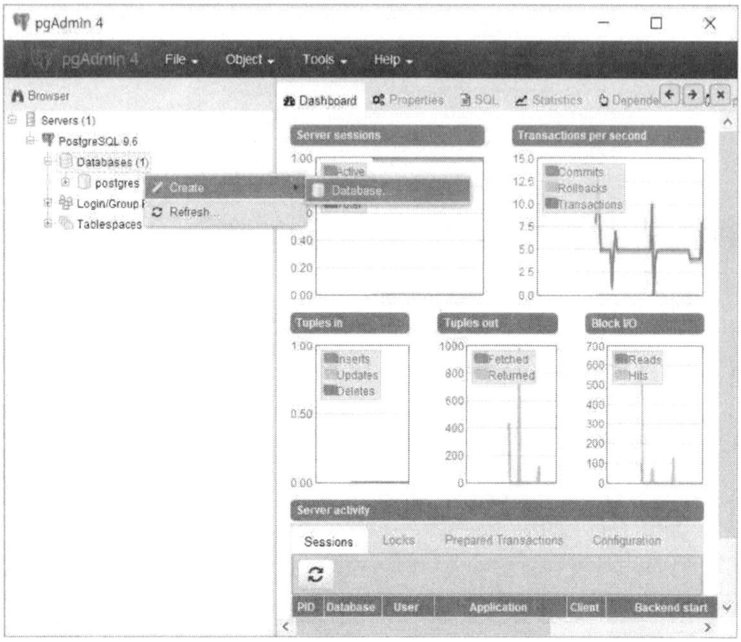

잠시 후 다음과 같이 데이터베이스 생성 화면이 뜰 것이다. 파업 창에서 [General] 탭 메뉴에서 데이터베이스 이름은 본문 예제에서 참조하게 되는 데이터베이스 이름을 pdb로 지정하고 있다.

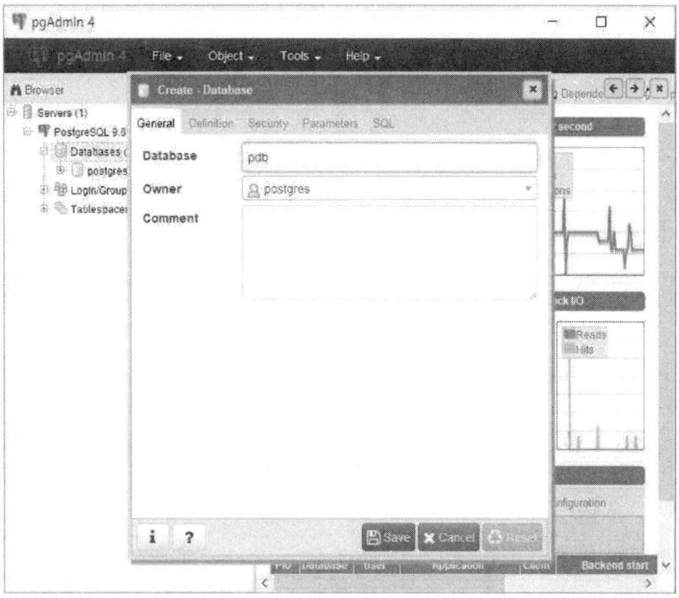

다음으로 [Definition] 탭 메뉴로 이동한다. 여기서 Encoding 부분의 값이 UTF8로 지정되어 있는 확인하고 그렇지 않을 경우에는 UTF8로 지정해 준다. 그 이유는 Python에서 유니코드로 값을 처리하기 위해 사전에 UTF8 형식으로 인코딩하도록 설정하기 위함이다. 모두 확인이 되었으면 [Save] 버튼을 눌러 설정 내용을 저장한다.

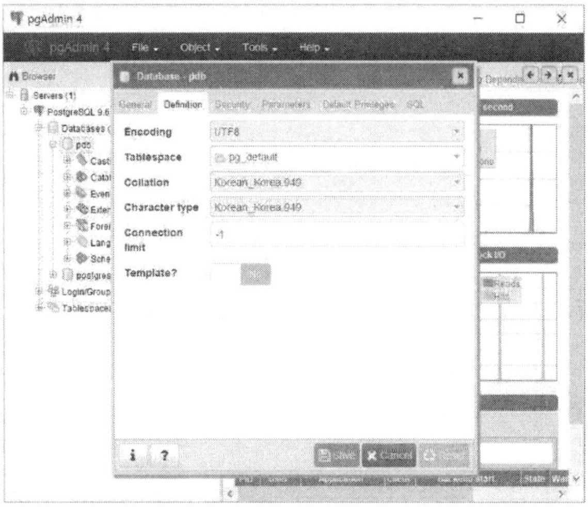

■ 테이블 생성

Python 프로그램에서 PostGres 데이터베이스 접속할 때 테이블 정의가 요구된다. 적절한 테이블 설정이 없으면 데이터베이스 접속을 위한 connect 메서드에서 오류가 발생하게 되므로 테이블 생성은 꼭 필요하다.

본문의 Python 예제에서는 test_table이라는 이름으로 테이블 정보를 참조하므로 아래 화면에서 **[Schemas(1)]→[Tables(1)]**로 이동하고 마우스 우측 버튼을 클릭하면 파업 메뉴가 화면에 나타날 것이다.

여기서 **[Create]→[Table]** 순으로 선택하게 되면 테이블 생성창이 나타나게 될 것이다.

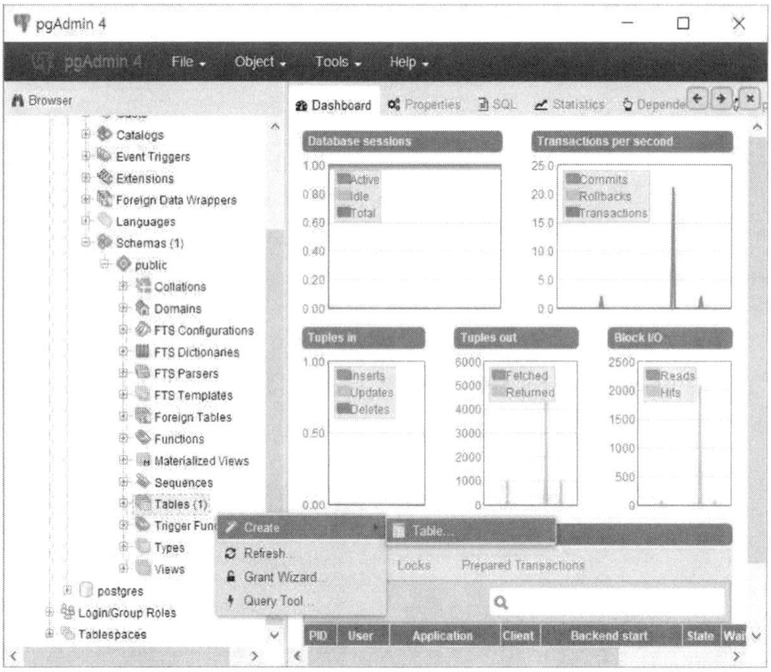

테이블 생성을 위한 팝업 설정창에서 Name의 속성 값은 test_table로 지정해준다. 다음으로 소유자 설정과 관련하여 Owner 속성 값은 postgres로 변경해준다. 이 과정까지는 단순히 테이블의 이름과 소유자에 관한 설정일뿐 테이블 자체는 아직 생성되지 않은 상태이다.

설정창의 두 번째 탭 메뉴 [Columns]으로 이동하여 화면 중앙 부분에 나타나 있는 표 모양의 우측 상단에 있는 [+] 버튼을 두 번 누른다. 그 결과로 표의 행이 2개 추가된 것을 확인할 수 있을 것이다. 추가된 각 행의 필드에서 Name 속성은 각각 code, name으로 입력하고 Data type 속성은 모두 character varying(varchar에 상응)으로 수정해 준다.

테이블을 이용하기 위한 스키마 설정은 이 정도로 충분하다. 물론 필요에 따라 primary key 등을 지정할 필요도 있으나 여기서는 단순히 Python 응용 프로그램에서 데이터베이스의 테이블에 접속하고 필요한 필드의 내용을 추가하고 참조하는 정도이므로 설정을 완료하고 [Save] 버튼을 눌러 변경된 내용을 저장하면 된다.

데이터베이스를 이용하는데 필요한 상세한 내용은 관련 문서를 참조하기 바란다.

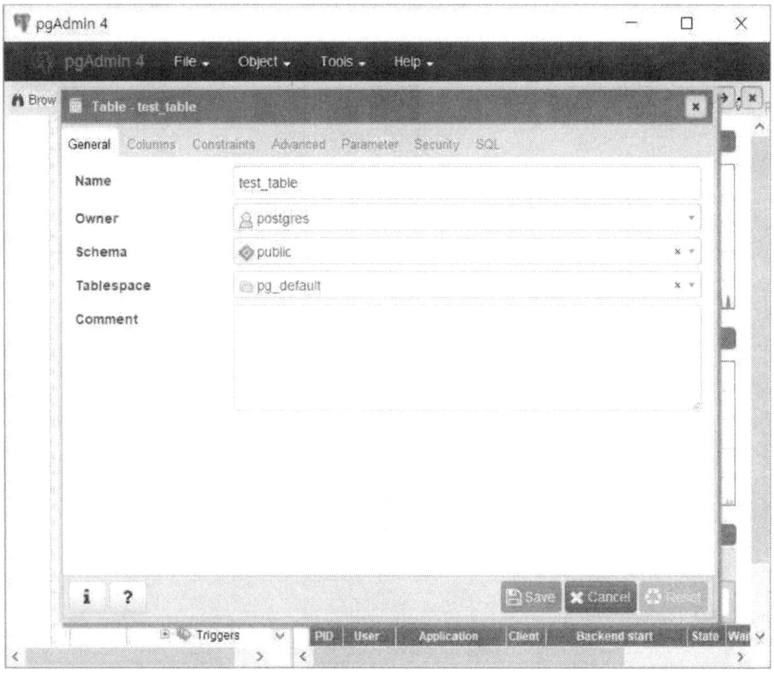

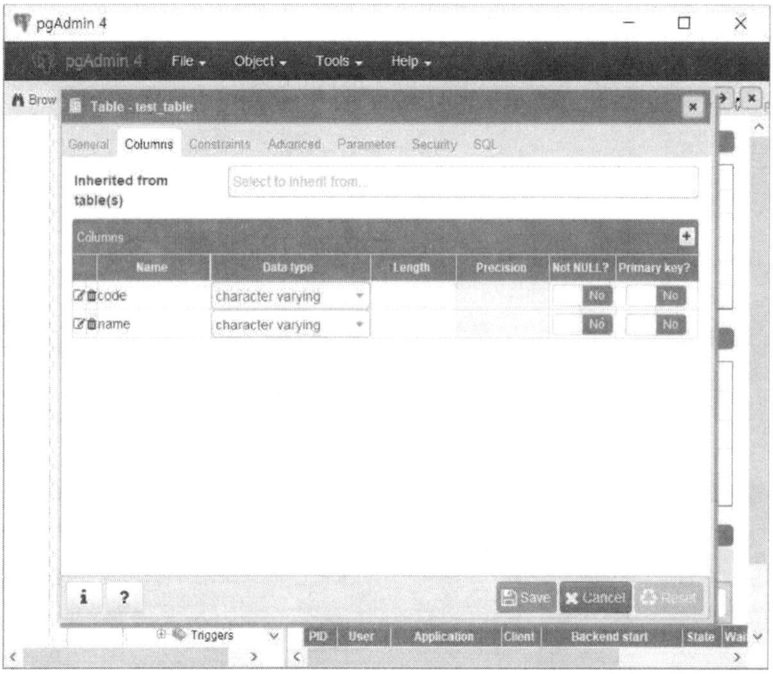
pgAdmin 4
File Object Tools Help
Table - test_table
General Columns Constraints Advanced Parameter Security SQL
Inherited from table(s)
Select to inherit from...
Columns
Name Data type Length Precision Not NULL? Primary key?
code character varying No No
name character varying No No
Save Cancel Reset
Triggers
PID User Application Client Backend start State

부록 D. MySQL 설치와 테이블 생성

■ MySQL 데이터베이스 설치

다음 링크에서 설치 파일을 다운로드 할 수 있다.

```
https://dev.mysql.com/downloads/windows/installer/5.6.html
```

설치 과정이 다소 지루할 수 있으나 단계별 설치과정을 통해 데이터베이스를 설치하도록 한다. 설치 파일을 실행시키면 다음과 같은 화면이 뜨고 잠시 후 라이선스 화면으로 이동할 것이다.

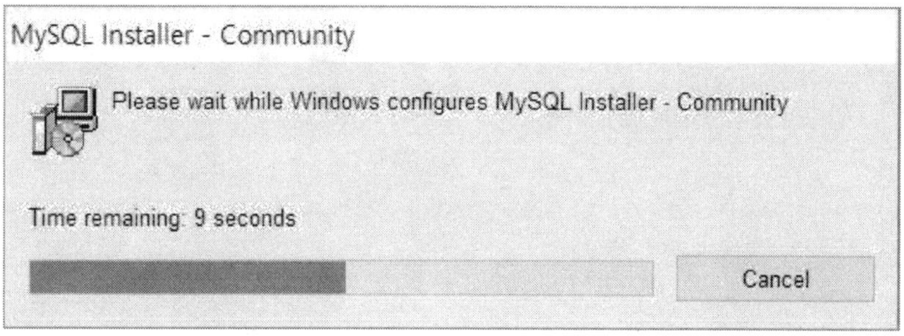

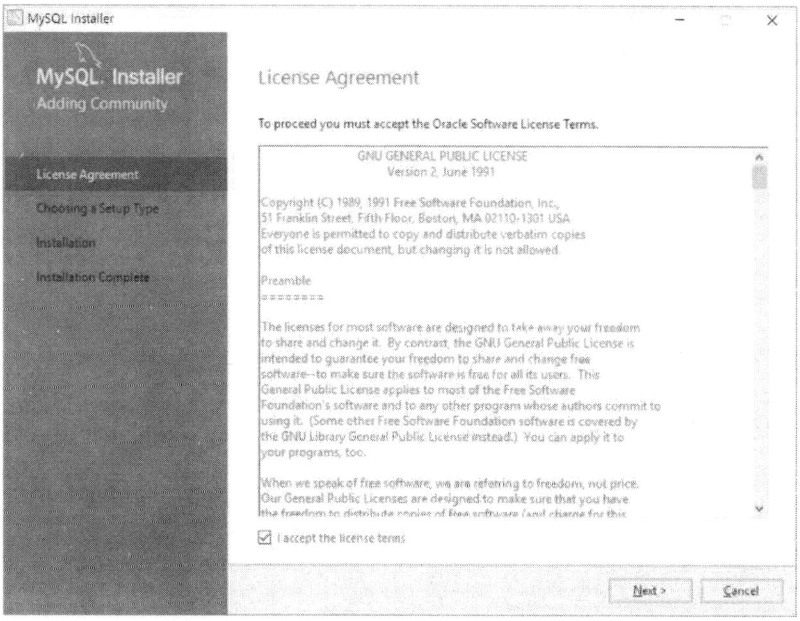

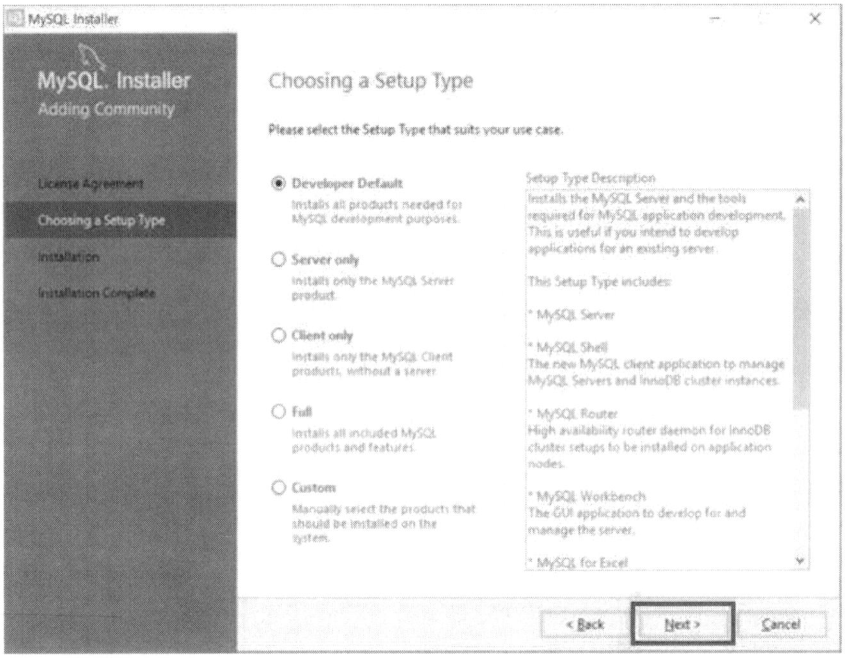
MySQL Installer
MySQL. Installer
Adding Community
License Agreement
Choosing a Setup Type
Installation
Installation Complete
Choosing a Setup Type
Please select the Setup Type that suits your use case.
Developer Default
Server only
Client only
Full
Custom
Setup Type Description
< Back
Next >
Cancel

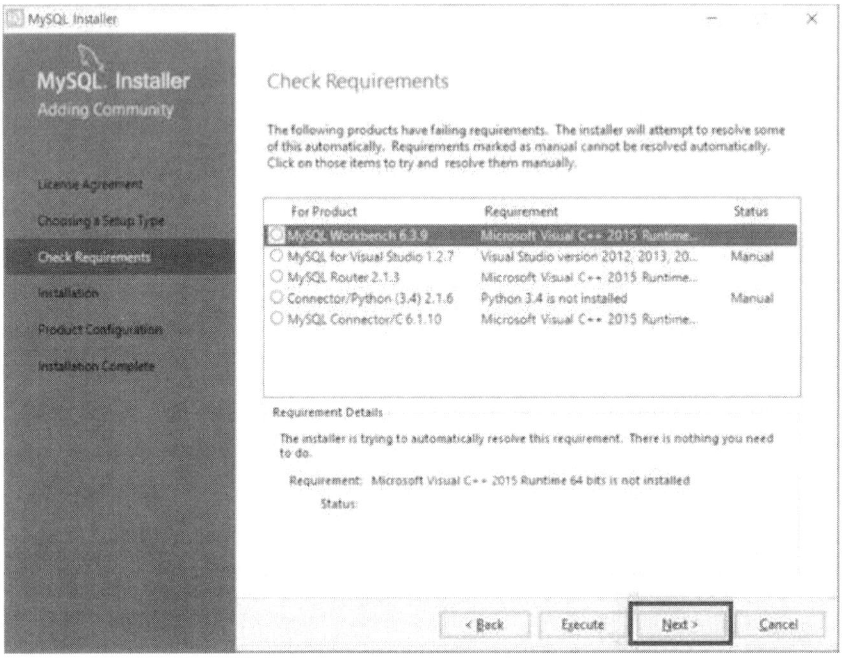
MySQL Installer
MySQL. Installer
Adding Community
License Agreement
Choosing a Setup Type
Check Requirements
Installation
Product Configuration
Installation Complete
Check Requirements
For Product
Requirement
Status
Requirement Details
< Back
Execute
Next >
Cancel

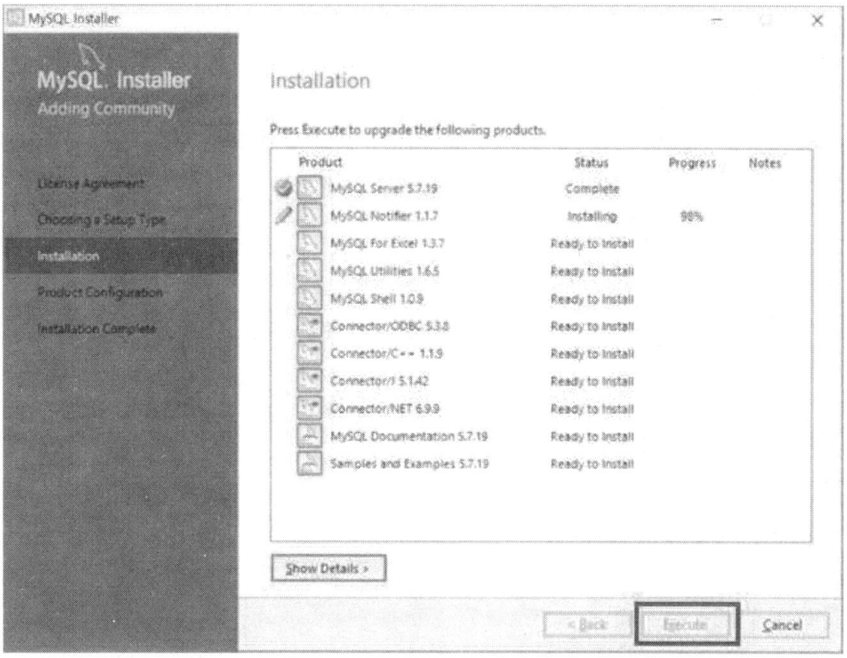

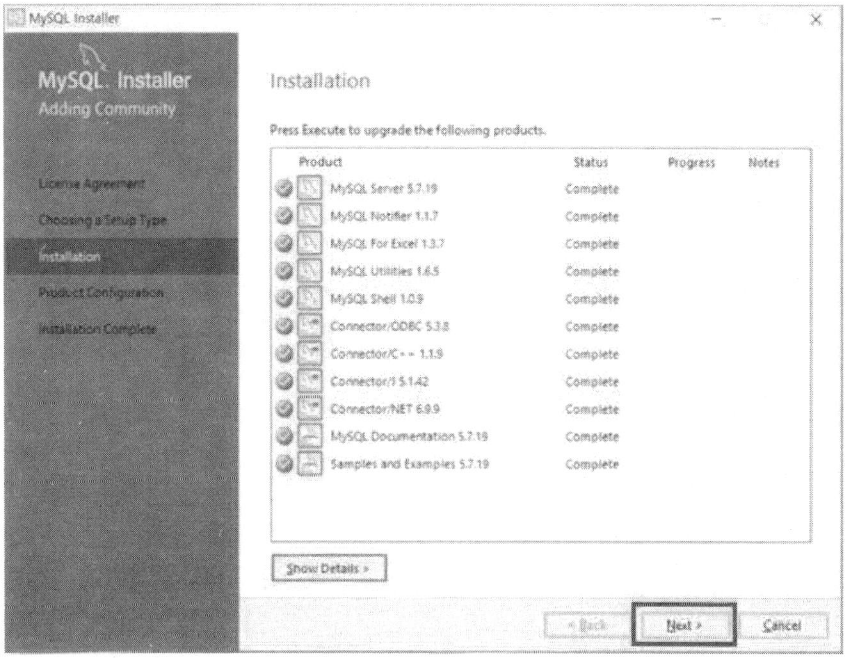

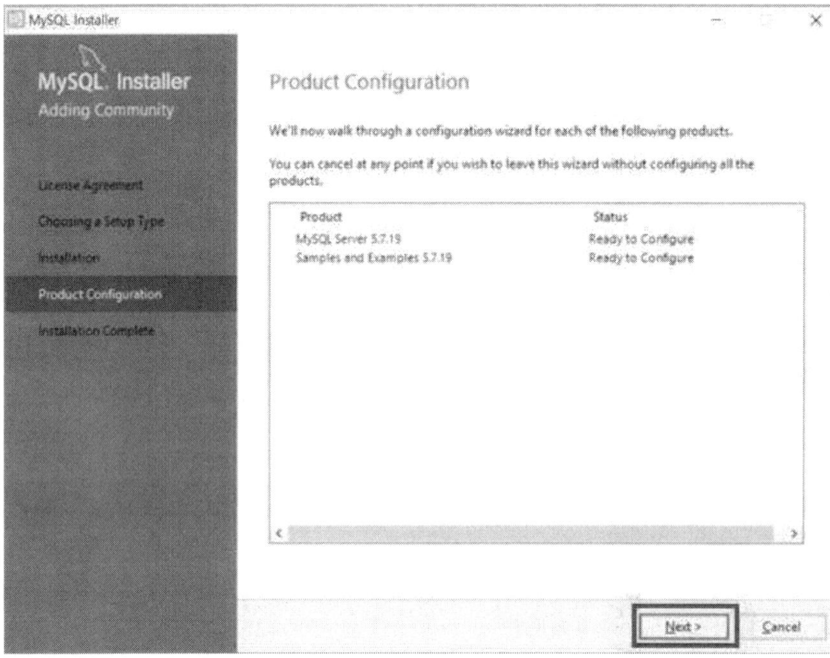
MySQL Installer
MySQL. Installer
Adding Community
License Agreement
Choosing a Setup Type
Installation
Product Configuration
Installation Complete
Product Configuration
We'll now walk through a configuration wizard for each of the following products.
You can cancel at any point if you wish to leave this wizard without configuring all the products.
Product
Status
MySQL Server 5.7.19
Ready to Configure
Samples and Examples 5.7.19
Ready to Configure
Next >
Cancel

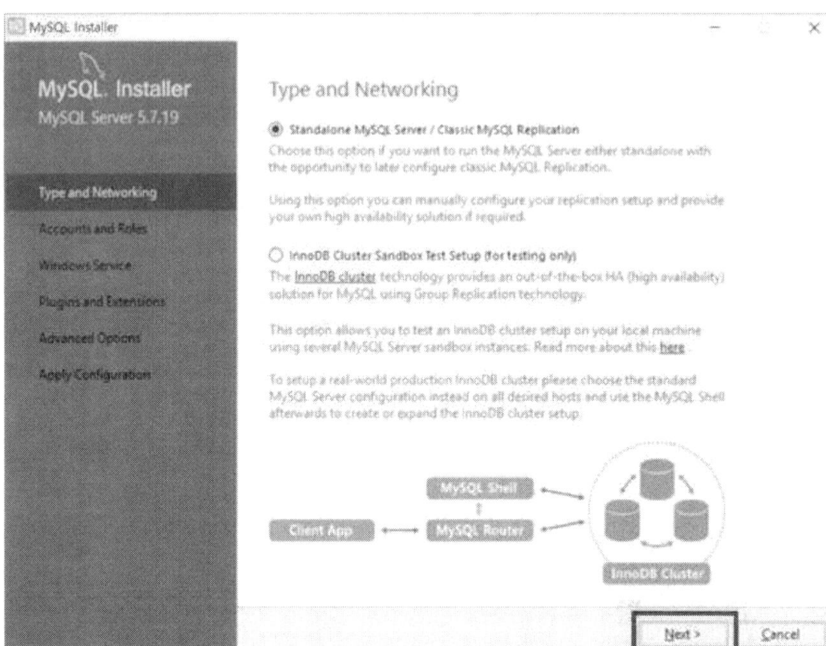
MySQL Installer
MySQL. Installer
MySQL Server 5.7.19
Type and Networking
Accounts and Roles
Windows Service
Plugins and Extensions
Advanced Options
Apply Configuration
Type and Networking
Standalone MySQL Server / Classic MySQL Replication
InnoDB Cluster Sandbox Test Setup (for testing only)
MySQL Shell
Client App
MySQL Router
InnoDB Cluster
Next >
Cancel

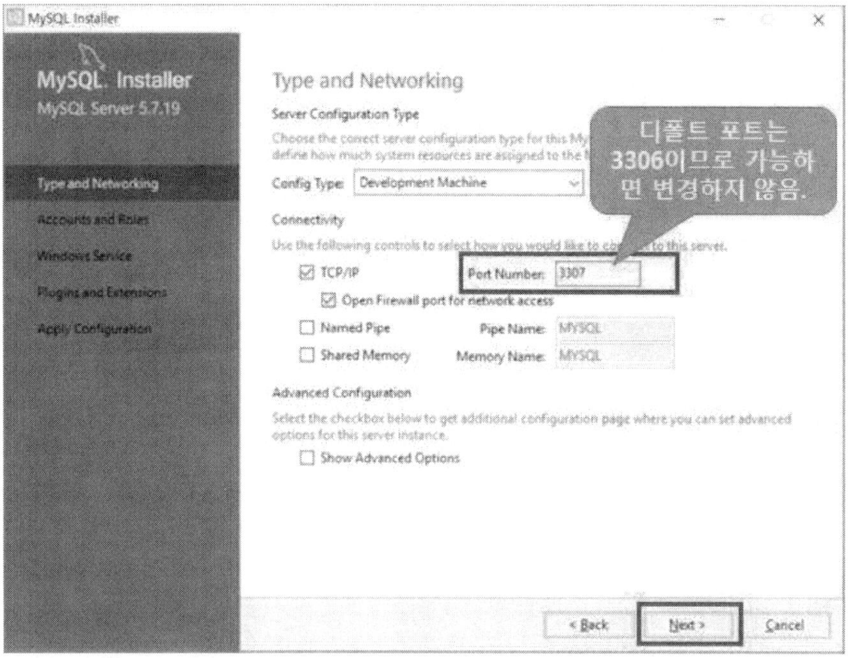
디폴트 포트는
3306이므로 가능하
면 변경하지 않음.

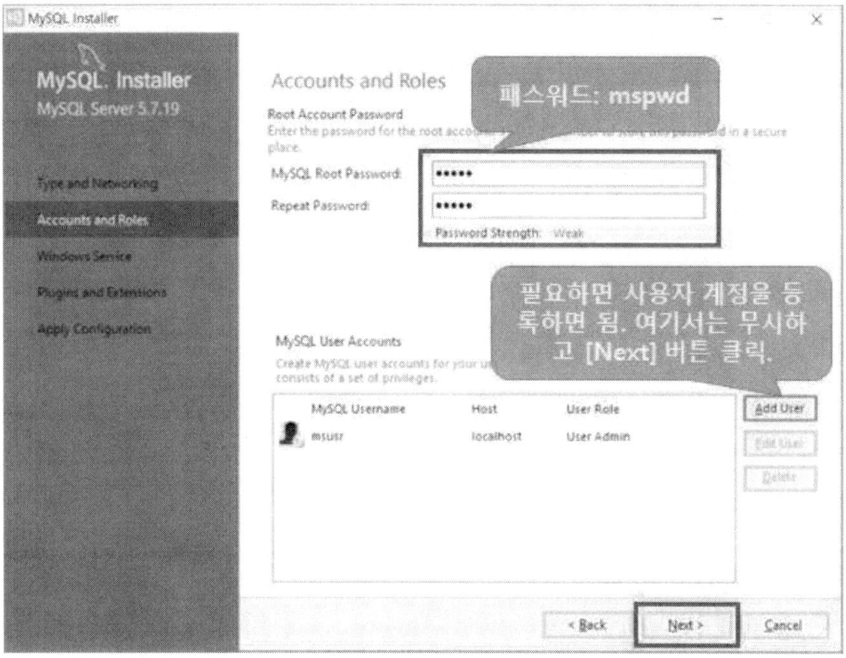
패스워드: mspwd
필요하면 사용자 계정을 등
록하면 됨. 여기서는 무시하
고 [Next] 버튼 클릭.

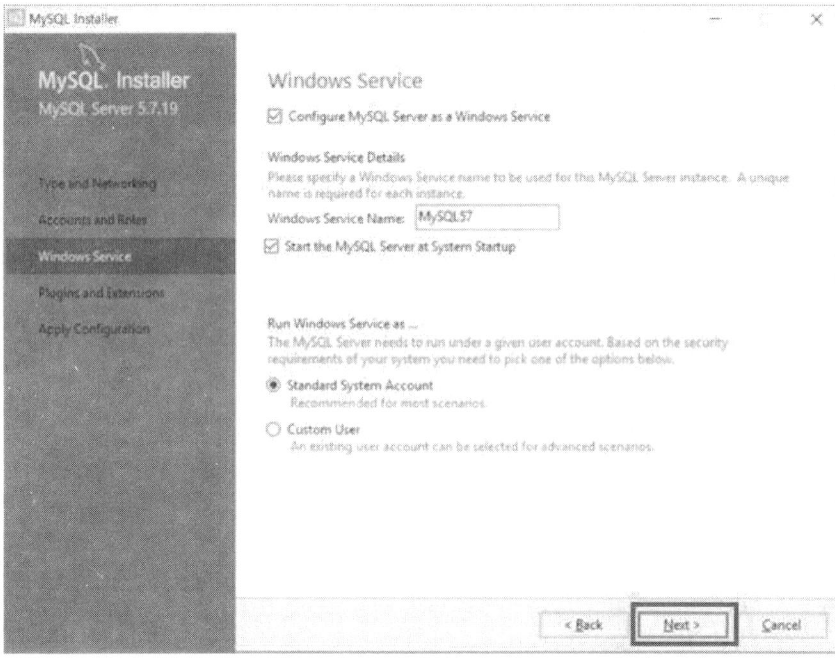
MySQL Installer
MySQL. Installer
MySQL Server 5.7.19
Type and Networking
Accounts and Roles
Windows Service
Plugins and Extensions
Apply Configuration
Windows Service
Configure MySQL Server as a Windows Service
Windows Service Details
Please specify a Windows Service name to be used for this MySQL Server instance. A unique name is required for each instance.
Windows Service Name: MySQL57
Start the MySQL Server at System Startup
Run Windows Service as ...
The MySQL Server needs to run under a given user account. Based on the security requirements of your system you need to pick one of the options below.
Standard System Account
Recommended for most scenarios
Custom User
An existing user account can be selected for advanced scenarios.
< Back
Next >
Cancel

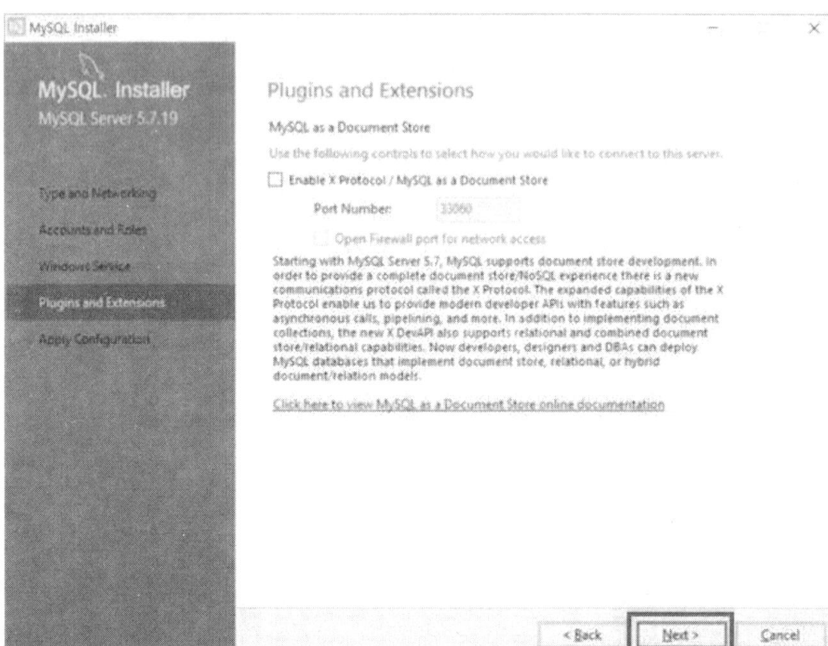
MySQL Installer
MySQL. Installer
MySQL Server 5.7.19
Type and Networking
Accounts and Roles
Windows Service
Plugins and Extensions
Apply Configuration
Plugins and Extensions
MySQL as a Document Store
Use the following controls to select how you would like to connect to this server.
Enable X Protocol / MySQL as a Document Store
Port Number: 33060
Open Firewall port for network access
Starting with MySQL Server 5.7, MySQL supports document store development. In order to provide a complete document store/NoSQL experience there is a new communications protocol called the X Protocol. The expanded capabilities of the X Protocol enable us to provide modern developer APIs with features such as asynchronous calls, pipelining, and more. In addition to implementing document collections, the new X DevAPI also supports relational and combined document store/relational capabilities. Now developers, designers and DBAs can deploy MySQL databases that implement document store, relational, or hybrid document/relation models.
Click here to view MySQL as a Document Store online documentation
< Back
Next >
Cancel

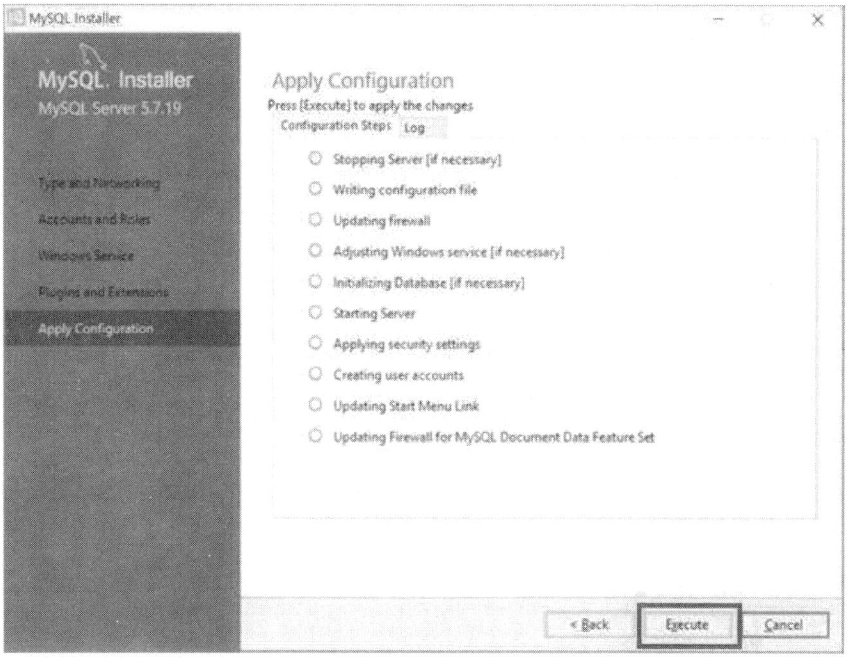
MySQL Installer
MySQL. Installer
MySQL Server 5.7.19
Type and Networking
Accounts and Roles
Windows Service
Plugins and Extensions
Apply Configuration
Apply Configuration
Press [Execute] to apply the changes
Configuration Steps
Log
Stopping Server [if necessary]
Writing configuration file
Updating firewall
Adjusting Windows service [if necessary]
Initializing Database [if necessary]
Starting Server
Applying security settings
Creating user accounts
Updating Start Menu Link
Updating Firewall for MySQL Document Data Feature Set
< Back
Execute
Cancel

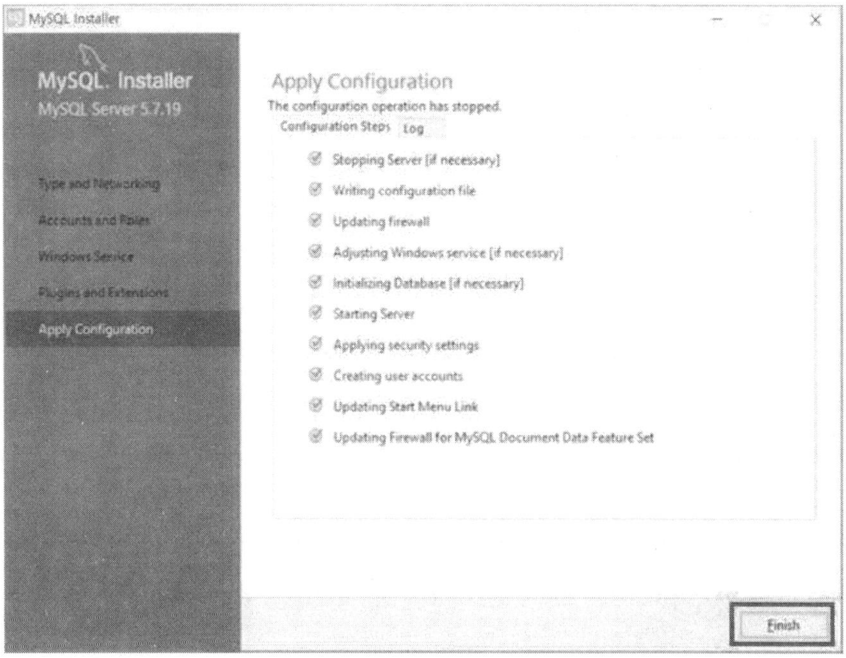
MySQL Installer
MySQL. Installer
MySQL Server 5.7.19
Type and Networking
Accounts and Roles
Windows Service
Plugins and Extensions
Apply Configuration
Apply Configuration
The configuration operation has stopped.
Configuration Steps
Log
Stopping Server [if necessary]
Writing configuration file
Updating firewall
Adjusting Windows service [if necessary]
Initializing Database [if necessary]
Starting Server
Applying security settings
Creating user accounts
Updating Start Menu Link
Updating Firewall for MySQL Document Data Feature Set
Finish

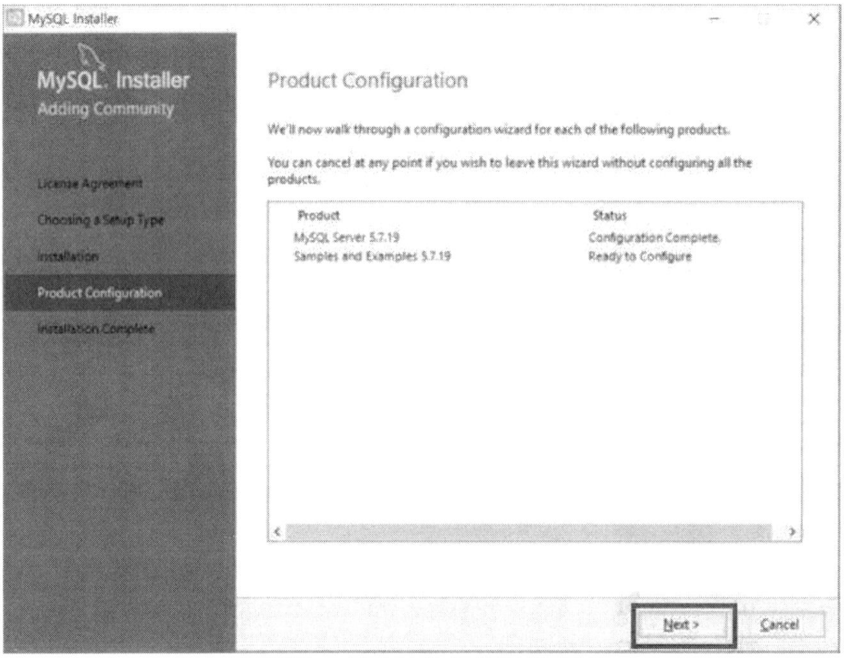
MySQL Installer
MySQL. Installer
Adding Community
License Agreement
Choosing a Setup Type
Installation
Product Configuration
Installation Complete
Product Configuration
We'll now walk through a configuration wizard for each of the following products.
You can cancel at any point if you wish to leave this wizard without configuring all the products.
Product
Status
MySQL Server 5.7.19
Configuration Complete.
Samples and Examples 5.7.19
Ready to Configure
Next >
Cancel

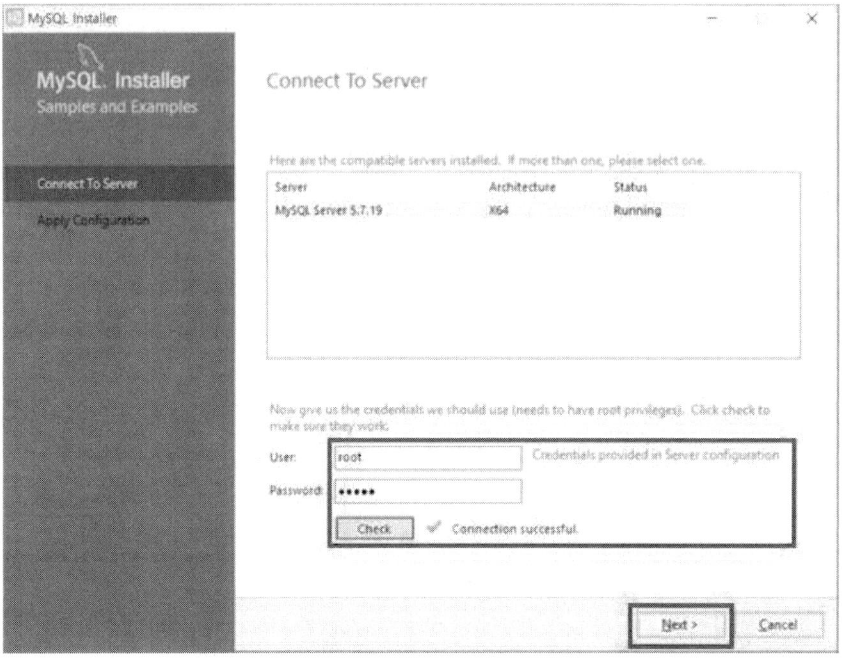
MySQL Installer
MySQL. Installer
Samples and Examples
Connect To Server
Apply Configuration
Connect To Server
Here are the compatible servers installed. If more than one, please select one.
Server
Architecture
Status
MySQL Server 5.7.19
X64
Running
Now give us the credentials we should use (needs to have root privileges). Click check to make sure they work.
User:
root
Credentials provided in Server configuration
Password:
Check
Connection successful.
Next >
Cancel

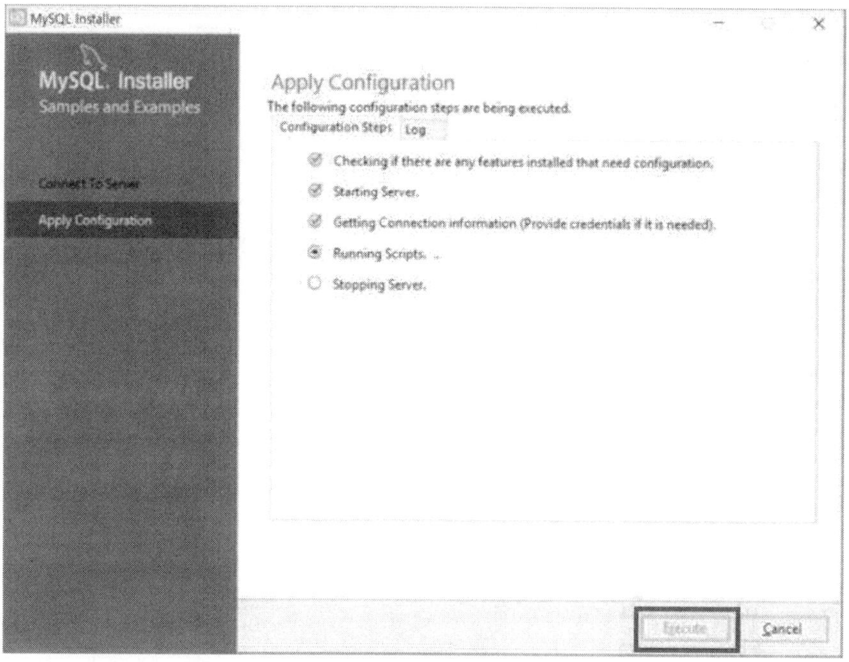
MySQL Installer
MySQL. Installer
Samples and Examples
Connect To Server
Apply Configuration
Apply Configuration
The following configuration steps are being executed.
Configuration Steps
Log
Checking if there are any features installed that need configuration.
Starting Server.
Getting Connection information (Provide credentials if it is needed).
Running Scripts. ..
Stopping Server.
Execute
Cancel

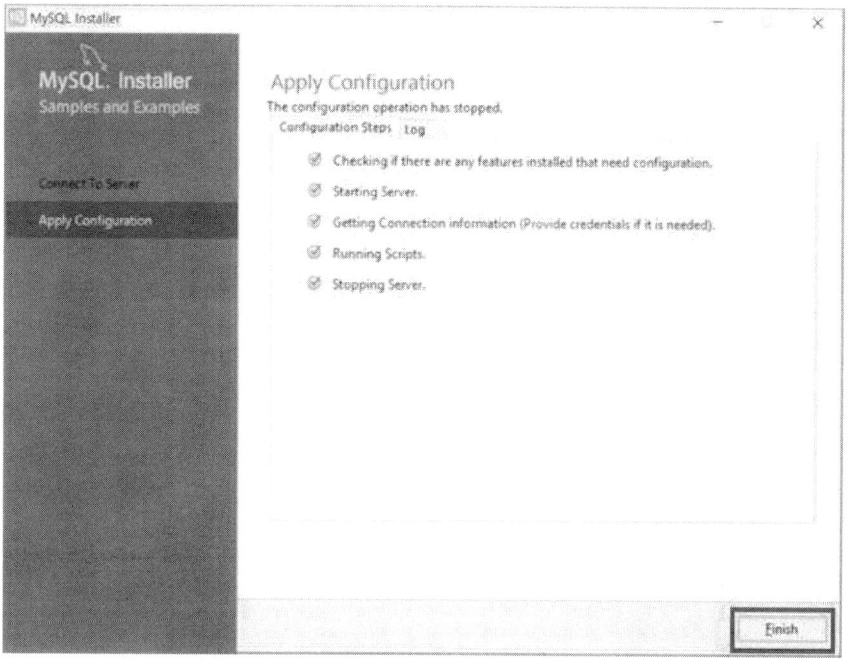
MySQL Installer
MySQL. Installer
Samples and Examples
Connect To Server
Apply Configuration
Apply Configuration
The configuration operation has stopped.
Configuration Steps
Log
Checking if there are any features installed that need configuration.
Starting Server.
Getting Connection information (Provide credentials if it is needed).
Running Scripts.
Stopping Server.
Finish

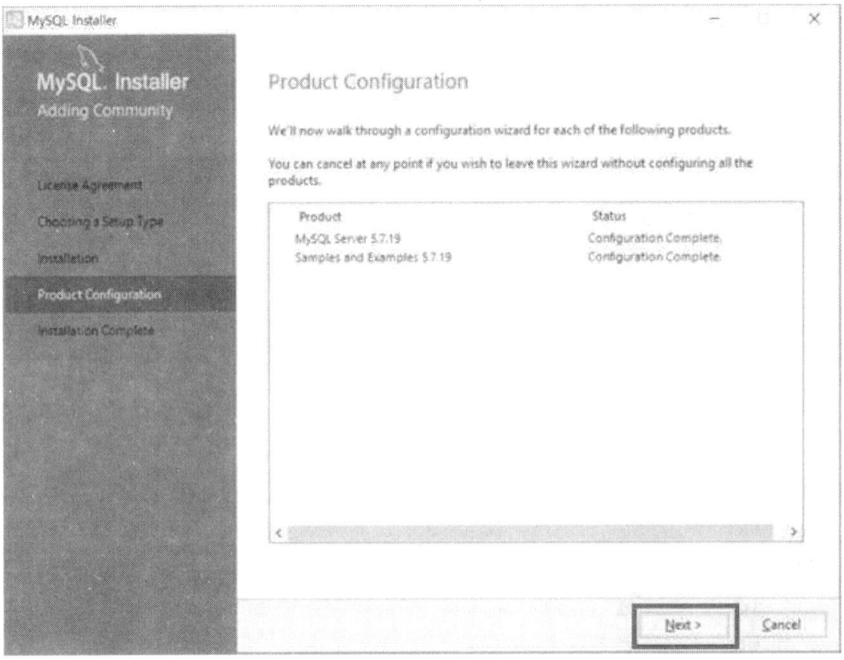
MySQL Installer
MySQL. Installer
Adding Community
License Agreement
Choosing a Setup Type
Installation
Product Configuration
Installation Complete
Product Configuration
We'll now walk through a configuration wizard for each of the following products.
You can cancel at any point if you wish to leave this wizard without configuring all the products.
Product
Status
MySQL Server 5.7.19
Configuration Complete.
Samples and Examples 5.7.19
Configuration Complete.
Next >
Cancel

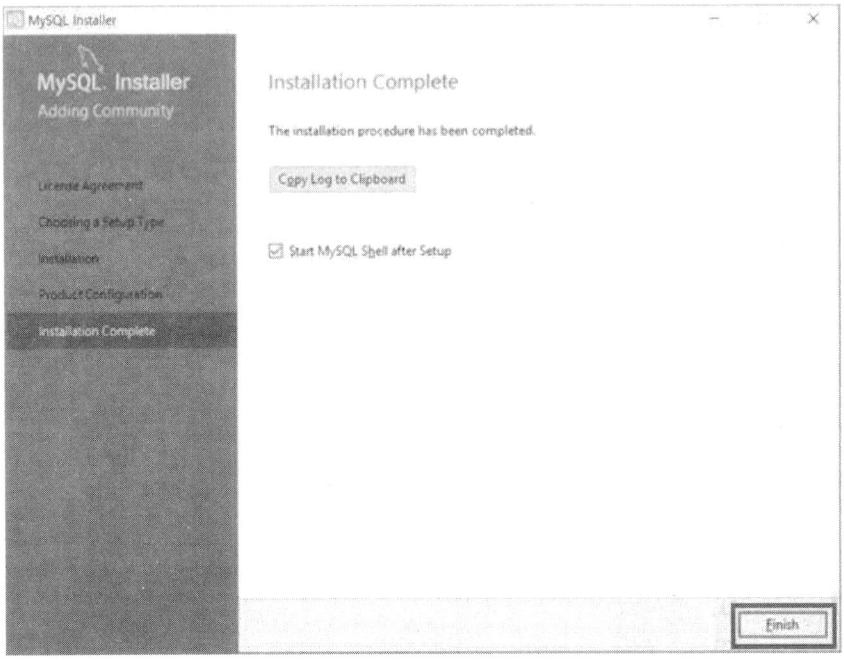
MySQL Installer
MySQL. Installer
Adding Community
License Agreement
Choosing a Setup Type
Installation
Product Configuration
Installation Complete
Installation Complete
The installation procedure has been completed.
Copy Log to Clipboard
Start MySQL Shell after Setup
Finish

■ MySQL 콘솔 로그온 및 SQL문을 이용한 테이블 생성

[Windows 시작버튼]→[Windows 시스템]→명령 프롬프트(Command Line Client)를 실행시키면 다음과 같이 콘솔 화면이 보일 것이다. 설치 과정에서 설정한 패스워드를 입력한다.

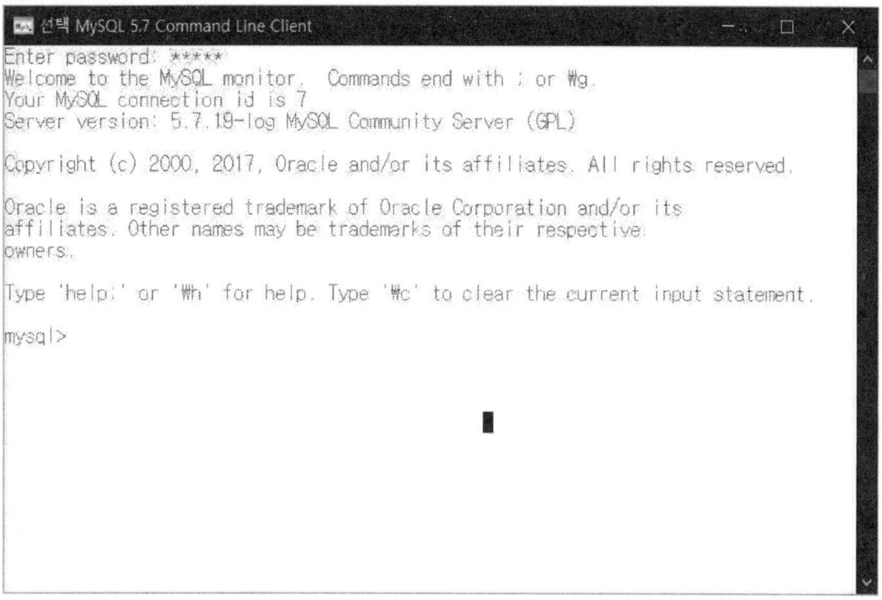

다음과 같이 SQL문을 이용하여 데이터베이스(mysql_db)를 생성한다.

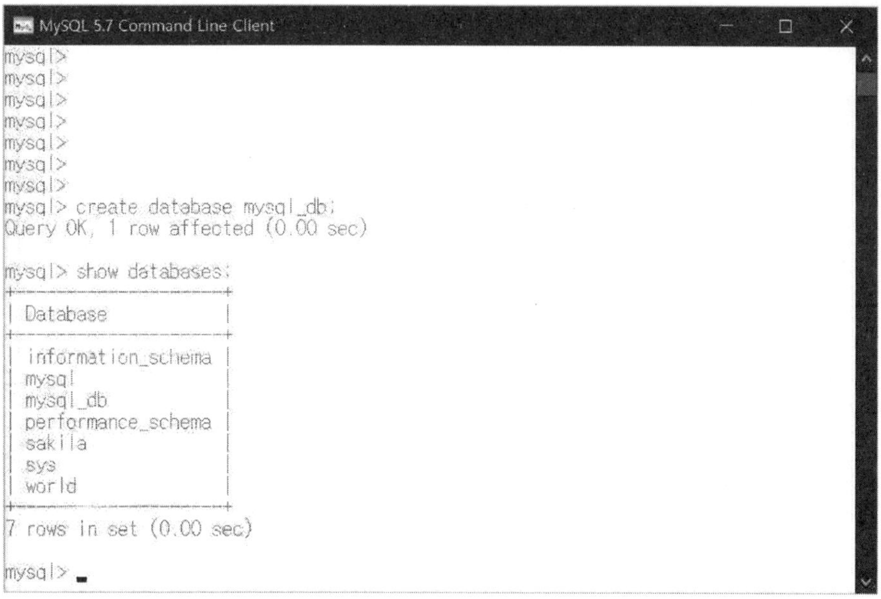

show 명령으로 다음과 같이 데이터베이스를 조회한다. 생성한 mysql-db를 use 명령으로 데이터베이스 선택하고 테이블 생성(스키마 정의)을 위해 다음과 같이 create 명령을 이용하여 주의하여 입력하도록 한다.

```
MySQL 5.7 Command Line Client
Query OK, 1 row affected (0.00 sec)

mysql> show databases;
+--------------------+
| Database           |
+--------------------+
| information_schema |
| mysql              |
| mysql_db           |
| performance_schema |
| sakila             |
| sys                |
| world              |
+--------------------+
7 rows in set (0.00 sec)

mysql> use mysql_db;
Database changed
mysql> create table test_table(
    -> code varchar(20) not null,
    -> name varchar(20) not null
    -> );
Query OK, 0 rows affected (0.47 sec)

mysql>
```

다음으로 sedc 명령으로 생성된 test_table의 구조를 조회하고 exit 명령을 입력하여 콘솔을 종료한다.

```
MySQL 5.7 Command Line Client
mysql>
mysql>
mysql>
mysql>
mysql>
mysql>
mysql>
mysql> desc test_table;
+-------+-------------+------+-----+---------+-------+
| Field | Type        | Null | Key | Default | Extra |
+-------+-------------+------+-----+---------+-------+
| code  | varchar(20) | NO   |     | NULL    |       |
| name  | varchar(20) | NO   |     | NULL    |       |
+-------+-------------+------+-----+---------+-------+
2 rows in set (0.00 sec)

mysql>
mysql>
mysql>
mysql>
mysql>
mysql>
mysql>
mysql>
mysql>
```

찾아보기

저자 약력

이영실 동서대학교 컴퓨터공학부 교수
동서대학교 유비쿼터스IT학과 공학석사
동서대학교 유비쿼터스IT학과 공학박사
핀란드 오울루대학 대학원 박사과정 수료

김태용 동서대학교 컴퓨터공학부 교수
동서대학교 공학교육혁신센터장
일본 오카야마대학 공학석사
일본 오카야마대학 공학박사

파이션프로그래밍
Python Programming

인　　쇄 : 2017년 8월 25일
발　　행 : 2017년 8월 30일

저　　자 : 이영실 · 김태용

발 행 처 : 도서출판 한산
서울시 서대문구 수색로 6길 43번지 105동 602호
TEL : (02)304-3504　FAX : (02)304-3505
발 행 인 : 김 기 영
등록번호 : 제 10-1745 호
I S B N : 979-11-87555-07-0　　93560

가격　23,000원